Friedemann Kirn

MOTORRAD WM 2001

Motor
buch
Verlag

Inhalt

Fotos von Friedemann Kirn, Oscar Bergamaschi, Gold&Goose, Yves Jamotte, Peter Lange, Lou Martin, Gigi Soldano und Rolf Zimmermann

Mit besonderem Dank an Manfred Arnold, Lydia Guglielmi-Kirn und Rolf Zimmermann

ISBN 3-613-02174-9

1. Auflage 2001

Herstellung: IPa, Vaihingen/Enz
Druck: Fotolito Longo, Bozen
Bindung: Fotolito Longo, Bozen
Printed in Italy

Blondinen bevorzugt

Ralf Waldmanns Grand Prix-Karriere ging nach 14 Jahren, 20 Grand Prix-Siegen und 50 Podestplätzen sang- und klanglos zu Ende. Dafür wagte die attraktive Blondine Katja Poensgen als einzige Frau im Feld ihr Grand Prix-Debüt – und entfachte einen Medienrummel wie noch nie.

Die Forderung von Kenny Roberts war denkbar einfach: Mehr Power beim Beschleunigen wollte der Weltmeister haben, um ebenso gut wie Honda und Yamaha aus den Kurven beschleunigen und seinen Titel in der Königsklasse verteidigen zu können.

Schwierig war nur die Umsetzung. Um Platz für größere Überströmkanäle zu schaffen, mussten die Zylinder des kompakten Suzuki-V4-Motors auseinander gerückt werden. Die Neukonstruktion des Gehäuses zog ein neues Design des Fahrwerks mit mehr Platz und anderen Aufhängungspunkten für den Motor nach sich, und bei den Wintertests des Teams funktionierte überhaupt nichts mehr. Statt zusätzlicher Leistung häuften sich die Motorschäden, außerdem hielt das Motorrad die Spur nicht mehr.

Wochenlang zerbrachen sich die Ingenieure den Kopf, woran das denn liegen könne, hatten sie den Rahmen doch auf einem Spezialprüfstand auf die gleiche Verwindungssteifigkeit zwischen Lenkkopf und Hinterradschwinge getrimmt wie das alte Modell. Erst bei den letzten Tests vor dem Saisonauftakt kam jemand auf die Idee, dass der Rahmen zwar insgesamt die gleiche Verwindung aufwies wie der alte, an manchen Punkten aber dennoch schwächer sein könne. Versuchshalber wurden ein paar Versteifungsstreben eingeschweißt – und schon lag die Maschine wieder besser.

Die nötige Motorleistung blieb allerdings ein ferner Traum, weshalb sich der Weltmeister und sein neuer Teamkollege Sete Gibernau, auf Drängen des spanischen Hauptsponsors Telefonica MoviStar ins Team gehievt, schon von vornherein ins Abseits gedrängt sahen.

Nur Platz zwölf blieb dem amerikanischen Champion beim ersten großen Aufeinandertreffen der Konkurrenz, den traditionellen Februar-Tests in Jerez, die Techniker trugen ernste Mienen und schwere Sorgenfalten zur Schau. »Wir sind schneller als im Vorjahr. Trotzdem fehlt uns bei den Rundenzeiten eine Sekunde. Und beim Topspeed mindestens zehn km/h«, stöhnte Roberts angesichts der stärker gewordenen Konkurrenz.

Vor allem Yamaha legte sich mit einem noch nie da gewesenen Kraftakt ins Zeug, um Suzuki den Titel zu entreißen und die letzte Schlacht der alten Königsklasse mit 500 ccm-Zweitaktern zu gewinnen, bevor 2002 dann die Ära der theoretisch bis zu 270 PS starken Viertakter eingeläutet werden würde. Vier Teams mit insgesamt acht Fahrern zählte das Aufgebot mit der klassischen, ausgewogenen YZR 500, die in vielen Details weiter verfeinert wurde, noch besser am Gas hing, noch gleichmäßiger durchzog und noch spürbarer auf Modifikationen am Fahrwerks-Set-Up reagierte.

Die aufregendste Neuentdeckung: Katja Poensgen auf der Racing-Factory-Aprilia

Mit West viel Neues: Pons' neuer Sponsor präsentierte sich von den schönsten Seiten

Die eindeutig spektakulärste Fahrerkombination hatte das Red Bull-Yamaha-Team des Engländers Peter Clifford aufzubieten. Denn neben »King of Slide« Garry McCoy wurde Yamahas Superbike-As Noriyuki Haga ins Team integriert, der die Räder ebenfalls ungern in der Spur hielt. »Sowie in den Medien die Sprache aufs Thema Driften kommt, füllen wir definitiv alle Seiten«, schmunzelte Malcolm Pitman, der technische Manager des Red Bull-Teams. Bei den ersten Vorsaisontests purzelte der furchtlose Draufgänger noch mehrmals aus dem Sattel, sah aber schnell ein, dass eine 500er einen schmaleren Grenzbereich aufwies als sein gewohntes Viertakt-Superbike, und nahm sich für die ersten Rennen kleinere Lernschritte vor.

Trotz seiner Sturzeskapaden blieb Haga das Schicksal des 250 ccm-Weltmeister Olivier Jacque erspart, der gleich bei den ersten Tests des neuen Jahres in Malaysia in einer Kurve versehentlich in den ersten statt in den dritten Gang schaltete und bei seinem Sturz das rechte Handgelenk samt dem rechten Kahnbein brach. »Ein kleiner Konzentrationsfehler hat ihn die ganze Saisonvorbereitung gekostet. Aber er hat noch Glück im Unglück – ein kleiner Fehler kann dich in diesem Sport auch die ganze Karriere kosten«, seufzte Hervé Poncharal, Mitbesitzer und Manager des französischen Tech 3-Teams, das für den Aufstieg in die Halbliterklasse von silbernen Chesterfield- Logos auf die Blautöne der französischen Zigarettenmarke Gauloises umlackiert hatte.

Jacques Teamkollege Shinya Nakano rettete die Premiere des Tech 3-Teams in der Königsklasse. Der scharfsinnige und feinfühlige Japaner, der den 250er Titel im Vorjahr nur ganz knapp gegen Jacque verpasst hatte, war nun einen Schritt voraus, weil er sich bei allen Tests mit kluger Zurückhaltung an die Besonderheiten seines neuen Arbeitsplatzes herantastete. »Nakano ist sehr japanisch in seiner Vorgehensweise. Er bricht nichts übers Knie und gibt erst Gas, wenn er ein neues Set-Up verstanden hat. Man muß mental sehr stark sein, um nicht ständig nach den Rundenzeiten zu schauen«, klärte Poncharal auf. Nakano war bei den Vorsaisontests trotzdem gelegentlich schnel-

Kenny Roberts zu Yamaha-Star Garry McCoy: Dein Motor wäre mir lieber

Neue Grenzbereiche: Superbike-As Haga stieg vom Vier- auf den Zweitakter um

Bedächtige Lernschritte: Shinya Nakano bewies bei den Tests auch mentale Stärke

ler unterwegs als Norick Abe, der weiterhin für das Antena 3-Team des Spaniers Luis d'Antin Gas gab und dort erstmals auf einen Teamkollegen, den jungen Andalusier Jose-Luis Cardoso, stieß.

Offen vom WM-Titel sprach freilich nur das offizielle Marlboro-Yamaha-Werksteam, das neben dem sturzanfälligen Spanier Carlos Checa den erfahrenen, sieghungrigen Max Biaggi unter Vertrag hatte. Nach vier 250er Titeln hintereinander hatte Biaggi 1998 gleich sein Auftaktrennen in der Halbliterklasse gewonnen, wechselte 1999 von seinem privaten Honda-Team als Nummer eins zu Yamaha, stand sich dort in den ersten beiden Jahren vor allem aber selbst im Weg. Als bisweilen unausstehlicher Egozentriker lotete der kleine römische Napoleon bei Werk und Technikern, Sponsoren und Medien systematisch aus, wie weit er mit seinen Launen und Forderungen gehen konnte, und reizte sein Umfeld bisweilen bis aufs Blut. Erst Mitte der Saison 2000 begann Biaggi einzusehen, dass auch er sich als Team-Player einfügen musste, um mit seinem Team Erfolg zu haben. »Was sich geändert hat? Nichts – nur seine Einstellung«, flüsterte einer der Mechaniker, als Biaggi nach einer Niederlagenserie im August 2000 plötzlich mit einem Sieg in Brünn aufwartete.

Neben Biaggis Fahrkönnen spielte Yamaha noch einen weiteren Joker: Derbi-Konstrukteur Harald Bartol wurde zur Weiterentwicklung der Yamaha-Zweitaktmotoren engagiert und sorgte schon mit den ersten Zylinder-Mustern, die er den Japanern schickte, für begeisterten Applaus. »In erster Linie fehlt's dem Motor an Überdrehbarkeit. Bei hohen Drehzahlen geht die Leistung in den Keller, bei 13000/min steht der Motor endgültig an. Die Honda-Piloten müssen viel weniger schalten«, schilderte Bartol. »Auch im unteren Drehzahlbereich, so ab 5500/min, müssen wir zulegen. Und dann gibt es bei 10000/min noch eine Drehmomentdelle«.

Biaggi hatte mit seinem ewigen Lamento, Honda würde beim Beschleunigen davonziehen und sei immer noch das Top-Gerät der Liga, laut Bartol »nicht ganz unrecht.« Erzrivale Valentino Rossi bestätigte die Überlegenheit von Honda bei den meisten Vorsaisontests, trumpfte auch in Jerez mit der Bestzeit auf und zeigte sich schon in seiner zweiten Halblitersaison als Topfavorit im Kampf um den WM-Titel.

Einerseits war das seinem überirdischen Fahrtalent, andererseits auch der neuen Werks-Honda zuzuschreiben, die auf Rossi maßgeschneidert wurde. Im Gegensatz zum Vorjahr, wo Honda mit viel zu giftigen Motoren in die Saison gestar-

Schaltfehler mit Folgen: Jacque stürzte und demolierte das rechte Handgelenk

Loris Capirossi vor Weltmeister Roberts: Topzeiten mit dem alten Honda-Modell

Schon im zweiten Jahr WM-Favorit der Halbliterklasse: Superstar Valentino Rossi

tet war und den WM-Titel von Alex Crivillé verspielte, hatte man den für die zweite Saisonhälfte wieder auf gleichmäßigen, benutzerfreundlichen Durchzug getrimmten V4 nur wenig modifiziert. Das herausragendste Attribut der neuen NSR 500 war ein neues Fahrwerk, das die Kraft beim Herausbeschleunigen auf überlegene Weise auf den Asphalt übertrug, neben schnellen Rundenzeiten für ökonomischen Umgang mit den Rennreifen sorgte und so auch besonders schnelle Gesamtzeiten über eine komplette Renndistanz hinweg ermöglichte.

Das eigentliche Repsol-Honda-Werksteam mit Alex Crivillé und Tohru Ukawa war trotz Verwendung des gleichen Materials gegenüber dem kleinen, aber feinen Rossi-Team mit Mick Doohans früherem Cheftechniker Jerry Burgess an der Spitze nur ein Außenseiter. Schon im November zog sich Crivillé bei einem Sturz in Jerez eine langwierige Handverletzung zu, trat erst im Februar in Jerez wieder an und stürzte erneut. Damit hatte der Exweltmeister einen Testrückstand, den er bis zum Saisonauftakt in Suzuka nicht mehr aufholen konnte. Sein neuer Teamkollege stellte ihn bei den Rundenzeiten klar in den Schatten, war in seiner ersten Halbliter-Saison aber insgesamt auf ein Lernjahr eingestellt.

Das galt auch für das australische Shell Advance-Honda-Team, das nach zwei Jahren bei den 250ern einen erneuten Anlauf auf die Halbliterklasse wagte und den britischen Superbike-Piloten Chris Walker mit einer Vierzylindermaschine sowie den 17-jährigen Leon Haslam, Sohn des früheren Honda- und elf 500-Halbliterstars »Rocket Ron« Haslam ins Gefecht schickte.

Hingegen machte das Honda-Team von Sito Pons echte WM-Chancen aus. Der Spanier konnte gleich zwei hochkarätige Siegfahrer, den Italiener Loris Capirossi und den Brasilianer Alex Barros, ins Gefecht schicken, was ungeachtet der technischen Nachteile – das Pons-Team musste ebenso wie Shell Advance mit gebrauchten Vorjahresmaschinen vorlieb nehmen – einen neuen, hochkarätigen Sponsor anlockte. Auf Vermittlung von GP-Promoter Dorna stieg die deutsche Tabakmanufaktur Reemtsma beim Pons-Team ein und war nach dem McLaren-Mercedes-Deal in der Formel 1 damit in einer zweiten Top-Kategorie des internationalen Motorsports vertreten.

250 ccm: Die Rettung der Racing Factory

Um das 2,5 Millionen Dollar-Budget von West hatten sich nach dem Ende der alten Saison auch einige deutsche Teammanager bemüht, waren aber samt und sonders abgeblitzt – die Hamburger zeigten nur an der Königsklasse Interesse und ließen sich auch durch den Namen Ralf Waldmann, immerhin Deutschlands

Deutschlands neues Idol: Nach Waldis Rücktritt sorgte Katja für Medienrummel

Haradas Rückkehr in die 250er Klasse: Aprilia stoppte das V2-Halbliterprojekt

prominentester und erfolgreichster Motorradrennfahrer der jüngsten Ära, nicht aus der Reserve locken.

So hatte der oberschwäbische Motorradsportmanager Andy Leuthe dem belgischen 125 ccm-Teambesitzer Olivier Liegois die Bestellung einer Honda NSR 250 schmackhaft gemacht. Ralf Waldmann galt als erste Wahl. Falls sich keine Sponsoren für den Deutschen finden ließen, war Leuthe immer noch zuversichtlich, entweder den amtierenden 125 ccm-Weltmeister Roberto Locatelli oder aber den jungen Australier Anthony West auf dieses Motorrad setzen zu können.

Doch am Ende blieb Locatelli bei Aprilia, und weil sich weder für Waldi noch für West das nötige Budget auftreiben ließ, konnte Liegois die Anzahlung an Honda in Höhe von 150000 Mark in den Wind schreiben.

Für Ralf Waldmann fielen danach die letzten Türen zu: Zwei Siege und Waldis Sportsgeist, bei vier seiner sechs Rennstürze in der Saison 2000 wieder aufzuspringen und weiter zu fahren, waren zu wenig, um Aprilia für eine weitere Rennsaison des GP-Veteranen zu begeistern. Nur bei einem Verzicht auf sein gewohntes Fixgehalt und bei einer Umstellung auf pure Leistungsprämien für die ersten drei Plätze hätte Waldi noch weiter fahren können, hatte ein entsprechendes Angebot aber schon im Sommer 2000 abgelehnt.

Seine einzig verbliebene Chance, im Motorradsport zu bleiben, ließ Waldi ungenutzt verstreichen und probierte in Hockenheim lieber einen Mercedes-Tourenwagen aus, als einer Einladung zu Tests des Aprilia-Superbikes in Italien zu folgen. Der im Red Bull-Team durch Noriyuki Haga ersetzte Franzose Regis Laconi ergatterte den Job, Waldi trat nach 14 Jahren, 20 Grand Prix-Siegen, 50 Podestplätzen, acht Pole Positions und 15 schnellsten Rennrunden kurz vor Weihnachten zurück und widmete sich einer Auto-Rennkarriere im Porsche-Cup.

Auch Racing Factory-Teamchef Dieter Theis hatte davon geträumt, mit Waldmann und seinem bisherigen Schützling Alex Hofmann das deutsche Top-Team in der 250er Klasse schmieden zu können, stand nach dem Rückzug von Marlboro und dem Nein von West aber mit leeren Händen da. Weil auch Marlboro schon im Spätsommer 2000 den Rückzug verkündet hatte, schnallte Theis im Winter den Gürtel enger und stellte ein Schmalspur-Budget auf die Beine, das Alex Hofmann durch einen Griff in die Team-Reserven in Höhe von rund 600000 Mark das Weiterfahren hätte ermöglichen sollen.

Italiens WM-Hoffnung in der 250er Klasse: Aprilia-Werksfahrer Marco Melandri

Neue Herausforderung: Exweltmeister Alzamora wechselte von 125 auf 250 ccm

Daß auch das britische Umoto-Team im Februar ohne Geld dastand, wurde zur großen Chance für die Racing Factory. Die 24jährige Oberallgäuerin Katja Poensgen, Tochter von Suzuki Deutschland-Vertriebsleiter Bert Poensgen, hätte bei den Engländern als Teamkollegin des zu den 250ern zurückgekehrten Jeremy McWilliams in den GP-Sport einsteigen sollen, was schon Wochen vor den ersten geplanten Tests einen immensen Wirbel in den deutschen Medien entfachte.

Allerdings gelang es Umoto-Teambesitzer Martin Wilding nicht, die erforderlichen Sponsoren aufzutreiben. Die Anzahlungen für die Motorräder trafen nie bei Aprilia in Noale ein. Während Jeremy McWilliams in letzter Minute von Aprilia ins italienische Team von Riccardo Chiarello weitergeschoben wurde, drohte Katjas WM-Debüt zu platzen wie eine Seifenblase.

Die Rettung in der Not kam in Form von Alex Hofmanns Ersatzmaschine, die Dieter Theis in weiser Voraussicht für die Jerez-Tests hatte präparieren lassen. Katja Poensgen drehte in den Farben der Racing Factory die ersten Proberunden in Andalusien, einen Tag später marschierten Papa Bert und Dieter Theis zur Teamvereinigung IRTA, um die Nennung aufs Racing Factory-Team umzuschreiben.

Die Popularität der deutschen Renn-Lady, die 1995 den ADAC-Junior-Cup gewonnen und sich über die 125 ccm-DM, die Supersport-DM und die Superstock-EM mit Talent und Hartnäckigkeit nach oben gearbeitet hatte, nahm schon nach den ersten zaghaften Fahrversuchen auf der Grand Prix-Maschinen solche Dimensionen an, daß die österreichische Energy Drink-Marke Dark Dog als Hauptsponsor einstieg und selbst West Kompromissbereitschaft zeigte und das ursprüngliche Nein in einen 300000 Mark-Zuschuß für die Teamkasse verwandelte.

Damit war die Racing Factory vorläufig gerettet – und der deutsche Motorradsport hatte ein neues Aushängeschild, das alle anderen deutschen WM-Teilnehmer in den Schatten stellte. Von »Auto-Bild« bis zum »Spiegel«, vom »Aktuellen Sport-Studio« bis zur »Harald Schmidt-Show« gab es keine Zeitung, kein Magazin und keinen Rundfunk- oder Fernsehsender, dem die Frau im harten Männersport keine Story wert gewesen wäre. »Ich weiß gar nicht, warum um diese Tatsache ein solcher Aufstand gemacht wird«, wunderte sich Katja. »Ich habe Nöhles, Hofmann und etliche andere alle schon mal besiegt, deshalb finde ich es ganz fair, dass auch ich eine Chance bekommen habe, Grand Prix zu fahren. Von den körperlichen Voraussetzungen sehe ich keinen großen Unterschied zu den Männern. Außer, dass ich meine Unterarme vielleicht etwas intensiver trainieren muß als die Jungs.«

Beim Fahren verlor sie zwar zunächst noch fünf Sekunden auf ihren Teamkollegen, fand aber trotzdem sofort Gefallen an der neuen Kategorie. »Die 750er, die ich letztes Jahr gefahren bin, war wie ein großes Schiff im Vergleich. Bei der 250er reagiert alles viel spontaner, härter, extremer. Doch die Maschine macht enorm Spaß – und hat für mich genau die richtige Größe!«

Grand Prix-Siege waren freilich von keinem der deutschen GP-Piloten zu erwarten. Klaus Nöhles, der die Fans am Sachsenring 2000 mit einem Startplatz in der ersten Reihe überrascht hatte, galt zwar als offizieller Nachfolger von Ralf Waldmann in Dieter Stapperts Aprilia Germany-Team, wusste aber, dass die Trauben in der 250er Klasse auch ohne

Leichtzigarette für die Leichtgewichte: Derbi präsentierte einen neuen Sponsor

Waldi und die zu den 250ern gewechselten Nakano, Jacque und Ukawa hoch hingen. »Vier gute Leute sind weg, das stimmt. Doch dafür ist Roberto Locatelli in unsere Klasse aufgestiegen, außerdem sind Jeremy McWilliams und Tetsuya Harada nach dem vorläufigen Ende des Aprilia-Halbliterprojekts zu den 250ern zurückgekehrt. Auch Marco Melandri und Daijiro Katoh sind klare Siegkandidaten. Da sind ein paar Jungs dabei, die einfach noch mal eine Hausnummer besser sind als ich«, blieb der frischgebackene Werkspilot realistisch.

Mit drei dabei: Deutsche 125er Piloten Dirk Hafeneger, Jarno Müller und Steve Jenkner

125 ccm: Die Verwandlung der Derbi

Das galt auch für das deutsche Aufgebot bei den 125ern. Steve Jenkner war nach vier an Resultaten mageren Grand Prix-Jahren im Team ADAC Sachsen durch den deutschen Meister Jarno Müller ersetzt worden, der dank einem professionellen Management, enthusiastischen Sponsoren und dem bewährten Cheftechniker Stefan Kurfiss beste Bedingungen inclusive dem kostbaren HRC-Kit für seine Honda RS 125 genießen konnte. Bei den ersten Tests in Jerez erbeutete Müller auf Anhieb den zehnten Platz und ließ seinen sächsischen Landsmann Jenkner auf Rang 13 klar hinter sich.

Der war nach einem Jahr auf Honda als einer von vier Werksfahrern zu Aprilia zurückgekehrt und musste sich erst einmal auf neue Verhältnisse einstellen – Dunlop statt der gewohnten Bridgestone-Reifen, Whitepower statt der gewohnten Öhlins-Federelemente. Trotzdem war Steve Jenkner von seinem italienischen Umfeld und von seinem Teamkollegen Gino Borsoi im LAE-UGT-Team begeistert. »Borsoi ist Aprilia-Testfahrer, kein anderes Team hat deshalb auch nur annähernd soviel Überblick über Daten und Teile wie unseres. Das ist für mich ein entscheidender Vorteil«, erklärte Jenkner, der bei seinen früheren Aprilia-Einsätzen immer wieder durch unlösbare Probleme mit dem Set-Up aufgehalten worden war.

Daß er nach der Entlassung vom ADAC Sachsen überhaupt in einem professionellen Team weiterfahren konnte, war dem deutschen Grauhändler Ralf Schindler zu verdanken, dessen silbernes UGT-Logo einst schon auf den Motorrädern von Peter Öttl und Tex Geissler prangte und der mit Kazuto Sakata und-

Verdiente Chance: UGT-Besitzer Ralf Schindler nahm Jenkner unter Vertrag

Tomomi Manako 1998 sensationell Welt- und Vizeweltmeisterschaft der 125 ccm-Klasse erbeutet hatte.

Schindler hatte die Lust am GP-Sponsoring allerdings für einige Zeit verloren hatte, als seinem Team mit Klaus Nöhles als Fahrer Anfang 1999 ein Startplatz verwehrt wurde. Er schraubte sein Engagement zurück und unterstützte Fahrer wie den Franzosen Frederic Petit oder Borsoi mit kleineren Summen, legte sich nun aber wieder verstärkt ins Zeug. »Meine Absicht war es immer, etwas für den deutschen Motorradsport zu tun. Steve Jenkner hat eine Chance verdient. Es ist unsinnig, einen Fahrer vier Jahre lang aufzubauen und dann von heute auf morgen fallen zu lassen. Immerhin war er WM-Zwölfter und bester Deutscher dieser Klasse«, hielt Schindler fest, verpasste seinem neuen Schützling aber dennoch einen streng leistungsbezogenen Vertrag, um ihn in der Qualifikation und am Rennstart zu mehr Eile anzutreiben.

Neben Jenkner und Borsoi traten auch Lucio Cecchinello und Simone Sanna als offizielle Aprilia-Werkspiloten an, doch während der Jerez-Tests sorgte bei den 125ern eine ganz andere Marke für Schlagzeilen. Gilera verkündete ein Grand Prix-Comeback und hatte auch sofort ein voll konkurrenzfähiges Motorrad vorzuweisen, mit dem Werkspilot Manuel Poggiali die sechstbeste Zeit hinknallte.

Der Grund für den schnellen Fortschritt: Die Piaggio Group, die sich im Januar das kränkelnde Derbi-Werk einverleibt hatte, ließ ein Set der von Harald Bartol entwickelten Werks-Derbi mit Gilera-Schriftzügen schmücken. Weil neben dem talentierten Fahrer auch die restliche Teamstruktur mit Bartol als Cheftechniker und dem Italiener Giampiero Sacchi als Teammanager gleich blieb, war das Projekt klar aussichtsreicher als das Gilera 250-Abenteuer Anfang der 90er Jahre, das nach zwei erfolglosen Jahren wieder sang- und klanglos abgeblasen wurde.

Eine Premiere mit Hindernissen erlebte dagegen der 17jährige Philipp Hafeneger, der sich mit einer Mitgift von 500000 Mark in das Honda 125-Team von Olivier Liegois einkaufte. Bei allerersten, privaten Tests verlor der DM-Dritte von 1999 mit dem Motorrad seines neuen Teamkollegen Masao Azuma volle zehn Sekunden auf die Rundenzeit des schnellen Japaners, worauf ihm Liegois nahe legte, nochmals über seinen Grand Prix-Einstieg nachzudenken, und anbot, das bezahlte Geld in voller Höhe zurück zu erstatten.

Weil Liegois bis zu den Jerez-Tests noch keine Maschine für den Deutschen präpariert hatte, wagte sich Hafeneger dort mit einer gebrauchten Honda auf die Strecke, die ihm Ex-GP-Pilot Hans Becker für die Tests geborgt hatte. Dank der vielen Kilometer, die er mittlerweile dort absolviert hatte, verkürzte Hafeneger seinen Rückstand damit auf vier Sekunden – und hoffte, bei den ersten Rennen den Anschluß an die Weltklasse zu finden.

Poggiali auf der Gilera mit Derbi-Technik – und der Aufmarsch aller Yamaha-Piloten

TEAMS UND FAHRER

125 ccm

Start-Nr.	Fahrer	Nation	Team	Marke
4	Masao Azuma	J	Lìègeois Competition	Honda
5	Noboru Ueda	J	Technical Sports Racing	TSR-Honda
6	Mirko Giansanti	I	Axo Racing Team	Honda
7	Stefano Perugini	I	Italjet Racing Team	Italjet
8	Gianluigi Scalvini	I	Italjet Racing Team	Italjet
9	Lucio Cecchinello	I	MS Aprilia LCR	Aprilia
10	Jarno Müller	D	ADAC-Sachsen	Honda
11	Max Sabbatani	I	Bossini Fontana Racing	Aprilia
12	Raul Jara	E	MS Aprilia LCR	Aprilia
14	Philipp Hafeneger	D	Lìègeois Competition	Honda
15	Alex de Angelis	RSM	Matteoni Racing	Honda
16	Simone Sanna	I	Safilo Oxydo Race	Aprilia
17	Steve Jenkner	D	LAE UGT 3000	Aprilia
18	Jakub Smrz	CZ	Budweiser Budvar Hanusch	Honda
19	Alessandro Branetti	I	Du Martel SA	Aprilia
20	Gaspare Caffiero	I	Bossini Fontana Racing	Aprilia
21	Arnaud Vincent	F	CE BA Corse	Honda
22	Pablo Nieto	E	Derbi Caja Madrid	Derbi
23	Gino Borsoi	I	LAE UGT 3000	Aprilia
24	Antonio Elias	E	Telefonica Movistar Junior Team	Honda
25	Joan Olive	E	Telefonica Movistar Junior Team	Honda
26	Daniel Pedrosa	E	Telefonica Movistar Junior Team	Honda
27	Marco Petrini	I	Racing Service	Honda
28	Gabor Tamalcsi	H	Racing Service	Honda
29	Angel Nieto jr.	E	Telefonica Movistar Team	Honda
30	Adrian Araujo	E	Team Semprucci	Honda
31	Angel Rodriguez	E	Querenoso Racing Team	Honda
34	Eric Bataille	AND	Axo Racing Team	Honda
39	Jaroslav Hules	CZ	Matteoni Racing	Honda
41	Youichi Ui	J	Derbi Racing	Derbi
54	Manuel Poggiali	RSM	Gilera Racing	Gilera

250 ccm

5	Marco Melandri	I	MS Aprilia Racing	Aprilia
6	Alex Debon	E	CC Valencia Airtel Aspar	Aprilia
7	Emilio Alzamora	E	Telefonica Movistar Honda	Honda
8	Naoki Matsudo	J	Petronas Sprinta Team TVK	Yamaha
9	Sebastian Porto	RA	Repsol-YPF Honda 250	Honda
10	Alfonso Nieto	E	CC Valencia Airtel Aspar	Aprilia
11	Riccardo Chiarello	I	Aprilia Grand Prix	Aprilia
12	Klaus Nöhles	D	MS Aprilia Racing	Aprilia
14	Anthony West	AUS	Tino Villa Racing	Honda
15	Roberto Locatelli	I	MS Eros Ramazotti Racing	Aprilia
16	Ivan Silva	E	Repsol-YPF Honda 250	Honda
18	Sharol Yuzy	MAL	Petronas Sprinta Team TVK	Yamaha
19	Lucas Oliver Bulto	E	Antena 3 Yamaha d'Antin	Yamaha
20	Jeronimo Vidal	E	PR2	Aprilia
21	Franco Battaini	I	MS Eros Ramazotti Racing	Aprilia
22	David de Gea	E	Antena 3 Yamaha d'Antin	Yamaha
23	Cesar Barros	BR	Yamaha Kurz Aral	Yamaha
31	Tetsuya Harada	J	MS Aprilia Racing	Aprilia
37	Luca Boscoscuro	I	Campetella Racing	Aprilia
42	David Checa	E	CE BA Corse	Honda
44	Roberto Rolfo	I	Safilo Oxydo Race	Aprilia
50	Sylvain Giuntoli	F	Equipe de France - Scrab GP	Aprilia
55	Diego Giugovaz	I	Edo Racing	Yamaha
57	Lorenzo Lanzi	I	Campetella Racing	Aprilia
66	Alexander Hofmann	D	Racing Factory	Aprilia
74	Daijiro Katoh	J	Telefonica Movistar Honda	Honda
81	Randy de Puniet	F	Equipe de France - Scrab GP	Aprilia
98	Katja Poensgen	D	Racing Factory	Aprilia
99	Jeremy McWilliams	GB	Aprilia Grand Prix	Aprilia

500 ccm

1	Kenny Roberts	USA	Telefonica Movistar Suzuki	Suzuki
3	Max Biaggi	I	Marlboro Yamaha Team	Yamaha
4	Alex Barros	BR	West Honda Pons	Honda
5	Garry McCoy	AUS	Red Bull Yamaha WCM	Yamaha
6	Norick Abe	J	Antena 3 Yamaha d'Antin	Yamaha
7	Carlos Checa	E	Marlboro Yamaha Team	Yamaha
8	Chris Walker	GB	Shell Advance Racing	Honda
9	Leon Haslam	GB	Hardwick Racing	Honda
10	Jose Luis Cardoso	E	Antena 3 Yamaha d'Antin	Yamaha
11	Tohru Ukawa	J	Repsol-YPF Honda Team	Honda
12	Haruchika Aoki	J	Arie Molenaar Racing	Honda
14	Marcus Payten	AUS	DEE CEE Jeans Racing Team	Honda
15	Sete Gibernau	E	Telefonica Movistar Suzuki	Suzuki
16	Johan Stigefelt	S	Sabre Sport	Honda
17	Jürgen v.d. Goorbergh	NL	Proton Team KR	Proton KR3
18	David Tomas	E	Quereseno Racing Team	Honda
19	Olivier Jacque	F	Gauloises Yamaha Tech 3	Yamaha
21	Barry Veneman	NL	DEE CEE Jeans Racing Team	Honda
24	Jayson Vincent	GB	Pulse Racing	Pulse
26	Vladimir Castka	SLK	Paton Racing	Paton
28	Alex Crivillé	E	Repsol-YPF Honda Team	Honda
41	Noriyuki Haga	J	Red Bull Yamaha WCM	Yamaha
46	Valentino Rossi	I	Nastro Azzuro Honda	Honda
56	Shinya Nakano	J	Gauloises Yamaha Tech 3	Yamaha
65	Loris Capirossi	I	West Honda Pons	Honda
68	Mark Willis	AUS	Pulse Racing	Pulse

46
DAINESE
HRC
HONDA RACING
Nastro Azzurro
HONDA
THE DOCTOR
MANPOWER
domino
HONDA

8.4.2001: Grand Prix Japan in Suzuka

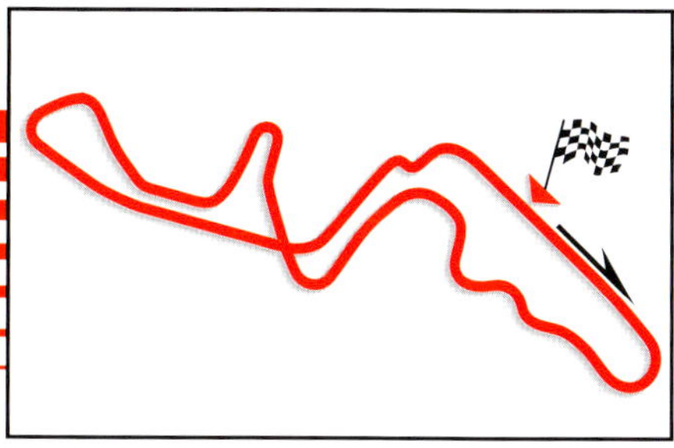

Hondas Hattrick

Mit seinem kleinen, aber schlagkräftigen Team hielt Valentino Rossi die Meute der Yamaha-Werkspiloten in Schach – und bescherte Honda beim Grand Prix-Auftakt den dritten Triumph des Tages und den 500. Sieg insgesamt.

Die Saison 2001 hatte kaum begonnen, als bereits brandheiße Neuigkeiten über die neue Ära der GP1-WM mit Viertakt-Prototypen ab dem Jahr 2002 gehandelt wurden. Der exklusiv für einen dreitägigen Test in Sepang verpflichtete John Kocinski drehte mit der Vierzylinder-Yamaha OW-M1 schon flotte Runden und blieb mit einem Bestwert von 2.07.6 Minuten nur um eine knappe Sekunde unter jener Zeit, die Carlos Checa mit der Zweitakt-YZR 500 im Dezember auf der malaiischen Piste erreicht hatte. »Wir haben alle technischen Möglichkeiten von zwei bis sechs Zylindern analysiert. Unsere Philosphie ist, dass der neue Viertakter lediglich ein Quäntchen schneller sein muß als die bisherige Zweitakt-YZR 500, und dass wir das Rad deshalb nicht neu erfinden müssen«, erklärte Yamaha 500-Projektleiter Shuji Sakurada. »Deshalb bauen wir auf dem bewährten YZR-Chassis und unserer Reihenvierzylinder-Technologie mit fünf Ventilen pro Zylinder auf.«

Zeigte Yamaha bereits ein Video, auf dem man das neue Motorrad in Aktion bewundern und dem heiseren, sonoren Sound des offenen Viertaktmotors lauschen konnte, so blieben bei einer Präsentation von Sauber-Petronas Engineering jede Menge Fragen offen. Das 60:40-Joint Venture zwischen dem Schweizer Formel 1-Rennstall und dem malaiischen Mineralölgiganten zeigte seine Version eines neuen GP1-Motors mit drei Zylindern in Reihe und 989 ccm. Das Vierventil-Triebwerk verfügte über zwei obenliegende, zahnradgetriebene Nockenwellen, ein integriertes elektronisches Einspritz- und Zündungssystem und eine Ausgleichswelle, doch war von Entwicklungschef Osamu Goto, einst Projektleiter des legendären Honda-V 12-Motors von Alain Prost und Ayrton Senna, weder etwas über die Kosten noch über geplante künftige Einsätze des Projekts etwas in Erfah-

Spektakulärer Saisonstart: Jubiläumssieg für Honda, Vorpremiere für den Sauber-Petronas-GP1-Viertaktmotor

Plauderstündchen unter Teamkollegen: Masao Azuma, Neuling Dirk Hafenegger

rung zu bringen. Sauber-Petronas suchte offensichtlich nach zahlungskräftigen Kunden, scheiterte aber an den knapp zehn Millionen Dollar, die die Motoren pro Saison kosten sollten. »Motorrad-Grand Prix sind nun mal nicht die Formel 1«, brummte Kenny Roberts senior. »Ich wundere mich, dass GP-Promoter Dorna den Sauber-Petronas-Leuten überhaupt eine solche Plattform zur Verfügung gestellt hat.«

Sein Sohn Kenny Roberts junior hatte derweil andere Sorgen. Trotz der Verbesserungen am Fahrwerk krankte seine Suzuki noch immer, und neben lästigen Motordefekten war es vor allem ein penetrantes Fahrwerksrattern, das dem Weltmeister zu schaffen machte. »Dank einiger Drehs an der Federung war es heute besser, und wir haben uns wenigstens um eine halbe Sekunde steigern können«, meinte Roberts nach dem neunten Platz im Abschlusstraining. »Doch als die Nummer eins sollten wir weiter vorne stehen als in der dritten Reihe, und natürlich ist das sehr frustrierend für uns alle. Die anderen Fahrer haben zu viele Vorteile, um das rein fahrerisch wett zu machen. Wir sind in der gleichen Situation wie im letzten Jahr: Ich werde so hart fahren wie nur irgend möglich, aber die Lücke zu den anderen ist da – und sie ist beträchtlich!«

Valentino Rossi dominierte beide freien Trainings, hatte im entscheidenden Qualifying aber zweimal Pech: Sein erstes Set weicher Reifen – spezielle Qualifiers wurden von Michelin auf Druck einiger Piloten nicht mehr gebaut – war verbraucht, nachdem er auf seiner schnellsten Runde im Verkehr stecken blieb. Die zweite Garnitur konnte er ebenfalls nicht ausnutzen, weil plötzlich einer der vier Auspuffe an seiner Nastro Azzurro-Honda zu vibrieren begann. Rossi musste sich mit Platz sieben in der zweiten Reihe begnügen.

Max Biaggi erbeutete mit seiner Marlboro-Yamaha dagegen Platz drei und rieb sich die Hände. »Ein Startplatz in der ersten Reihe war mein Ziel – Mission erfüllt«, meinte er befriedigt und überließ die Schlagzeilen einem Außenseiter. Kein anderer als Halbliter-Neuling Shinya Nakano hielt mit seiner Gauloises-Yamaha für lange Zeit die Pole Position und wurde erst im allerletzten Moment von West-Honda-Star Loris Capirossi auf Platz zwei verdrängt. »Ich kann es selbst nicht glauben«, grinste der kleine Japaner über sein geglücktes Debüt, »bei den Tests vor zwei Wochen hatten wir kein besonders gutes Set-Up. Doch jetzt ist das Motorrad perfekt ausbalanciert.«

Auch Katja Poensgen sprühte nach der Qualifikation der 250 ccm-Klasse vor Begeisterung. Zehn Minuten vor dem Abwinken noch außerhalb des Limits von 107 Prozent der Bestzeit, gelang ihr am Schluß doch noch eine Zeit von 2.15,821,

Paukenschlag zehn Minuten vor Schluß: Katja Poensgen schaffte die Qualifikation

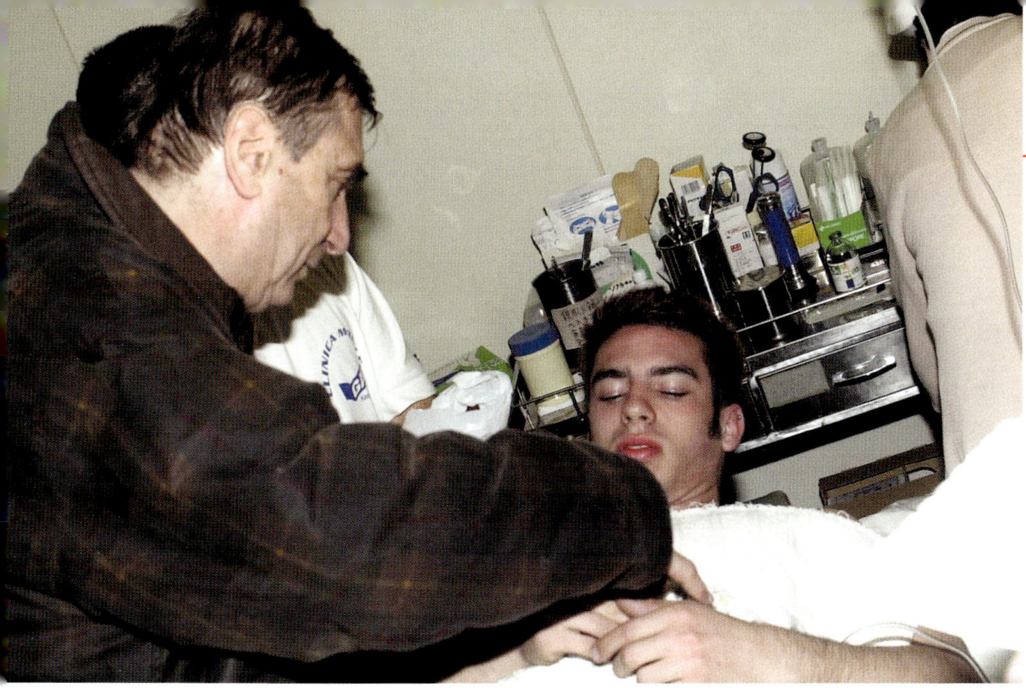

Überraschungsgast bei Dr. Claudio Costa: Melandri kugelte sich die Schulter aus

Von sich selbst überrascht: Shinya Nakano glühte in die erste Startreihe

was für den 31. Platz in der Startaufstellung reichte. Dabei war sie eine gute Zehntelsekunde schneller als der Brite Stuart Edwards auf Rang 32, und setzte sich um deutlich über eine Sekunde von dem Spanier David Tomas und dem brasilianischen Yamaha-Kurz-Piloten Cesar Barros ab, die die Qualifikation verpasst hatten. »Als ich zum letzten Mal aus der Box herausgefahren bin, war ich verkrampft und sah auf meiner Boxentafel 2.17,5 und 2.17,7. Darauf habe ich gedacht: Die Qualifikation schaffe ich eh nicht, und mein Team wird es mir sicher verzeihen beim ersten Mal«, schilderte Katja. »Doch das hat mich irgendwie locker gemacht. Ich habe gesagt: Motorrad, ich fahre mit dir, und nicht du mit mir. Ich habe in den Kurven schneller umgelegt, und plötzlich war die Zeit da!«

Während andere Piloten bis zu 5000 Testkilometer absolviert hatten, hatte Katja vor der Reise nach Suzuka überhaupt erst 700 Kilometer im Sattel einer 250er zurückgelegt. Die meisten Gratulanten in der Racing Factory-Box empfanden es denn auch als Sensation schlechthin, dass die ehrgeizige junge Dame die Qualifikation auf der schwierigen, schnellen 5,8-Kilometer-Piste geschafft hatte. Nur für Papa Bert Poensgen, der am gleichen Abend aus Europa eintraf, kam die Erfolgsmeldung nicht überraschend. »Ich habe nie daran gezweifelt. Ich kenne meine Tochter«, kommentierte er mit stolzgeschwellter Brust.

Pole Position in letzter Minute: Capirossi gewann das Prestigeduell gegen Nakano

Der starke Mann der Verfolgergruppe: Jenkner hängt Vincent ab und wird Siebter

Jarno Müller wähnt sich von Verfolgern bedrängt - und stürzt in der Schikane

Teamkollege Alex Hofmann, der es mit Humor und Gelassenheit hinnahm, dass er bei dem immensen Medienrummel um Katja etwas im Abseits stand, hatte am Erfolg seinen Anteil. »Heute morgen musste Alex einen Motor einfahren und hat mir dabei die Linie gezeigt«, bedankte sich Katja. »Er hat gesagt: Versuche nicht, schnell zu fahren, schau dir einfach die Linie an. Du musst exakt sein – kein halber Meter hier oder dort. Daran habe ich mich gehalten.«

Erreichte Hofmann mit seiner käuflichen Aprilia den 18. Trainingsrang, so war der stark erkältete Klaus Nöhles mit der Werksmaschine seines Aprilia Germany-Teams als 13. kaum schneller. »Ich habe länger als sonst gebraucht, um fahrerisch Fluß reinzukriegen. Einige Passagen sind hier recht eckig, mit harten Bremsmanövern, und ich bin nicht richtig dahinter gestiegen, wie ich sie fahren muß«, räumte Nöhles ein. »Im Abschlusstraining ging's dann vorwärts – bis ich stürzte: Ich wollte auf meiner letzten Runde außen an David Tomas vorbei, der sehr langsam vor sich hin bummelte, geriet auf eine Bodenwelle, und das Vorderrad rutschte weg.«

Erst Führung, dann Sturz: Ueda hatte beim zehnjährigen GP-Jubiläum wenig Glück

Steve Jenkner war bereits im freien Training am Samstagmorgen gestürzt und musste am Nachmittag erst einmal einen neuen Motor einfahren, bevor er mit seiner UGT-Aprilia auf Zeitenjagd gehen konnte. Gerade noch rechtzeitig glückte dem tapferen Sachsen dann aber eine besonders flotte Runde, mit der er sich bei den 125ern an die fünfte Stelle katapultierte. »Das war wieder mal knapp. Aber es ging«, rieb sich der 24jährige die Hände.

Im richtigen Moment hatte er sich in den Windschatten von Rennveteran Nobby Ueda gehängt, der seine internationale Karriere genau ein Jahrzehnt zuvor, beim Suzuka-Grand Prix 1991, mit einem Sensationssieg eröffnet hatte. »Ueda hat eine Linie, da siehst du selbst bei der Rundenzeit nichts wackeln und nichts rutschen, während ich alleine schon bei 2.17 oder 2.18 quer stehe«, schwärmte Jenkner. »Das komische: Eine ruhige Fahrweise ist hier schneller. Wenn du zu spät bremst, ist deine Rundenzeit versaut. Du musst statt dessen möglichst früh wieder Gas geben, am besten schon vor der Kurve! Auch Ui bin ich mal hinterher gefahren und verlor vier Zehntelsekunden, während er seelenruhig eine Runde in 2.14.5 Minuten drehte. Einfach unfassbar!«

War Derbi-Star Youichi Ui von Anfang an überlegen schnell, so stieß Manuel Poggiali mit der baugleichen Gilera vom 23. Platz am Freitagnachmittag auf den zweiten Rang im Abschlusstraining vor und bestätigte, welche Reserven in der von Harald Bartol konstruierten Maschine schlummerten.

Erst auf den Plätzen drei und vier waren die schnellsten Honda-Piloten Lucio Cecchinello und Masao Azuma anzutreffen, die wie alle Kunden des exklusiven Werkskits erst kurz zuvor neue, verbesserte Zündanlagen erhalten und Mühe hatten, mit dem schieren Speed von Derbi und Aprilia mitzuhalten.

Die Schwierigkeiten von Azumas 17jährigem Teamkollegen Philipp Hafeneger hatten freilich vor allem mit mangelnder Erfahrung zu tun. »Physisch und vom Talent her ist er okay, doch mental ist er noch nicht auf Grand Prix-Niveau. Wie man in der Weltmeisterschaft arbeitet, muß er erst noch lernen«, rang Teamchef Olivier Liegois nach Formulierungen. »So wollte er nach dem Training gestern unbedingt eine kürzere Getriebeübersetzung haben. Weil Azuma genau das Gegenteil machte, konnten wir ihm die Sache ausreden. Heute ist er ohne jede Änderung an der Abstimmung um vier Sekunden schneller gefahren – und will jetzt auch eine längere Übersetzung. So lange er so unsicher ist, können wir seine Aussagen schlecht analysieren.«

125 ccm: Jenkners Jagd

Vom 32. Platz gestartet, kurvte er im Rennen als Schlusslicht hinter dem Feld her. Selbst Jarno Müller, der im Endspurt irrtümlich davon ausgegangen war, er werde von einer Horde wilder Konkurrenten bedrängt, richtete seine Honda nach einem Sturz in der Schikane rechtzeitig wieder auf, um noch vor Hafeneger ins Ziel zu kommen.
Während der 17jährige vermeldete, der Motor seiner Honda habe Tag für Tag weniger PS entwickelt, bestand Teamchef Olivier Liegois darauf, Hafeneger und die Nummer eins im Team, Masao Azuma, hätten genau die gleiche Motorbasis zur Verfügung.

Was sich aus dieser Basis machen ließ, zeigte Azuma im Rennen: Weil auch sein Motor nicht zu den allerbesten zählte und der Japaner auch im Rennen schlecht mit den Werksmaschinen von Derbi und Aprilia mithalten konnte, hängte er sich clever in den Windschatten der Führungsmeute und wartete ab.

Die Aprilia-Piloten Gino Borsoi und Lucio Cecchinello gaben zunächst den Ton an, dann übernahm Manuel Poggiali für eine Weile das Kommando, bevor das japanische Idol Nobby Ueda nach vorn drängte. Als Ueda in der 15. Runde seinen Reifen zuviel zumutete und spektakulär zu Boden ging, stockte freilich nicht nur den 73000 Zuschauern auf den Rängen der Atem: Auch den Honda-Managern im Fahrerlager stand kurzfristig das Herz still, weil Honda in der bisherigen Grand Prix-Geschichte bereits 497 Siege gesammelt hatte und die große Mission für den Suzuka-Grand Prix, Siege in allen drei Klassen zu sammeln und die magische Zahl von 500 bereits beim Heimspiel zum Saisonauftakt voll zu machen, bereits jetzt zu scheitern drohte.

Doch Azuma sprang für seinen Landsmann auf bravouröse Weise in die Bresche. Zum Zeitpunkt des Ueda-Sturzes noch an fünfter Stelle, hangelte er sich vier Runden vor Schluß auf Rang drei, um in der letzten Runde dann zum entscheidenden Schlag gegen Aprilia-Pilot

Trotz PS-Mangels vorn: Masao Azuma feiert den 498. Sieg der Honda-Geschichte

Simone Sanna und Derbi-Star Youichi Ui auszuholen.

Am Zielstrich lag Azuma um ein paar Handbreit, genau sechs Hundertstelsekunden, vor Ui. »Unglaublich«, strahlte der Überraschungssieger. »Wegen unseres PS-Mangels habe ich ehrlich nicht mit einem Sieg gerechnet. Vielleicht ein gutes Resultat irgendwo in der Spitzengruppe, aber sicher nicht, Ui auf diese Weise angreifen zu können. Seine Derbi und die Werks-Aprilia waren sehr schnell, deshalb entschied ich mich, hinten zu

Happy-End ohne vordere Bremse: Alex Hofmann wurde trotz Kollision Zwölfter

bleiben und die Situation zu beobachten. Am Schluß hatte ich Glück, nach vorn zu kommen, in doppelter Hinsicht – denn wenn ich versagt hätte, hätten mich die Honda-Leute womöglich umgebracht!«

Ebenfalls lange versteckt blieb auch Steve Jenkner. Der tapfere Sachse versiebte den Start, holte dann aber mächtig auf, zeigte sich als starker Mann der Verfolgergruppe und erbeutete den siebten Platz. »Der Start war nicht gut, aber davon reden wir nicht – denn der nächste wird sowieso perfekt«, kommentierte Jenkner gut gelaunt.

250 ccm: Melandri mit links

Bei den 250ern war das Rennen schnell entschieden: So überlegen, wie er schon die Vorsaisontests dominiert hatte, glühte Daijiro Katoh auch im ersten Rennen davon und gewann mit satten 18 Sekunden Vorsprung seinen vierten Suzuka-Grand Prix und das 499. Rennen für Honda. »Suzuka kenne ich wie meine Westentasche, und ich hatte mir fest vorgenommen, meine hübsche Serie hier durch niemanden brechen zu lassen. Ein sauberer Start in die Saison«, rieb sich der kleine Japaner die Hände.

Aprilia tröstete sich mit den Plätzen, wobei Tetsuya Harada zum 250 ccm-Comeback nach seiner deprimierenden Zeit mit dem glücklosen Halbliter-V2-Projekt kräftig aufdrehte und Roberto Locatelli im Endspurt zum Zielstrich den zweiten Platz wegschnappte. Der 125 ccm-Weltmeister, der zu schnell in die Schikane eingebogen war, freute sich über den dritten Platz zum Auftakt seiner 250er Karriere, machte sich über die Stärke Katohs allerdings keine Illusionen. »Vielleicht gelingt es uns, in seinem Windschatten zu bleiben, wenn er uns erst mal überrundet hat«, spottete er.

Vielleicht hätte ihn Marco Melandri schlagen können. Der italienische Teenager war Zweiter im Abschlußtraining, als er sich bei einem Sturz eine schmerzhafte Luxation der rechten Schulter zuzog. Wie gründlich er sich den Arm ausgerenkt hatte, zeigte die Tatsache, dass er das Gefühl in der rechten Hand verlor, bevor die Schulter von Dr. Claudio Costa im Streckenspital wieder eingerenkt wurde. »Alles lief wie geschmiert, bis ich an jener Kurve ankam, in der auch schon der Franzose Guintoli gestürzt war. Ich sah gelbe Flaggen, habe das Gas zurückgedreht, leicht gebremst, und schon ging ich auf unglückliche Weise zu Boden«, beschrieb Melandri.

Mit halber Power hoch hinaus: McWilliams wurde beim 250er Comeback Achter

Am Sonntag ließ er es sich trotz seiner Schmerzen nicht nehmen, in den Sattel zu steigen, und erkämpfte einen heroischen sechsten Rang. »Ich bin völlig am Ende«, stöhnte er nach dem Zieleinlauf. »Mein rechter Arm war nicht zu gebrauchen, ich bin buchstäblich mit dem linken Arm und meinen Beinen gefahren. Ich hatte einen guten Start und versuchte sogar, Katoh zu überholen, nur um ihm zu zeigen, dass ich zur Stelle bin. Das hat gut getan!«

Während der fiebernde Klaus Nöhles nach völlig versiebtem Start noch Platz 14 nach Hause brachte, erlebte Alex Hofmann ein Herzschlagfinale besonderer Art: Nachdem er in seiner Gruppe lange den Ton angegeben hatte, stach der Spanier Fonsi Nieto bei einer Schlussattacke

Mit zusammengebissenen Zähnen: Marco Melandri vor Privatfahrer Roberto Rolfo

in der Schikane innen rein und zertrümmerte Hofmanns vordere Bremsscheibe, worauf der Racing Factory-Pilot Platz zwölf ohne jegliche Vorderbremse ins Ziel rettete.

Teamkollegin Katja Poensgen brachte ein vergleichsweise einsames Rennen ohne Zwischenfälle auf dem 22. und letzten Platz zu Ende. »Schön war's«, fasste sie ihren ersten erfolgreichen Grand Prix zusammen. »Ich habe nach dem Start gleich ein paar Konkurrenten überholt. Dann sind die wieder an mir vorbei, und am Schluß war keiner vor mir und keiner hinter mir – deshalb war's gar nicht so anstrengend!«

500 ccm: Moto Cross bei Tempo 220

Einen harten Kampf hatte dagegen Kenny Roberts im Rennen der Halbliterklasse auszufechten. Weniger mit seinen Gegnern als mit immer schlimmerer Rutschgefahr – sein Hinterreifen begann sich in Längsrichtung rund um die Lauffläche aufzuspalten, als hätte jemand mit einer Rasierklinge sabotiert. »Das ist aber nicht der einzige Grund für meine Niederlage. Wir stecken in einer Krise. Die Weiterentwicklung, auf die wir gehofft hatten, hat bislang nicht statt gefunden«, zeigte sich der Weltmeister nach Platz sieben kurz angebunden und stieg noch am gleichen Abend ins Flugzeug, um seine Enttäuschung zuhause in Kalifornien zu vergessen.

Daijiro Katoh feiert den vierten Sieg - und Honda hakt Treffer Nummer 499 ab

Loris Capirossi stürmte aus der Pole Position zwar angriffslustig in die Spitzengruppe, wurde dann aber von einem ähnlichen Reifenschaden wie Kenny Roberts eingebremst und rettete sich am Ende gar nur als Achter ins Ziel.

Dafür holte der zunächst achtplatzierte Rossi emsig auf und stürmte in Runde sechs vom vierten auf den ersten Platz. Nachdem Masao Azuma schon bei den 125ern und Daijiro Katoh bei den 250ern gewonnen hatte, schien bei der kühnen Honda-Mission von Siegen in allen drei Klassen nichts mehr unmöglich.

Bevor gefeiert werden durfte, hatte der Italiener allerdings noch jede Menge Arbeit vor sich. Denn statt sich von seinen Verfolgern absetzen zu können, wurde er von Yamaha-Piloten umschwärmt, als habe er in ein Wespennest gestochen. Vor allem sein Erzrivale Max Biaggi sorg-

Reifensorgen und Motorkrise: Roberts führte nur kurz und wurde am Ende Siebter

te für Spannung. Am besten vom Start weggekommen und seinerseits mächtig von seinen Markengefährten Nakano und McCoy unter Druck gesetzt, schlug der Römer immer wieder mutig zurück.

Im Kampf gegen Rossi übertrieb Biaggi allerdings seinen Einsatz und bedrängte er ihn eingangs der Zielgeraden bei vollem Speed derart mit dem linken Ellbogen, daß Rossi von der Strecke musste und mächtig Staub aufwirbelte, bevor er sich wieder einfädeln konnte. »Moto Cross bei Tempo 220 ist eine etwas zu elektrisierende Erfahrung für mich. Das hat mich nervös gemacht. Und weil das Manöver nicht gerade fair war, habe ich Biaggi später beim Überholen warnend den Finger gezeigt«, schimpfte Rossi.

Doch weder Biaggi noch einer der anderen sieben Yamaha-Werkspiloten konnte den dritten Honda-Sieg und die Show eines glückstrahlenden Rossi auf einer langen Ehrenrunde, bei der er sich am Ende artig vor dem Publikum verbeugte, verhindern.

Was den Geschlagenen blieb, war die Hoffnung, den Spieß bald umdrehen zu können. »Es gab viele Feindberührungen, Außerdem hätte ich fast die Maschine des stürzenden Tohru Ukawa gerammt, das hat mich zurückgeworfen«, entschuldigte sich Max Biaggi für seinen dritten Platz.

Neben dem Italiener brannte vor allem auch der zweitplatzierte Garry McCoy auf Revanche. »Die vielen langgezogenen Kurven hier passen eigentlich gar nicht zu seinem Fahrstil. Denn hier kann er nicht wie üblich frühzeitig zu driften beginnen, sonst findet er gar nicht mehr aus der Kurve heraus«, verriet McCoys Cheftechniker Hamish Jamieson. »Dafür ist unser zweiter Platz ein großartiges Ergebnis.«

Weit weg vom Sieg war keiner der großen Yamaha-Stars, auch wenn Carlos Checa mal wieder ausrutschte und Vorjahressieger Norick Abe mit Platz vier

Sturzkönig Carlos Checa in seinem Element: Frühes Aus in der Schikane

Mission erfüllt: Rossi duscht McCoy - und das Honda-Werk feiert 500 Siege

zufrieden sein musste. »Vom Speed her sind wir Kopf an Kopf«, rieb sich Jamieson die Hände. »Höchstleistung ist längst nicht mehr das Thema, es kommt nur noch darauf an, wer die Leistung am schonendsten auf den Boden bringt und auch nach 20 Runden noch Reifengrip zur Verfügung hat.«

Insgesamt hatte Honda aber doch mehr in die Waagschale zu werfen. »Vom Speed her gibt's kaum Unterschiede«, bestätigte Kenny Roberts senior. »Doch wenn es darauf ankommt, ist es die alte Geschichte: Die Honda verzeiht im Zweikampf mehr und hat insgesamt überall dort, wo es über 100 Prozent Einsatz hinaus geht, mehr Reserven.«

Am Ende des Feldes, weitab vom Kampf um den Sieg, kam es zum versteckten Comeback der bärenstarken Swissauto-V4-Motoren, mit denen das MZ-Weber-Team 1999 zwei Pole Positions erbeutet hatte. Der Neuseeländer und frühere BSL-Teammanager Dave Stewart hatte die Produktionsformen und die restlichen Ersatzteile von Swissauto gekauft, ließ bei der Kenny Roberts-Group in England passende Fahrwerke bauen und schaffte es mit den in letzter Minute fertig gestellten Prototypen und seinem neuen Pulse-GP-Team gerade noch, bei der Premiere in Suzuka dabei zu sein.

Die Fahrer Jason Vincent und Mark Willis hätten sogar das Ziel erreicht und Punkte gemacht, blieben aber wegen mangelnder Spritversorgung liegen: Die Tanks waren so geformt, dass bei sinkendem Benzinstand zu wenig Kraftstoff in die Vergaser floß.

Elektrisierende Erfahrungen: Ukawa stürzt - und Rossi wird von Biaggi bedrängt

SHOEI
REPSOL YPF
28
HONDA
46
BREIL
MANPOWER
domino
HONDA
Nastro Azzurro
agv
HRC
MICHELIN

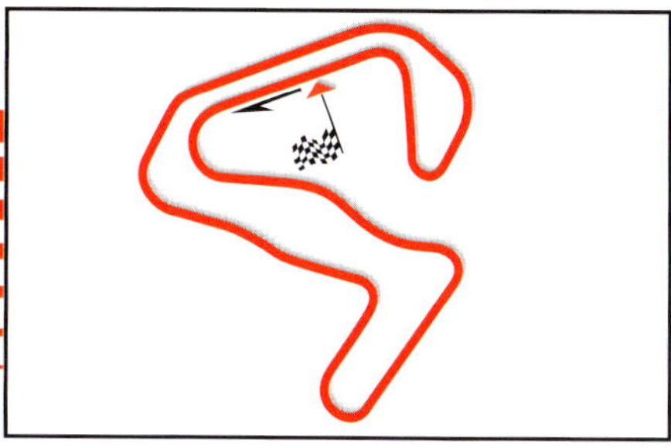

22.4.2001: Afrika-Grand Prix in Welkom

Doktor Rossi

Am Startplatz forderte Valentino Rossi Hilfe für Afrika und freie Drogen gegen AIDS. Doch auch den Konkurrenten des »Doctors« fehlte die richtige Medizin.

Honda ruhte sich nach dem Triumphen beim Japan-Grand Prix nicht auf dem frischen Lorbeer aus, sondern machte sich gleich auf die nächste Mission. In Sugo erlebte die neue Fünfzylinder-GP1-Viertaktmaschine ihre Feuertaufe. Ursprünglich hätte Tohru Ukawa den brandneuen Prototypen zum ersten Mal auf einer Rennstrecke bewegen sollen, doch nach dem Crash in Suzuka gönnte sich der Halbliter-Aufsteiger eine Erholungspause.

Statt Ukawa gab sich Honda-Testfahrer Kamata die Ehre und verblüffte die Ingenieure mit guten Rundenzeiten und einem störungsfreien Testverlauf, bei dem die Maschine wie ein Uhrwerk funktionierte. Das war vor allem deshalb eine Überraschung, weil Honda im Gegensatz zu Yamaha eine völlige Neukonstruktion in Angriff genommen hatte, bei der es keine Schraube gab, die vom V2-Superbike oder von der V4-Grand Prix-Maschine hätte übernommen werden können.

Radikal anders als alle vergleichbaren Konstruktionen, wurden die fünf Auspuffrohre unterhalb des Motors nach hinten geführt. Um trotzdem genügend Bodenfreiheit zu haben, wurde der Motorblock selbst so hoch ins Chassis gehängt, dass es für die Gewichtsverteilung und die Silhouette des Motorrads unmöglich gewesen wäre, darüber noch einen Benzintank anzubringen. Die Tankattrappe beinhaltete deshalb nichts weiter als eine Airbox, die den Fahrtwind über ein weit aufgerissenes Haifischmaul im Bug der Maschine ohne Umwege in das Einspritzsystem schaufelte. Der Tank wiederum wanderte unter den Sitz.

Nicht weniger ale 110 Runden spulte Kamata ab, bei der die Höchstdrehzahl des Prototypen immer weiter gesteigert wurde. Beginnend bei relativ moderaten 13000/min, kehrte Kamata nach jeweils fünf Runden zu einem Check an die Box zurück, um die nächsten fünf Runden dann mit 500 Umdrehungen mehr in Angriff zu nehmen. Als Kamata 16000/min erreicht hatte und die wie ein Formel 1-Auto schreiende Maschine noch immer nicht kapituliert hatte, packten die Ingenieure zufrieden zusammen: Auch die Rundenzeit von 1.32 Minuten, zwei Sekunden über dem Rundenrekord von 1.29,996 Minuten, war für das erste Roll-Out der Maschine kein schlechtes Ergebnis.

So gut wie die Test-Crew in Japan arbeiteten auch die Werks-Teams beim Grand Prix Südafrika. Lediglich in der 125 ccm-Klasse musste Honda die Trainingsbestzeit abgeben. Während Derbi-Star Youichi Ui die schnellste Runde drehte und Manuel Poggiali mit Platz drei auf der baugleichen Gilera bewies, dass seine Leistung von Suzuka keine Eintagsfliege war, konnte sich Nobby Ueda als einziger Honda-Pilot in die erste Reihe schieben. »Derbi und Aprilia sind auch hier im Vorteil. Die Honda wurde für dieses Jahr komplett neu konstruiert, und wie immer haben

Doktor Rossi: Solidarität mit krebskranken Kindern - und mit Markengefährte Crivillé

Loris Capirossi, Teamkollege Alex Barros: Wo geht's an Valentino Rossi vorbei?

die Honda-Ingenieure so gründliche Arbeit geleistet, dass kein Teil des alten Motorrads mehr an die neue Maschine passt«, erklärte Olivier Liegeois, Teamchef und Cheftechniker von Suzuka-Sieger Masao Azuma, der sich diesmal mit dem neunten Startplatz zufrieden geben musste. »Wir haben alles versucht, bewährte Leistungsteile an die neue Maschine zu adaptieren, doch bislang ohne Erfolg. Ueda ist der einzige Honda-Pilot, dessen Team ein paar gute Tricks gefunden hat.«

Bei einem Vorsprung von drei Zehntelsekunden konnte sich Youichi Ui freilich schon nach dem Abschlusstraining in Sicherheit wiegen. »Ein perfekter Tag«, rieb sich der kleine Japaner die Hände. »Motor und Chassis haben ohne ein einziges Problem funktioniert. Das gab mir Zeit, zehn verschiedene Reifen auszuprobieren und in Ruhe nach der besten Mischung zu suchen.«

Doch auch Manuel Poggiali war begeistert. Bis acht Minuten vor Schluß war der 18jährige Italiener als Schnellster notiert, nahm den Verlust der Pole Position aber auf die leichte Schulter. »Für die Trainingsbestzeit gibt's keine Punkte«, grinste er. »Was zählt, ist das Rennen morgen. Und ich bin mir sicher: Das Podium ist in Reichweite!«

Fast hätte europäische Hochtechnologie auch das Training der 250 ccm-Klasse dominiert. Am Freitag drehte Marco Melandri die schnellste Runde und schwärmte, die in Suzuka ausgekugelte Schulter mache ihm kaum mehr Probleme. »Wenn mir jemand vor fünf Tagen gesagt hätte, dass ich hier Bestzeit fahren würde, hätte ich ihn ausgelacht«, meinte er. »Doch die Schulter spielt erstaunlich gut mit. Klar, bei schnellen Richtungswechseln behindert mich die Verletzung, aber ich habe ja meine Beine, um mitzuhelfen, das Motorrad in die richtige Richtung zu dirigieren. Da kommt mir das Moto Cross-Fahren zugute.«

Am Samstagnachmittag war es dann aber doch Honda-Star Daijiro Katoh, der das Heft in die Hand nahm und seinen Landsmann Tetsuya Harada sowie Melandri auf die Plätze verwies. »Dabei sind mir schnelle Trainingsrunden überhaupt nicht wichtig«, beteuerte er. »Ich habe mich ausschließlich um die beste Abstimmung und die richtigen Reifen für diese Holperpiste gekümmert.«

Immerhin reihten sich sechs Aprilia-Werkspiloten auf den Rängen zwei bis sieben auf. Wer in dieser Phalanx fehlte, war Deutschlands Hoffnung Klaus Nöhles. »Ich kapier's einfach nicht. Bei den IRTA-Tests in Jerez und Estoril habe ich mich ständig verbessern können, doch ab den Tests in Valencia ging es plötzlich abwärts, und ich kam nicht einmal mehr an meine Zeiten des letzten Jahres heran«, seufzte er nach dem 21. Platz am ersten Tag. »Wir machen irgendwo irgendetwas grundlegend falsch«, analysierte Teamchef Dieter Stappert.

Aprilia-Sportdirektor Jan Witteveen versprach, das Team nicht im Stich zu lassen. »Wenn Klaus Nöhles einen Team-

Alex Barros vor Max Biaggi: Erst im Endspurt schob sich der Römer vorbei

Grausiger Start, zähle Aufholjagd: Biaggi blieb in der Verfolgergruppe stecken

Im siebten Himmel: Rossi holte seine erste Pole Position und den zweiten Saisonsieg

kollegen hätte, wäre es einfacher für ihn. Aber es ist nicht so, dass er auf sich selbst gestellt wäre: Schließlich stehen ja auch die Daten von Melandri, Harada und McWilliams zur Verfügung. Wir helfen alle zusammen, dass er sich mit dem Set-Up nicht verirrt.« Am Samstag ging es dann wenigstens ein Schrittchen aufwärts. Mit einer härter abgestimmten Maschine feilte Nöhles 1,4 Sekunden von seiner bisherigen Bestzeit weg und steigerte sich auf Rang 17. »Ich habe zu lange versucht, an dem Set-Up festzuhalten, das mir in Jerez und Portugal gut gelegen hat«, bekannte er.

Umgekehrt ging es bei Katja Poensgen weiter stetig bergauf. Obwohl ihr bereits eine Zeit von 1.43.722 zur Qualifikation gereicht hätte, überzeugte sie ihr Team mit mehreren Runden unter 1.42 Minuten, verlor nur 4,5 Sekunden auf Daijiro Katoh und ließ zwei Jungs hinter sich. »Eine echte Leistung. Gestern haben sich etliche gute Fahrer lange bei 1.41 eingeimpft, das zeigt, wie sehr sich die Katja fahrerisch gesteigert hat«, freute sich Teamchef Dieter Theis. Auch Jan Witteveen zollte der mutigen Renn-Lady Respekt. »Wenn sie sich überall qualifiziert und im Laufe der Saison mal einen Top 20-Platz oder gar ein Pünktchen ansteuert, sind wir alle hoch zufrieden. Mehr als momentan kann man nicht erwarten – sie hat schon jetzt Talent bewiesen!«

Dagegen machte Halbliterstar Carlos Checa seinem Ruf als Sturzkönig mal wieder alle Ehre: Der Marlboro-Mann wagte sich mit einer Yamaha R 1 auf die Supermotard-Strecke von Can Padró bei Barcelona, unterbot den bestehenden Rundenrekord um eine Sekunde und wollte noch schneller fahren. Den Übermut bezahlte er mit einem schweren Sturz, bei dem er sich beide Schultern auskugelte und einen Nierenriss erlitt. Die Ärzte verordneten ihm zehn Tage strikte Bettruhe, worauf der Spanier auf die Reise nach Südafrika verzichtete.

Doch auch für seinen Teamkollegen Max Biaggi lief nicht alles nach Plan. Nachdem er in allen vier Trainings versucht hatte, die Federung seiner Yamaha auf die wellige Welkom-Piste abzustimmen, verpasste er in der heißen Phase des Abschlusstrainings die Chance auf einen der vorderen Startplätze. »Unser Fahrwerk rattert immer noch, allerdings ist es besser als gestern. In den letzten 20 Minuten hatten wir dann ein Motorproblem. An meiner Nummer eins-Maschine, auf der ich mich hier am wohlsten fühle, hat sich einiges an Leistung verflüchtigt«, erklärte er seinen achten Startplatz.

Halbliter-Neuling Shinya Nakano stahl Biaggi mit dem dritten Platz die Show, bei dem er auch den Vorjahres-Sieger Garry McCoy hinter sich ließ. Spannend bis zur letzten Sekunde war auch der Kampf um die Pole Position: Valentino Rossi und Loris Capirossi hetzten sich zu immer schnelleren Rundenzeiten und wechselten sich an der Spitze der Zeitenliste ab, und als sich Capirossi zwei Minuten vor Schluß abermals nach vorn schob und annahm, er habe nun genug getan, hatte er die Rechnung ohne den Wirt gemacht: Rossi legte abermals eins drauf, fuhr nochmals um über zwei Zehntelsekunden schneller und holte

Handicap zu verstecken. Während die anderen über Winter wieder einen Sprung nach vorn gemacht haben, hat bei uns abermals keine Entwicklung stattgefunden. Jetzt können wir den Tatsachen endgültig keine Maske mehr aufsetzen, und es gibt auch kein Pflaster, das wir auf die Maschine kleben könnten – wir werden so lange hinterher fahren, bis wir endlich einen stärkeren Motor haben«, redete Roberts Fraktur.

Max Biaggi wurde bei seiner Fahrt auf Platz acht hingegen mehr von Fahrwerksproblemen und einem schlechten Start aufgehalten. Startplatz acht bedeutete eine Position auf der linken Streckenseite, wo besonders viel Staub für besonders wenig Abtrieb sorgte.

14. nach einer Runde, arbeitete sich der Römer mühsam nach vorne, scheiterte aber mit einem Schlussangriff auf Kenny Roberts. »Mamma mia, was für ein grausiger Start«, stöhnte er. »Alles in der ersten Runde lief gegen mich, ein anderer Fahrer stürzte nach der zweiten Kurve fast vor meiner Nase, und ich musste vom Gas, um auszuweichen. Ich habe jede Menge Zeit verloren. Danach brauchte ich lange, um an Barros vorbeizukommen, weil der so einen seltsamen Fahrstil hat.

Trotz Schulterschmerzen Zweiter: Melandri wehrte sich verbissen gegen Katoh

Am Schluss versuchte ich auch noch, Kenny zu erwischen, wäre dabei aber fast gestürzt.«

Noriyuki Haga war schon in der fünften Runde zu Boden gegangen und hatte das Desaster fürs Red Bull-Yamaha-Team eingeleitet. Nur Sekunden vorher verschwand Nakanos Teamkollege Olivier Jacque an der Box, um eine Stop and Go-Strafe wegen Frühstarts abzusitzen. Am Ende wurde der 250 ccm-Champion immerhin noch 16.

250 ccm: Katoh unter Druck

Daijiro Katoh holte bei den 250ern den zweiten Sieg, geriet aber nach überlegener Führung am Ende doch noch ernsthaft unter Druck. Weniger als eine Zehntelsekunde trennte ihn am Schluss von Verfolger Marco Melandri, und wenn dem Italiener nicht der überrundete Yamaha-Kurz-Pilot Cesar Barros in die Quere gekommen wäre, hätte es womöglich für einen Angriff gereicht. »Es wurden keine blauen Flaggen geschwenkt, deshalb kann ich Barros keinen Vorwurf machen. Doch nachdem schon Katoh an ihm vorbei war, hätte er sich ja auch mal umdrehen und nachschauen können«, meinte Melandri. »Ich bin aber trotzdem zufrieden. Denn zumindest habe ich gezeigt, dass Katoh nicht völlig unschlagbar ist!«

Neben Melandri und dem drittplatzierten Tetsuya Harada, der sich über einen leichten Kolbenklemmer zu Rennmitte ärgerte, bestätigte freilich auch ein Privatfahrer, dass sich mit den italienischen Drehschiebermaschinen vortrefflich angreifen liess. Alex Hofmann, nur an 23. Stelle qualifiziert, kam nach gutem Start immer besser in Schwung, setzte sich im Endspurt sogar gegen Sharol Yuzy auf der gebrauchten Yamaha-Werksmaschine durch und feierte Platz zehn. »Absolut geil«, sprudelte er. »Es hat super Spaß gemacht, diese Gruppe niederzukämpfen. Trotz Kampflinie habe ich ganz am Schluss noch meine schnellste Runde gedreht.«

Eines seiner frühen Opfer war Klaus Nöhles, der trotz einem raketenartigen Start nicht über Rang 14 hinaus kam. »Gleich in der ersten Runde hat mich einer ganz böse innen ausgebremst und auf die schmutzige Außenspur gedrückt«,

Nicht nur in Suzuka schnell: Katoh feiert den zweiten Sieg im zweiten Rennen

schilderte er. »Außerdem sprang und ratterte mein Vorderrad, vielleicht weil ich im Rennen härter gebremst habe als im Training und deshalb den Reifen mehr strapazierte. Die letzten beiden Runden hatte ich so böse Rutscher, dass ich das Motorrad nur noch übers Knie abgefangen habe.«

Eine solche Schrecksekunde hatte Katja Poensgen nur einmal. Die mutige Renn-Lady begnügte sich in ihrem zweiten Grand Prix nicht mehr mit dem Hinterherfahren, sondern griff energisch ins

Geschehen ein und nahm zwei Rivalen aufs Korn. Einen der beiden, den Südafrikaner Jonathan van Vuuren, hatte sie bereits überholt, büßte das gewonnene Terrain aber nach einem Rutscher wieder ein. »Trotzdem hatte ich meinen Spaß. Denn während ich in Japan weit und breit allein auf weiter Flur war, habe ich diesmal kämpfen und mitfahren können.«

125 ccm: Derbi und Gilera

Noch hingebungsvoller legte sich Steve Jenkner bei den 125ern ins Zeug. Schlecht gestartet und nach einer Runde nur 23., wühlte sich der tapfere Sachse bis zum achten Platz nach vorn. »Mein Motorrad funktioniert jetzt perfekt auf der Bremse – so wie ich es haben will«, meinte er befriedigt. »In den ersten Runden habe ich keine Chance ausgelassen, mich durchzudrücken. Nur der Start bleibt ein Mysterium – bei der Generalprobe am Vorstart fuhr das Motorrad wunderbar los.«

Freilich lief auch bei den beiden anderen Deutschen nicht alles nach Plan. Während Jarno Müller etwas zu früh an der Kupplung ruckelte, eine Stop and Go-Strafe provozierte und einsam auf Platz 23 fuhr, scheiterte Phillip Hafeneger an einem Kolbenklemmer.

Perfekt war dagegen die Show der von Harald Bartol gebauten Spezialmaschinen an der Spitze des Feldes. Derbi-Pilot Youichi Ui machte sich nach wenigen Runden aus dem Staub und gewann überlegen, Gilera-Hoffnung Manuel Poggiali befreite sich nur wenig später aus der Umklammerung des Pulks und landete einen ungefährdeten zweiten Platz. »Mein Start war vorbildlich. Danach habe ich zwei Runden lang aufgepasst, weil ich im letzten Jahr schon in einer der ersten schnellen Kurven gestürzt bin«, berichtete Ui. Seinen immer mehr anschwellenden Vorsprung am Schluß nicht noch zu verspielen, blieb seine einzige Sorge – Ui hatte den Malaysia-Grand Prix 2000 noch gut in Erinnerung, bei dem er in der letzten Runde rund 100 Meter verspielt hatte und hinter Roberto Locatelli zurückgefallen war.

Diesmal lauerte wenigstens ein Stallgefährte hinter ihm. »Mein Start war leider nicht so gut«, bedauerte der 18jährige Poggiali auf der als Gilera getarnten Derbi. »Deshalb bin ich völlig zufrieden, den zweiten Platz ins Ziel gebracht zu haben. Ui ließ sich sowieso nicht einholen.«

Sein Erfolg war der erste Grand Prix-Podestplatz des italienischen Werks seit dem zweiten Platz des Argentiniers Benedicto Caldarella im Halbliter-Rennen von Monza 1964, auch wenn Konstrukteur Harald Bartol alle Vermutungen vom Tisch wischte, die Entwicklung der Technik würde mit dem neuen Namen in eine neue Richtung gehen. »Natürlich sind die beiden Motorräder identisch«, hielt der Österreicher fest. »Ich kann einem der beiden doch nichts Schlechteres einbauen – bloß, damit die beiden Maschinen verschieden sind!«

Vorsprung verteidigt: Ui siegte – und löschte ungute Erinnerungen aus

Vierkampf mit drei Deutschen: Müller (10), Hafeneger (14), Jenkner (17)

Nobby Ueda erbeutete trotz Fußschmerzen von seinem Japan-Sturz den dritten Platz vor Gino Borsoi, Suzuka-Sieger Masao Azuma blieb nur der zehnte Rang. Als Gaspare Caffiero vor ihm stürzte, knallte er gegen einen Reifen des Italieners und wäre fast gestürzt. Beim eiligen Versuch, das verlorene Terrain wieder gut zu machen, rumpelte er dann neben die Strecke. »Ich muss ruhiger werden", schärfte er sich selbst ein.

Telefónica
MoviStar
DUNLOP
Fortuna
HONDA
VICEROY
REPSOL YPF
SHOEI

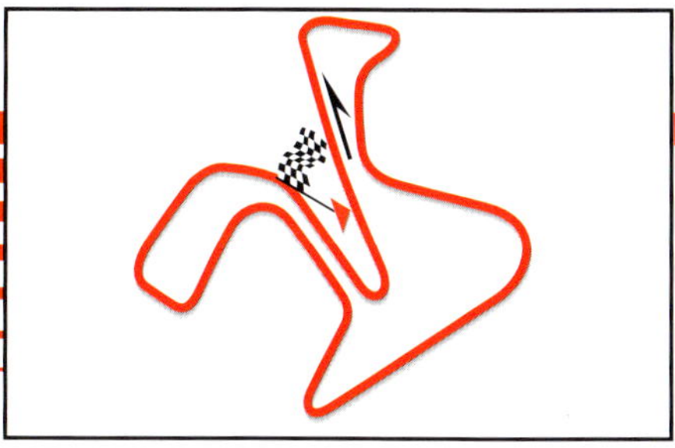

6. 5. 2001: Grand Prix Spanien in Jerez

Die Serienhelden

Daijiro Katoh und Valentino Rossi feierten beim Europa-Auftakt jeweils den dritten Sieg im dritten Rennen – und ließen ratlose Gegner zurück.

30 Jahre nach den Einsätzen von Phil Read und Bruno Spaggiari, die 1971 und 1972 auf Ducati in der Halbliterklasse mitfuhren, wagte sich das italienische Traditionswerk wieder an die Konstruktion eines Prototypen für die GP1-WM. »Superbike-Einsätze als Testfeld für die Serie, der Grand Prix-Wettbewerb für technische Pionierleistungen«, schwärmte FIM-Präsident Francesco Zerbi und verbuchte die Neuigkeit als Bestätigung seiner Sportpolitik. »Ducatis Beispiel zeigt, dass wir die Weichen für die Zukunft genau richtig gestellt haben.«

Freilich vergewisserte sich das Traditionswerk aus Bologna erst einmal mit einem Internet-Referendum, ob eine solche Entscheidung bei der Kundschaft überhaupt auf Zustimmung traf. Denn das Ducati-Werk, vier Jahre zuvor noch nahe dem Bankrott und von einer amerikanischen Holding aufgefangen, ließ sich das Grand Prix-Engagement einiges kosten: 30 Millionen Dollar wurden als Entwicklungsbudget abgezweigt, weitere zehn Millionen Dollar als jährliche Betriebskosten für ein Zwei-Mann-Team veranschlagt. »Diese Summen sind keine Kosten, sondern eine Investition«, erklärte Ducati-Präsident Federico Minoli. »Vor vier Jahren hätten wir uns die Sache nicht leisten können. Heute, nach dem finanziellen Turnaround, sieht es anders aus.«

Trotz der vergleichsweise gewaltigen Summen sollte die neue GP1-Maschine eine Ducati bleiben, äußerlich ebenso wie in vielen markanten technischen Details. »Wir haben am Computer alle möglichen Motorvarianten von zwei bis acht Zylindern durchgespielt und analysiert, sind dabei aber auf keine wesentlichen Vorteile für eine bestimmte Anzahl gestoßen. Deshalb haben wir uns entschieden, beim traditionellen L-Zweizylindermotor zu bleiben«, erklärte Claudio Domenicali, Chef der Rennabteilung Ducati Corse. »Auch der Rahmen wird wieder aus einem Stahlrohrgitter bestehen. Denn zwischen Stahl und Aluminium herrscht das gleiche Gewichts-Steifigkeits-Verhältnis.«

Auch die Ventilsteuerung sollte nach klassischem Ducati-Muster erfolgen und von einer Desmodromik übernommen werden. »Nur wenn sich herausstellen sollte, dass eine pneumatische Ventilsteuerung signifikante Vorteile bietet, werden wir auf dieses System umstellen. Doch ich bin zuversichtlich, dass wir einen Ventiltrieb konstruieren können, der bis zu 20000 Umdrehungen pro Minute mitmacht. Für den Einsatz des Motors zwischen 13000/min und 18000/min haben wir dann immer noch genügend Reserven.«

Theoretisch war der neue Ducati-Motor bei 50 Kilogramm Eigengewicht für bis zu 240 PS gut, für die Rennversion wurden aber benutzerfreundliche 200 PS mit viel Durchzug kalkuliert. »Die große Herausforderung für uns wird sein, den typischen Charakter unseres großen V-Twin beizubehalten, gleichzeitig aber für genügend Topspeed und Power beim Beschleunigen zu sorgen, um in dieser Klasse mithalten zu können«, war sich Domenicali im klaren. Bei aller Liebe zur Tradition waren solche Extreme nur mit extremen technischen Lösungen zu errei-

Viel Rauch, vor allem aber Feuer: Katoh ließ den Gegnern wieder keine Chance

Sensortechnik wie ein Star Trek-Anzug Max Biaggis Dainese-Spezialkombi

Tetsuya Harada: Gegen Katohs Topzeiten half auch angestrengtes Nachdenken nicht

chen: Ducati gelobte zwar, wie Honda und Yamaha auf exotische Materialien wie Keramikteile und Beryllium zu verzichten, plante als bislang einziger Wettbewerber jedoch einen Ovalkolbenmotor, um bei den gigantischen Einzelhubräumen auf die erforderlichen Drehzahlen zu kommen. »Wenn das Grundkonzept einmal steht und wir eine adäquate technische Lösung gefunden haben, wird der Rest nach bewährtem Muster ablaufen«, erklärte Domenicali. »Wie in der Superbike-WM werden wir zwei Motorräder pro Fahrer mit frischen Motoren und jeweils noch einen Ersatzmotor pro Maschine zu den Rennen schicken, die dann hinterher im Werk revidiert werden. Einziger Unterschied zur Superbike-WM: Während wir dort bereits mit fertig zur Rennstrecke passenden Getrieben anrücken, werden wir für den Prototypen wohl ein Kassettengetriebe bauen, das sich wie bei den GP üblich herausnehmen und gezielt anpassen lässt. Doch insgesamt soll unsere Technologie einfach und kostengünstig bleiben – so, dass wir auch Kundenteams mit unseren GP1-Maschinen ausrüsten können.«

Bis dahin war es allerdings noch ein weiter Weg. Während die japanische Konkurrenz plante, bereits 2002 mit Viertaktern bei den Rennen mitzumischen, gönnte sich Ducati ein Forschungs- und Entwicklungsjahr und verschob die ersten Renneinsätze auf 2003, wo die Maschine dann konkurrenzfähig sein sollte. »Und wenn wir 2003 nicht konkurrenzfähig sind? Dann werde ich als erstes Claudio Domenicali feuern!« schmunzelte Federico Minoli launig.

Neben der Technik blieb die wohl spannendste Frage, wie sich die Neuankömmlinge auf die wenigen fixen Startplätze der Zukunft verteilen würden. Dorna-Direktor Carmelo Ezpeleta, und Sito Pons, Vorsitzender der Teamvereinigung IRTA, besiegelten in Jerez nämlich einen neuen Vertrag bis 2006, dem gleichen Datum, an dem auch der Vertrag zwischen Dorna und der internationalen Motorradsportföderation FIM auslief. Darin wurde die Beibehaltung der drei GP-Klassen, außerdem ein beträchtlich auf rund zwei Millionen Dollar pro Jahr erhöhter Geldregen für die einzelnen Halbliter-Teams festgeschrieben.

Um die Summen aufbringen zu können, wurden für die ab 2002 beginnende Viertakt-Ära vorläufig nur elf Teams mit je zwei Fahrern vorgesehen, nach Formel 1-Vorbild als Franchise zu führen und bei Bedarf auch frei auf dem Markt zu verkaufen. Neben den Herstellern Honda, Suzuki, Yamaha, der Kenny Roberts-Group, Aprilia, Pulse und den Neuankömmlingen MZ, Ducati, Sauber und Gilera erwarteten auch die bestehenden Leasingteams sowie Reifenhersteller Bridgestone eine Chance auf die Teilnahme im GP1-Wettbewerb, weshalb sich Ezpeleta ein kleines Hintertürchen offen ließ. »Wir behalten uns vor, die Startplätze bei Bedarf um ein oder zwei Teams aufzustocken«, fügte er hinzu.

War das alles Zukunftsmusik, so ging es Zehntausenden von Fans, die bereits zum Training an den Traditionskurs am

Kaum erholt - und schon wieder am Boden: Carlos Checa stürzte im Training

Doktor Rossi: Solidarität mit krebskranken Kindern - und mit Markengefährte Crivillé

Südwestzipfel der Iberischen Halbinsel pilgerten, um die Frage, wie sich ihre Helden beim Heimspiel schlagen würden.

Doch Alex Crivillé, der von 1997 bis 1999 dreimal hintereinander in Jerez gewonnen hatte, fuhr immer noch seiner alten Form hinterher und beendete das Abschlusstraining an niederschmetternder zwölfter Stelle. »Ich bin sehr, sehr enttäuscht«, seufzte der Weltmeister von 1999. »Heute morgen im freien Training war ich Vierter, konnte ein leichtes Vorderradrattern aber nicht einfach ignorieren. Wir haben die Federung für den Nachmittag weicher gestellt und gehofft, dass das Motorrad wegen der kühleren Temperaturen im Vergleich zum Vorjahr besser liegen würde. Doch die Rechnung ging nicht auf.«

Auch Carlos Checa war nach dem peinlichen Sturz von seiner Yamaha R 1 noch nicht in Topform. Wegen seinem Nierenriss hatte er eine Woche im Spital zugebracht und sich dann mit leichtem Training in den Bergen hinter Barcelona für das Rennen in Jerez vorbereitet. »Du kannst dich abseits der Strecken nicht in Watte packen. Wir sind Rennfahrer, und das sind wir das ganze Jahr über, nicht nur bei den Grands Prix«, erklärte er und lieferte im Training schon wieder den Beweis für seine Risikofreude: Im Kampf um den zehnten Startplatz produzierte er einen spektakulären Highsider und wurde böse durchs Kiesbett gewürfelt, kam aber mit viel Glück ohne Knochenbrüche davon. »Ich weiß nicht genau, was passiert ist. Ich habe mir die Schulter und einen Fuß angeschlagen. Eigentlich tut mir alles weh«, berichtete er müde. Die Startplätze 12, 13, 14 und 15 für Crivillé, Checa, Sete Gibernau und Jose Luis Cardoso waren eine erschütternde Bilanz für die stolze spanische Motorradnation.

So zwiespältig wie im Antena 3-Team von Cardoso, dessen Teamkollege Norick Abe den dritten Startplatz erbeutete, ging es auch im französischen Tech 3-Team zu. Denn während Shinya Nakano seine Gauloises-Yamaha auf den beeindruckenden vierten Startplatz stellte, packte Olivier Jacque nach einem Sturz im Training und zwei lustlosen Runden im Warm Up am Sonntagmorgen zusammen und verzichtete aufs Rennen. »Bei meinem Sturz gestern habe ich mein verletztes linkes Handgelenk erneut lädiert. Die Schmerzen sind zu stark«, schüttelte der amtierende 250 ccm-Champion den Kopf.

Der Zaungast: Mario Rubatto beurteilte Hafenegers Honda durch Ferndiagnosen

Auch Max Biaggi blieb mit dem fünften Trainingsplatz hinter den Erwartungen zurück. Mehr Aufsehen als durch seine Rundenzeiten verursachte er in Jerez durch eine Spezial-Lederkombi, mit der der italienische Hersteller Dainese den bisher eher archaischen Verletzungsschutz ins Star Trek-Zeitalter katapultierte. D-Tec, Daineses Forschungs- und Entwicklungsabteilung, erprobte in einem der Trainings ein neues, Procom genanntes Elektroniksystem, um den Komfort eines Fahrers messen und wissenschaftlich auswerten zu können. Biaggis Spezial-Unteranzug verfügte über 32 Feuchtigkeits-, 32 Temperatur- und einem Herzschlagsensor, die im Fünf-Sekunden-Takt aktiviert und deren Werte in einem im Rückenspoiler der Lederkombi versteckten Rechner gespeichert wurden.

Eine spezielle Software ermöglichte es, aus den Daten Rückschlüsse auf das Befinden des Fahrers und damit die Effizienz bestimmter Schnitte und Materialien zu ziehen. Schon Offroad-Star Edi Orioli hatte einen Prototypen des Sys-

Masao Azuma führt - und Manuel Poggiali trickst sich am Ende selber aus

tems bei der Desert Challenge 2000 getestet, vor allem aber sollte das System dereinst den Alltagsfahrern im normalen Straßenverkehr zugute kommen.

Keineswegs an GP-Hochtechnologie, sondern eher an ein Einmachglas erinnerten die Schlauchstücke, mit denen die Hinterbremspedale von Alex Crivillé und Tohru Ukawa nach oben gezogen wurden. Honda hatte die Werksfahrer in Südafrika nämlich mit größeren Bremsscheiben versehen, deren brachiale Wirkung die Techniker etwas dämpfen wollten. Die Crew von Valentino Rossi, der die hintere Bremse ohnehin kaum einsetzte, brachte das Problem etwas eleganter mit einer starken Spiralfeder unter Kontrolle.

Katja Poensgen sorgte mit einem ganz anderen Gag für Aufsehen. Am Freitagabend ließ sie sich bei der offiziellen Präsentation ihres Racing Factory-Teams mit einem schwarzen Grid-Boy ablichten, der den Tausch der üblichen Rollen an einer Rennstrecke perfekt machte. »Ich hatte schon die Rennfahrer Lavilla, Kaufmann und Barth als Grid-Boys. Für die weiblichen Zuschauer ist das doch eine nette Sache«, freute sie sich über den Gag.

Die attraktive Blondine, von den Medien gehetzt wie ein Superstar, blieb allerdings auch in ihrem Job nichts schuldig. »Ich habe drei Kollegen hinter mir gelassen und bin drei Sekunden schneller gefahren als bei den Tests«, jubelte sie nach der abermals geglückten Qualifikation. »Und wieder hat es sich gezeigt, dass es wie von allein geht, sobald ich locker lasse. Ich bin keineswegs mit dem Messer zwischen den Zähnen gefahren. Wenn ich den Cesar Barros noch geschnupft hätte, wäre ich in der vorletzten Reihe gewesen.«

Azuma jubelt, Cecchinello freut sich mit: Das Derbi-Werksteam wurde ausradiert

Doch auch Rang 29 war angesichts der geringen Zeitabstände ein prächtiges Resultat. »Ich spüre meine Fortschritte: Das Motorrad bewegt sich mehr unter mir, und wenn wir etwas am Fahrwerk verändern, merke ich den Unterschied. Auch klappt es jetzt mit dem Gasgriff: Cheftechniker Lucas Schmid hat mir erklärt, dass ich mit dem Zweitakter im Gegensatz zum Viertakter immer entweder mit völlig geöffnetem oder mit ganz zugedrehtem Gasgriff fahren soll und nicht mit 80 oder 90 Prozent. Solche Dinge klappen mittlerweile wie von selbst, so dass ich mich nun mit anderen Dingen beschäftigen kann. Jetzt muss ich mich noch mehr in die Details reindenken, Dinge aufschreiben. Ich habe zum Beispiel noch nicht die optimalen Bremspunkte, muss meine Linien analysieren und in den Kurven noch schneller umlegen«, nahm sie sich vor.

Weil Teamkollege Alex Hofmann dem 18. Startplatz und einer persönlichen Bestzeit zusteuerte, befand sich das ganze Team im Höhenflug. Dagegen blieb Klaus Nöhles als 14. abermals hinter seinen Test-Zeiten zurück und musste mit einem schweren Sturz am Samstagnachmittag einen weiteren Rückschlag einstecken. »Wir sind hier etwas in Richtung der alten Waldi-Abstimmung gegangen und haben Fahrwerkselemente des letzten Jahres eingebaut. Das sorgt zwar für ein besseres Fahrverhalten, dafür aber ein schlechteres Gefühl im Grenzbereich. Deshalb hat's mich runtergezogen«, berichtete der Werkspilot. »Mein linker Fuß schwillt an, außerdem ist mein linker Ellbogen blau, doch alles in allem habe

Ein toller Kampf - aber in der falschen Gruppe: Klaus Nöhles wurde nur 14.

ich noch Schwein gehabt – mein Helm ist vom Aufprall rundherum zerfranst, mein eigenes Motorrad ist nur ganz knapp an mir vorbei geflogen.«

Unternahm das Team trotz der wenig taktvollen Äußerungen von Teamchef Dieter Stappert, man hätte das Geld zum Testen besser in einen Skiurlaub investiert, alles technisch Mögliche, um dem unglücklichen Nachwuchshelden zu helfen, so fühlte sich Philipp Hafeneger im 125 ccm-Team von Olivier Liegois mit nur einem Mechaniker im Stich gelassen. Vater Dirk engagierte deshalb den Fahrwerksspezialisten Mario Rubatto, der seinem 17jährigen Sprössling schon 1999 beim Weg zum dritten Platz in der IDM auf die Sprünge geholfen hatte. Doch wegen eines Honda-Vetos durfte Rubatto nicht in die Box des Teams und beschränkte sich auf Ferndiagnosen zum Set-Up und der Fahrweise des GP-Neulings vom Streckenzaun hinter dem Fahrerlager.

Katja Poensgen mit Gridboy: Gelungener Gag für die weiblichen Zuschauer

125 ccm: Sturz für Ui

Als Letzter qualifiziert, kurvte Hafeneger bis zur 19. Runde einsam hinterher und stellte seine Honda dann mit überhitztem Motor ab. »Ich bin wegen Wassermangel ausgefallen. Bei 95 Grad Motortemperatur bin ich lieber nicht mehr weiter gefahren«, kommentierte er.

Doch auch die anderen deutschen Fahrer waren nicht vom Glück verfolgt. Steve Jenkner, auf seiner UGT-Aprilia glänzend aufgelegt, scheiterte an einem Kolbenklemmer. »Mirko Giansanti war direkt hinter mir und ist mir ins Heck gekracht. Er ist gestürzt, ich bin geradeaus weiter geschossen und habe hinterher nochmals probiert, das Motorrad wieder in Gang zu setzen. Aber keine Chance. Schade, schade«, seufzte Jenkner, dessen Teamkollege Gino Borsoi Platz drei erntete.

Blieb nur noch Jarno Müller, der nach dem 22. Trainingsplatz im Rennen wenigstens den 18. Rang sicherstellte. »Dunlop hat uns einen Spezialreifen zur Verfügung gestellt. Doch im Rennen haben wir den Standard-Hinterreifen verwendet, weil wir für den guten Topreifen kein passendes Set-Up hatten. Zehn Runden vor Schluss bin ich damit nur noch gerutscht und musste zurückstecken.«

Trotz etlicher Vorwarnungen seines überstrapazierten Vorderreifens gab Derbi-Werkspilot Youichi Ui dagegen weiter Vollgas und bezahlte im Kampf um Platz zwei gegen Masao Azuma mit einem Sturz. »So ein Mist«, stellte der Japaner fest. »Nach der Pole Position hatten wir große Hoffnungen für dieses Rennen. Das Motorrad lief perfekt, doch ab der zwölften Runde bekam ich Probleme mit dem Vorderreifen und bin gestürzt, weil ich trotzdem versucht habe, das Tempo zu halten.«

Weil Teamkollege Pablo Nieto nach einem Ausritt aufgab, war das Heimspiel des Derbi-Werksteams gründlich miss-

Wie einst Onkel Angel: Fonsi Nieto ehrte seinen großen Namen mit Platz fünf

Matsudo matt: Im Training gestürzt, im Rennen von Alex Hofmann besiegt

glückt. Doch damit nicht genug, erwischte es kurz vor Schluß auch noch Manuel Poggiali, der die Führung ab Rennmitte übernommen hatte. In der letzten Runde von Azuma auf Platz zwei verdrängt, düste der Gilera-Pilot zu spitz auf einen Kurvenscheitelpunkt zu und produzierte einen spektakulären Highsider.

Azuma brachte seinen zweiten Saisonsieg danach ungefährdet ins Ziel. »Ich hatte eine Menge Zeit, Poggiali von hinten zu studieren und mir den besten Punkt zum Angriff zu suchen. Ich kannte seine Stärken und Schwächen und hätte im Falle eines Konters reagieren können. Das war nach seinem Sturz natürlich unnötig«, gab der Japaner zu Protokoll. »Mein Motorrad war auch hier nicht das Schnellste, wir haben immer noch zu wenig PS. Dafür haben wir das Optimum aus Fahrwerk und Reifen geholt. Dank Bridgestone hatte ich bis zum Ende stets genügend Grip.«

Sogar ein Doppelsieg für Bridgestone lag in der Luft, weil Italjet-Star Stefano Perugini aus der ersten Reihe losfuhr und hartnäckig in der Spitzengruppe mitfuhr. Drei Runden vor Schluß fiel er allerdings vom dritten Platz zurück und ruckelte als Zwölfter ins Ziel. »Benzinfilter verstopft«, ärgerte er sich.

250 ccm: Alex im Angriff

Katja Poensgen brachte bei den 250ern dagegen abermals ein einwandfreies Rennen hinter sich. »Ich habe vier starke Männer hinter mir gelassen«, deklamierte Katja nach Platz 23 voller Stolz. »Dabei war ich immer auf der sicheren Seite, hatte keine einzige Situation, in der ich das Glück beanspruchen musste. Mein einziges Problem: Der Motor ist um sechs Grad zu heiß geworden, und ich habe am Kühler das Klebeband zum Wegreißen nicht gefunden.«

Auch Teamkollege Alex Hofmann drehte groß auf, nahm sich in der letzten Runde Naoki Matsudo auf der letztjährigen Yamaha-Werksmaschine zur Brust und wurde Elfter. »In der letzten Runde bin ich eine Zeit von 1.45,9 Minuten gefahren – mit dem alten Schlappen«, rieb er sich begeistert die Hände und kündigte an, künftig schon im Training Top-Zeiten vorzulegen,

Klaus Nöhles ließ er wie schon in Südafrika weit hinter sich. »Ich habe mich nach gutem Start mit De Gea verhakt und einige Plätze verloren. Das halbe Rennen über habe ich mich geplagt, um wieder schneller zu werden. Schmerzen von dem Sturz hatte ich direkt nicht, aber ich denke mir, dass es vielleicht noch ein bisschen im Kopf drin gesessen ist, es nicht ganz so rutschen zu lassen«, meinte er nach Platz 14 nachdenklich.

Doch nicht nur Alex Hofmann, auch ein anderer starker Privatfahrer zeigte

Abe verfolgt Rossi - doch am Ende zieht der Italiener auf 2,3 Sekunden davon

Ein toller Start - und dann ein Ausritt ins Kiesbett: Loris Capirossi wurde nur Achter

dem in die Krise geratenen Werkspiloten, was eine Harke ist: Roberto Rolfo, Literatur- und Sprachenstudent aus Turin, erbeutete den formidablen siebten Platz. »Ich bin mehr als zufrieden, vor allem über den fünften Platz in der WM-Tabelle«, strahlte Rolfo. »Ich muss nur noch meine Starts verbessern. Ich habe zwar keine Positionen verloren, aber auch nichts dazu gewonnen. Ich muss schon in den ersten drei, vier Runden loslegen, was das Zeug hält, dann ist noch mehr drin.«

Stelldichein der Superstars: Formel 1-Pilot Pablo Montoya und Rossi am Startplatz

So etwa wie Fonsi Nieto, Neffe des 13fachen Weltmeisters Angel Nieto und Werkspilot im Team von Jorge Martínez, der nach dem vierten Platz im Training Rang fünf im Rennen eroberte und sich dabei auch noch ärgerte, das Podest verpasst zu haben. »Die Rennen meines Onkels kenne ich nur aus dem Fernsehen. Jetzt mischt wieder ein Nieto mit«, verkündete er. »Platz drei wäre möglich gewesen, doch leider hat mich Emilio Alzamora zu lange aufgehalten.«

Der spanische 125 ccm-Exweltmeister holte zur Feier seines 100. Grand Prix Platz sechs und freute sich über das beste 250 ccm-Resultat seiner Laufbahn, war dabei aber noch um Lichtjahre von den Leistungen seines Honda-Teamkollegen Daijiro Katoh entfernt, der Pole Position, neuen Rundenrekord und den dritten Sieg im dritten Rennen aneinanderreihte. »Das Wochenende war nicht so leicht für uns, wie es von außen ausschauen mag. Durch die ständig wechselnden Wetterbedingungen war es eine schwierige Aufgabe, das richtige Set-Up zu finden«, erläuterte der kleine Japaner. »Heute morgen im Warm-Up lief meine Honda nicht richtig, worauf ich lange auf meine Mechaniker eingeredet habe, mir ein besseres Motorrad hinzustellen, weil mir diese Meute von Aprilia-Piloten im Nacken saß. Jetzt möchte ich mich beim meinem Team von ganzem Herzen bedanken – es hat mir für den Nachmittag ein perfektes Motorrad hingestellt!«

Alle Versuche der großen Aprilia-Stars, Katoh endlich dingfest zu machen, scheiterten kläglich. Tetsuya Harada hielt bis zu Rennmitte den Anschluss, fiel dann aber wegen nachlassendem Reifengrip zurück und verlor bis zum Zieleinlauf zwölf Sekunden auf seinen Landsmann. Weitere fünfeinhalb Sekunden verstrichen, bis Marco Melandri als Dritter über die Linie flitzte. »Früher wäre ich über einen Podestplatz glücklich gewesen, heute jedoch nicht – der Rückstand zum Sieger ist viel zu groß«, meinte Melandri verdriesslich. »Anfangs hat mich Alzamora aufgehalten. Dagegen muss ich mich bei Aprilia-Testfahrer Marcellino Lucchi bedanken – als ich angriff, hat er mir sofort eine Lücke geöffnet!«

500 ccm: Cri-vi-llé, Cri-vi-llé

Glücklicher war Alex Crivillé über seinen dritten Platz im Halbliterrennen. Dank einer fürs Rennen gründlich korrigierten Abstimmung hatte sich der entthronte Weltmeister bis zu Rennmitte bereits auf den fünften Platz vorgeackert und erbte Rang vier, als Loris Capirossi ins Kiesbett ratterte. Als er unter dem Jubel aus 126000 Kehlen schließlich an Shinya Nakano vorbei auf Platz drei steuerte, war jener groß Held wieder auferstanden, dessen Namen sich so schön rhythmisch – Cri-vi-llé, Cri-vi-llé – skandieren ließ.
Mit einer spanischen Flagge, auf die ein großer, schwarzer Bulle gemalt war, ging er auf eine genüssliche Ehrenrunde, und auf dem Podest lag er sich mit Valentino Rossi in den Armen und warf Kusshände ins Publikum. »Mein Dank gilt den Fans, die mir immer geholfen haben. Und meinem Team und Honda, die auch in schwierigen Zeiten an mich geglaubt haben«, erklärte der Volksheld, der unter dem Druck des Weltmeistertitels 1999 in eine schwere Krise geraten war und weiterhin nach seiner alten Topform suchte.

Denn was sein junger Markengefährte mit der gleichen Maschine aufführte, war trotz Crivillés Erfolg beim Heimspiel wie von einer anderen Welt. Ein lupenreiner Hattrick mit drei Siegen hintereinan-

Kein Lichtblick für Max Biaggi: Diesmal hielt seine Yamaha die Spur nicht richtig

Die Gegner brauchen Infusionen: Doktor Rossi und sein Assistenzarzt

Der alte und der neue Superstar: Valentino Rossi und Alex Crivillé auf dem Podest

der, garniert mit Pole Position und neuer Rekordrunde in Jerez sowie mit satten 31 Punkten Vorsprung in der WM-Tabelle, das war ein Paket, von dem selbst die glühendsten Valentino-Fans nicht zu träumen gewagt hatten. Und anders als zu den Zeiten von Mick Doohan kam trotz der Überlegenheit keine Langeweile auf. Fuhr Loris Capirossi wegen mangelndem Vorderreifengrip ins Aus und am Ende auf Platz acht, so war es diesmal Norick Abe, mit dem Rossi ein munteres Katz und Maus-Spiel trieb.

Weil sich Rossi zwischendurch verbremste, durfte sich Abe für sieben von insgesamt 27 Runden über die Führung freuen, doch als es im Endspurt drauf ankam, zog Rossi lässig auf 2,3 Sekunden davon. »Kein leichtes, aber ein schönes Rennen. Glücklicherweise hatten die anderen die gleichen Probleme mit dem Reifengrip wie ich«, schmunzelte der Seriensieger, der in der Auslaufrunde einen Arzthelfer in vollem OP-Outfit aus seiner Fangemeinde Tavullia um die Strecke chauffierte.

Unter dem Podium schwenkte der Assistent des Doktors eine Infusionsflasche, und was die direkte Konkurrenz im WM-Kampf anging, hing diese auch tatsächlich am Tropf. Denn abgesehen von Außenseiter Abe auf Platz zwei und Supertalent Nakano auf Platz vier, sah Yamaha unerwartet alt aus.

Carlos Checa war froh, als 14. heil im Ziel angekommen zu sein. Garry McCoy, dem hinterher geraunt wurde, er treibe sich zuviel auf Parties statt im Gymnastikraum herum, landete auf dem neunten Platz. Sein Teamkollege Noriyuki Haga wurde 12. und fand kein taugliches Set-Up, ebensowenig wie Max Biaggi, der als Elfter über 20 Sekunden auf seinen Erzrivalen Rossi verlor. »Das Motorrad funktionierte nicht. Es ließ sich nicht steuern. Auf mindestens zwei Dritteln der Strecke hielt es die Spur nicht, die ich wählen wollte. Wenn du keine enge Linie fahren kannst und wie von einem Gummiband nach außen gezogen wirst, kannst du auch nicht attackieren und überholen«, seufzte der Römer. »Ein kleiner Lichtblick zwischen all den düsteren Wolken würde mir schon reichen, irgend etwas, was gut läuft, um wieder mit Selbstvertrauen Gas geben zu können«.

Nicht viel besser fühlten sich die Suzuki-Piloten. »Ich weiß, dass ich fahrerisch mit den Besten mithalten kann. Doch wir haben zuwenig Power. Die Gegner trampeln auf uns herum«, knurrte Kenny Roberts nach Platz sieben.

Teamkollege Sete Gibernau stieß nach dem tristen zehnten Platz beim Heimspiel ins gleiche Horn. »Ich habe mich perfekt konzentriert und keine Fehler gemacht. Doch wir brauchen unbedingt einen besseren Motor!«

Erfolg ist relativ: Crivillé wird Dritter, Pulse-Pilot Willis erreicht zumindest das Ziel

YAMAHA
YAMAHA
YAMAHA
3
YAMAHA

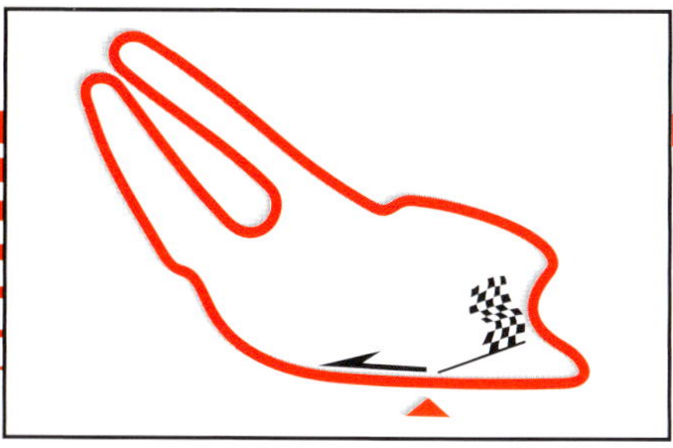

20.5.2001: Grand Prix Frankreich in Le Mans

Ein Traum wird wahr

Mit einem Gummiseil an den Füßen erlebten die Gäste der Pulse-Bungy-Party den Traum vom Fliegen. Für das gedemütigte Yamaha-Werksteam erfüllte sich der Traum vom Doppelsieg.

Das Pulse-Grand Prix-Team hatte für Fahrer, Mechaniker und Freunde am Montag vor dem Frankreich-Grand Prix jede Menge Herzklopfen parat. Sponsor Alan John Hackett lud zu einer »Bungy-Party« am Viaduc de la Souleuvre, einer malerischen Eisenbahnbrücke in einem Naturpark der Normandie, die schon nach dem ersten Weltkrieg ihrer Gleise beraubt worden war.

»AJ« hatte die örtlichen Behörden davon überzeugen können, die 60 Meter aufragenden Sandsteinpfeiler einer neuen Bestimmung zuzuführen, verband drei davon mit einer Hängebrücke und baute am höchsten Punkt eine Rampe, von der man zu einem Sprung ins Ungewisse abheben konnte.

Mit nichts als einem Gummiseil an den Füßen an einer 60 Meter hohen Eisenbahnbrücke zu stehen und gegen jeglichen Selbsterhaltungstrieb in die Tiefe zu springen, war selbst für hart gesottene Rennfahrer eine Herausforderung. »Etwas derart Wahnsinniges habe ich noch nie gemacht«, stöhnte Mark Willis, der noch tiefer durchatmen musste als sein Teamkollege Jason Vincent, bevor er sich endlich zum Absprung entschloss.

Über 50 Mitarbeiter und Freunde des neuseeländischen Teams brauchten unterschiedlich lange, bis sie sich mit dem gähnenden Abgrund angefreundet hatten.Doch das Glücksgefühl, kurz vor dem Eintauchen in den Wasserteich am Erdboden wieder zurückzuschnellen und festzustellen, dass man noch am Leben war, war für alle das Gleiche. »Wo sonst siehst du Leute vor Glück tanzen und dabei ihr eigenes Foto in der Hand halten«, freute sich AJ bei einer Party am Abend.

Die Bungy-Legende hatte den Extremsport in den letzten 15 Jahren für ein Massenpublikum entwickelt und musste bei über einer Million Sprünge in Neuseeland, Australien, Mexico, Las Vegas und Deutschland bislang keinen einzigen Unfall vermelden. Neuester Spaß des Berufsabenteurers, der auch schon mal vom Eiffelturm absprang, war seine Rolle als Sponsor. »Pulse-Teammanager Dave Stewart ist ein Schulfreund von mir. Die Risiken, die er mit diesem Team eingegangen ist, sind vollkommen verrückt. Das hat mich überzeugt«, grinste Hackett.

Zur Fahrerlager-Prominenz, die fröhlich mitfeierte, zählten auch der britische Honda-V2-Pilot Leon Haslam und Frankreichs Idol Olivier Jacque. Der Yamaha-Star hatte sich wegen des ausdrücklichen Bungy-Verbots seines Teamchefs Hervé Poncharal zunächst mit dem harmlosen Gleitflug des »Flying Fox« begnügt, bei dem man das Tal an einem sanft durchhängenden Stahlseil wie Tarzan an der Liane überqueren konnte. Später am Nachmittag konnte Jacque der Versuchung des vollkommen freien Falls allerdings doch nicht widerstehen, überstand sein Bungy-Abenteuer freilich ebenso unbeschädigt wie jeder andere.

Max Biaggi fährt zielstrebig voraus - und Jacque riskiert den Sprung ins Ungewisse

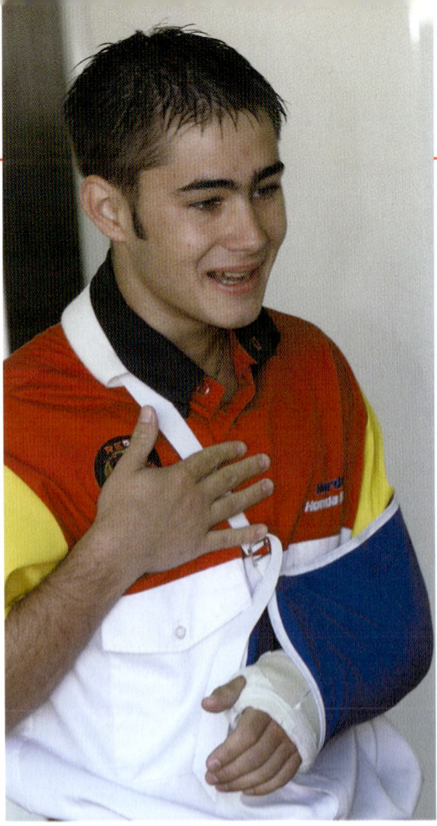

K.o. im Training: McCoy (links) brach sich das Kahnbein, Haslam das Handgelenk

Daß Haslam und Jacque den Le Mans-Grand Prix verpassen sollten, hatte andere Ursachen. Jacque hatte bei seinem Trainingsunfall in Jerez seine Verletzung im linken Handgelenk wieder aufgefrischt.

Das nach seinem Vorsaison-Sturz verschraubte Kahnbein war zwar unbeschädigt geblieben, dafür hatte sich der ebenfalls gebrochene Radiusknochen, der nicht fixiert worden war, wieder verschoben. Nach einigen wenigen, schmerzhaften Proberunden in Le Mans packte der amtierende 250 ccm-Weltmeister ernüchtert zusammen, um sich nun doch eine Platte einbauen zu lassen.

Haslam hingegen war eines der ungewöhnlich vielen Sturzopfer auf dem für die Fahrer eher ungemütlichen, mit vielen harten Bremsmanövern, Spitzkehren und anschließenden Vollgas-Sektionen gespickten Kurs. Im ersten Zeittraining brach er sich das linke Handgelenk, am Tag darauf erwischte es Anthony West mit einem Bruch des rechten Armes.

Besonders bitter war das k.o. von Garry McCoy. Am Freitag noch Trainingsschnellster, stürzte er im freien Training am Samstagmorgen spektakulär und brach sich das linke Kahnbein. Noch am gleichen Tag reiste er zu einem Spezialisten nach Clermont-Ferrand, wo für Montag ein Operationstermin anberaumt wurde.

Auch Max Biaggi reiste nach seinen jüngsten, schweren Niederlagen kaum als Siegfavorit nach Frankreich an, zeigte sich aber mit dem Messer zwischen den Zähnen. »Ich bin noch nicht am Ende. Ich weiß noch, wie man Rennen gewinnt«, knurrte er. »In Südafrika und Spanien war mein Motorrad ganz schrecklich, aber zwei Test-Tage in Mugello haben Wunder bewirkt. Jetzt ist die Maschine stabiler beim Bremsen und hält in der Kurve besser die Spur.«

Vor allem, dass er sich endgültig für 16,5 Zoll-Reifen entschied und nicht mehr ständig mit 17 Zoll-Reifen abwechselte, machte beim Set-Up endlich zielstrebige Arbeit möglich. Biaggi steigerte sich kontinuierlich und schwang sich in einem aufregenden Abschlusstraining, in dem nicht weniger als achtmal die Führung wechselte, zu seiner ersten Pole Position des Jahres auf.

Bei den 250ern herrschte dagegen ein gewohntes Bild. Daijiro Katoh glühte im Training überlegen voraus, sein Landsmann Tetsuya Harada war der Einzige, der ihm mit knapp zwei Zehntelsekunden Rückstand halbwegs das Wasser reichen konnte. Marco Melandris Hoffnungen auf den ersten Saisonsieg schwanden nach dem freien Training am Samstagmorgen beträchtlich: Wegen kalter Reifen ausgerutscht, kugelte sich der italienische Teenager die bereits in Japan verletzte linke Schulter abermals aus, nahm sich aber vor, die Zähne zusammenzubeißen und am Rennen teilzunehmen.

Schulter ausgekugelt: Katja Poensgen spürte die harte Seite des GP-Geschäfts

Poggiali führt - und beschert Gilera den ersten 125er Sieg seit 1956

Katja Poensgen war nach drei famosen Läufen zum Auftakt der Saison dagegen erstmals zum Zuschauen verurteilt. Im ersten freien Training ging ihre Dark Dog-Aprilia schlagartig fest und wirbelte ihre Reiterin hoch durch die Luft. Mit Prellungen an der linken Hand, am großen Zeh und am linken Oberschenkel wurde sie im Clinica Mobile behandelt, trat am Nachmittag aber beherzt zum Zeittraining an und ließ nicht weniger als sieben männliche Kollegen hinter sich.

Am Samstagmorgen stürzte sie dann zum zweiten Mal. »Nachdem es im ersten Zeittraining so gut gelaufen ist, war ich übermotiviert und bin so schnell wie noch nie in die Schikane eingebogen. Ich habe noch gedacht: Das wird eine geile Runde, und riss voll das Gas auf«, berichtete sie. »Dann hatte ich einen Highsider und bin voll auf die rechte Schulter gefallen. Der Arm war nicht ganz ausgekugelt, er ist raus und wieder rein. Ich wurde dann den ganzen Nachmittag bei Dr. Costa behandelt. Erst wurde der Arm bewegt, damit er auch sicher wieder in der richtigen Position ist, was sehr weh getan hat. Dann wurde er mit Eis behandelt und ein Stützverband angebracht. Ich habe mich dann auf Rat von Dr. Costa entschieden, das Rennen nicht mitzufahren. Die Gefahr, die Verletzung zu verschlimmern, war zu groß.«

Youichi Ui war im Training klar Schnellster, wurde im Abschlusstraining aber in einen Unfall verwickelt, bei dem er Italjet-Pilot Gianluigi Scalvini von der Piste torpedierte und sein Nummer eins-Motorrad verbog.

Während Ui rasch wieder ausrückte und mit seiner Ersatzmaschine noch die Pole Position verteidigte, erlitt Scalvini einen Schlüsselbeinbruch und reiste noch am Samstagabend ab, um sich in Dr. Claudio Costas Klinik in Italien operieren zu lassen.

125 ccm: Gileras erster Sieg

Auch das Rennen bestritt Ui mit seiner Ersatzmaschine, die allerdings vom Start weg Leistung verlor. Zwei Runden lang hielt sich Ui noch an vierter Stelle, wurde im Feld dann aber unerbittlich zurück gereicht und am Ende abgeschlagen Elfter. »Nach der Pole gestern hatte ich wirklich auf Sieg gesetzt. Ich bin bitter enttäuscht«, ließ er wissen.

Fast wäre er sogar noch von dem beherzt angreifenden Steve Jenkner besiegt worden, der im ersten Training am Freitagmorgen einen spektakulären Sturz hatte wegstecken müssen. »Ich bin froh, dass ich mir bei der Aktion gestern nix weggefangen habe außer Kopfweh – es ist noch glimpflich abgegangen dafür, dass ich so schön mit dem Kopf in die Reifenstapel eindetoniert bin«, schilderte der tapfere Sachse. Weil ihm die Stelle seines Abflugs auch in den folgenden Trainings wenig behagte und er obendrein mit der Abstimmung seiner Aprilia nicht richtig vorwärts kam, startete er vom 19.Platz, legte aber eine seiner typischen Aufholjagden hin und war alsbald in den Punkterängen. »Den Ui hatte ich mir schon fürs Finale zurecht gelegt, dann ist mir der Sanna aber noch in die

125er Sieg für Poggiali (links) - Platz zwölf für Klaus Nöhles bei den 250ern (rechts)

Quere gerutscht«, berichtete Jenkner nach Platz zwölf. »Wenigstens habe ich den wieder geschnappt. Es ging ganz schön haarig zu, wir sind zu dritt nebeneinander durch die letzte Kurve, da war's ganz schön eng!«

Ebenso eng war freilich auch der Fünfkampf um den Sieg, bei dem Jenkners Teamkollege Gino Borsoi lange den Ton angab, am Schluss aber ein paar Fehler machte und das Podest ebenso wie Lucio Cecchinello knapp verpasste.

Das teilten sich dann Mirko Giansanti, Toni Elias und Uis versteckter Teamkollege Poggiali untereinander auf. Giansanti innen, Elias in der Mitte und Poggiali auf der Außenspur, so beschleunigte das Trio im Gleichtakt aus der letzten Kurve, wobei Poggiali einen Hauch mehr Schwung und mehr Motorleistung in die Waagschale werfen konnte und am Zielstrich knapp die Nase vorn hatte.

Ganz schön eng: Steve Jenkner stürzte im Training und wurde im Rennen Zwölfter

Damit war der erste Gilera-Sieg seit John Hartles Halbliter-Erfolg in Assen 1963 und der erste Gilera-Sieg bei den 125ern seit Romolo Ferri auf dem Solitude-Ring bei Stuttgart im Jahre 1956 perfekt. »Ich habe nur ans Siegen gedacht, der zweite Platz interessierte mich nicht. Ich habe viel riskiert, doch es hat sich gelohnt: Ich habe mich noch nie so glücklich gefühlt«, strahlte der 18jährige. »Weil unsere Gruppe bis zum Schluss beisammen blieb, habe ich geahnt, dass noch ein paar Attacken kommen würden. Doch mein Motor lief wunderbar, meine Reifen hatten bis zum Ende Grip, und deshalb wusste ich, dass ich jederzeit kontern konnte. Ich gebe zwar zu, dass Mirko schneller war, doch ich hatte die nötige Power!«

250 ccm: Katjas Startverzicht

Während bei den 125ern in vier Rennen schon drei verschiedene Piloten auf drei verschiedenen Marken gewonnen hatten, baute Seriensieger Daijiro Katoh seine WM-Führung bei den 250ern mit dem vierten Sieg in Folge aus.

Tetsuya Harada leistete zwar erbittert Widerstand und zwängte sich mehrfach in Führung, musste sich seinem Landsmann in der letzten Runde aber doch wieder geschlagen geben. »Ich habe in den ersten Runden geführt, aber schnell eingesehen, dass ich nicht wegfahren kann. Dann habe ich mich verbremst, und Harada hat den ersten Platz übernommen. Ich wusste aber, dass ich ihn wieder erwischen würde. Auf der Zielgeraden hatte seine Aprilia zuviel Power. Es gab aber eine Kurve, in der er zu langsam war«, strahlte der Honda-Star.

Entsprechend missmutig gab sich sein

Start frei zum vierten Sieg in Folge: Daijiro Katoh machte abermals kurzen Prozess

geschlagener Gegner. »Ich habe mir schon gedacht, dass mir Katoh in jener Bremszone auf den Pelz rücken würde, aber was sollte ich machen? Wenn ich noch weiter nach innen gezogen hätte, hätte er es aussen probiert«, verteidigte sich Harada. »Wir haben zwar mehr Topspeed, doch Katohs Honda beschleunigt besser aus den Kurven. Auf der schnellen Mugello-Strecke sollten wir besser aussehen.«

Das hoffte vor allem auch Marco Melandri, der mit zusammengebissenen Zähnen auf Platz drei fuhr. »Ich habe einen unglaublichen Abflug vorgelegt, es hätte noch schlimmer kommen können. Der Sturz von Suzuka, wo ich mir die Schulter das erste mal ausgerenkt habe, war ein vergleichsweise banaler Rutscher. Ich verstehe nicht, dass einer wie Noriyuki Haga ständig zu Boden gehen und Berge voller Schrott aufhäufen kann, ohne dass ihm ein Haar gekrümmt wird, während ich mir ständig die Knochen verletze«, brummte der italienische Teenager. »Heute war das Fahren besonders hart. Alles tat mir weh, der Fuß, der Arm, die Schulter – ich konnte am Schluss kaum mehr die Kupplung ziehen. So gesehen, ist es fantastisch, dass wir noch einen Podestplatz gerettet haben.«

Drei Sekunden hinter ihm kam Katohs Teamkollege Emilio Alzamora als Vierter ins Ziel und freute sich über sein bislang stärkstes Resultat in der 250er Klasse. Fast hätte ihn allerdings sein Landsmann Fonsi Nieto besiegt, der mit seiner Aprilia den größten Teil des Rennens auf dem vierten Platz zubrachte, drei Runden vor Schluss Alzamora Platz machen musste und zum dritten Mal hintereinander Fünfter wurde. »Ich bin enttäuscht«, ließ er wissen. »Ich hatte mir schon Chancen auf einen Podestplatz ausgerechnet, doch statt dessen begann mein Motor zum Rennende hin Leistung zu verlieren. Ich habe mich mit dem Messer zwischen den Zähnen gegen Emilios Überholversuche gewehrt, doch als ich auf einige überrundete Fahrer auflief, hat er die Situation geschickt ausgenutzt.«

Während sich Katja Poensgen nur in Zivilkleidung am Startplatz blicken ließ, fuhr ihr Teamkollege Alex Hofmann gegen eine Meute um bis zu elf km/h schnellerer Werkspiloten auf Platz elf und genoss es abermals, »den Klaus niederzukämpfen.«

Der freute sich trotzdem über den zwölften Platz. »Ich konnte von Anfang an Tempo machen und bin für meine Verhältnisse recht gute Rundenzeiten gefah-

Fonsi Nieto (10) besiegte fast Alzamora - Harada (unten) hielt fast Katoh in Schach

Licht am Ende des Tunnels: Carlos Checa sah Platz zwei als Auftakt besserer Zeiten

ren«, berichtete er. »Bis dann der Yuzy sich vor mir verbremst hat. Ich wollte vorbei, plötzlich ist er quer vor mir gestanden, bei dieser Aktion sind dann der Alex und der Rolfo vorbei gegangen«.

500 ccm: Rossis Elektronikspuk

War der elfte Platz für Hofmann ein Erfolg, so ging Tech 3-Pilot Shinya Nakano nach dem gleichen Resultat im Halbliterrennen mit gesenktem Kopf durchs Fahrerlager. »Es tut mir leid für mein Team und unsere Sponsoren. Meine Reifenwahl nach dem Warm Up heute morgen ist schuld an dem schlechten Ergebnis. Nach zehn Runden fing mein Hinterreifen an, nachzulassen, und wurde bis zum Rennende schlechter und schlechter. Nach zwei gewaltigen Rutschern, bei denen ich fast zu Boden gegangen wäre, blieb mir nichts anderes übrig, als das Tempo zu drosseln.«

Loris Capirossi, der sich neben Nakano als Einziger für einen weichen Hinterreifen entschieden hatte, kämpfte auf seinem Weg zum siebten Platz mit genau den gleichen Problemen. »Ich war sicher, eine gute Wahl getroffen zu haben. Guter Grip ist auf dieser Strecke allerdings besonders entscheidend, und mir fehlte die Haftung ab der zehnten Runde«, erklärte der Italiener.

Die Yamaha von Max Biaggi, der sich wie die meisten anderen für einen weichen Vorderreifen, aber eine mittlere Mischung am Hinterrad entschieden hatte, lag dagegen so gut, dass er sich zwei spektakuläre Fehler leisten konnte und am Ende doch noch einen überlegenen Sieg einstrich.

Erst hetzte er Kenny Roberts und ergriff die Führung, büßte sie aber gleich wieder ein, weil er sich beim Herunterschalten vertat und geradeaus durchs Kiesbett ratterte. Wieder vorn, unterlief ihm ein zweiter Fehler, worauf er sich abermals herankämpfen musste.

Doch kurz nach Halbzeit hatte er die Konkurrenz endgültig in der Tasche, und als er nach dem ersten Sieg des Jahres jubelnd in die Fußrasten stieg, legte er auch gleich noch den Kopf in den Nacken, als wolle er dem Himmel für die unverhoffte Wende zum Guten danken.

Daß sie so radikal ausfallen würde, überraschte auch die Yamaha-Manager. »Ein Traum ist wahr geworden«, jubelte Teamdirektor Hiroya Atsumi, weil auch Carlos Checa acht Runden lang geführt und am Ende einen Doppelsieg perfekt gemacht hatte. »Endlich sehen wir

Rossi feierte Platz drei - Haga (links) hielt nur wenige Runden durch und stürzte

Maximum Max: Zwei schwere Fehler - und trotzdem ein überlegener Sieg

wieder Licht am Ende des Tunnels. Ich denke, die düsteren Zeiten sind vorüber«, atmete der Spanier auf.

Valentino Rossi brauchte auf dem Podium dennoch nur den Helm zu schwenken, um beim Publikum auf der Haupttribüne Ovationen auszulösen. Seine in Massen angereisten Fans betrachteten den dritten Platz nicht als Niederlage, sondern lediglich als den sympathischen Beweis, dass der Doktor trotz seiner außerirdischen Fähigkeiten auch nur ein Mensch war. »Ich konnte das Gas nicht so hart aufdrehen, wie ich es gern getan hätte«, erläuterte der WM-Leader, der sich für eine harte Reifenmischung entschieden hatte und deshalb ungewöhnlich lange brauchte, um vom achten Platz nach einer Runde durch die Verfolgermeute zu fahren. »Mein zweites großes Problem hatte ich am Start. Mysteriöse elektromagnetische Interferenzen haben die Elektronik des Motorrads verrückt spielen lassen, die Drehzahl ist zusammengebrochen. Als ich endlich Dritter war, war Checa schon um vier, fünf Sekunden entwischt. Doch ich bin zufrieden – immerhin führe ich noch in der Weltmeisterschaft.«

Die Sorgen des Weltmeisters: Verbissener Kampf - und wieder nur Platz sechs

Kenny Roberts hatte besonders verbissenen Widerstand geleistet, erst gegen Biaggi, dann gegen Rossi. Doch trotz dem zweiten Platz in der Startaufstellung reichte es dem Weltmeister am Ende wieder nur zum sechsten Platz. »Es ist die gleiche Geschichte wie immer. Solange die Reifen halten und ich genügend Kurvenspeed mitnehmen kann, sehen wir nicht so schlecht aus. Doch wenn wir in die Phase eintreten, wo du dich mit rutschenden Reifen und viel Motorleistung aus dem Loch ziehen musst, fallen wir zurück.«

Auch die so mutig ins Wochenende gestarteten Team Pulse-Piloten ließen die Köpfe hängen: Im Rennen zunächst beide mit Aussicht auf WM-Punkte unterwegs, fiel Jason Vincent mit gebrochenem Schaltgestänge aus; Mark Willis tuckerte wegen einer rutschenden Kupplung an die Box.

Dem Himmel sei Dank: Sieger Max Biaggi macht seiner Erleichterung Luft

CAPIREY
HONDA

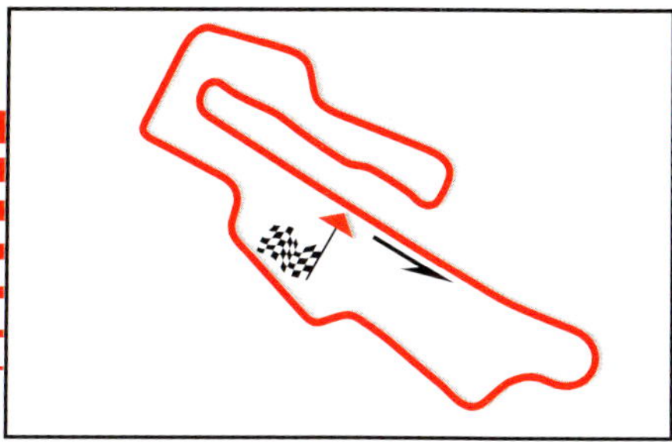

3.6.2001: Grand Prix Italien in Mugello

Wild, Wild West

Das West-Honda-Pons-Team erbeutete bei der Wildwasserfahrt des Mugello-Grand Prix einen klaren Doppelsieg – und Katja Poensgen schrieb mit „höllischem Kurvenspeed“ Rennsportgeschichte.

Der große Dreikampf des Vorjahres, bei dem sich keiner der italienischen Superstars mit einem bloßen Podestplatz begnügen wollte und nach den Stürzen von Max Biaggi und Valentino Rossi am Ende Loris Capirossi als Sieger übrig blieb, war den Fans noch in bester Erinnerung und heizte die Emotionen an.

Nach seinem Erfolg in Frankreich war vor allem Max Biaggi in Hochform. »Ein Sieg ist das beste Rezept gegen alles Schlechte. Seit Le Mans sehe ich die Welt in rosigeren Farben. Mein klares Ziel ist, auch hier mit einer Abstimmung aufzutreten, mit der ich mit den Schnellsten mithalten und die Chance auf den Sieg bis zum Finale offen halten kann. Nur zu gern wäre ich in der Situation, gewisse andere Motorräder auch mal auf der Geraden zu überholen«, spielte er auf die nach wie vor stärkeren Werks-Honda an.

Dann ritt er zur Attacke gegen seinen Erzfeind Valentino Rossi. »In Le Mans habe ich aus eigener Kraft einen überzeugenden Sieg gelandet, so wie es mir am besten gefällt. In meinem ganzen Leben habe ich allerdings noch nie meine Fehler abgestritten, so wie es Valentino in Frankreich getan hat«, holte er aus. »Dort hat er eine ziemlich lausige Entschuldigung dafür aufgetischt, dass er den Start vermurkst hat. Er hat von seltsamen elektromagnetischen Störungen gefaselt. Es wäre besser gewesen, er wäre bei der Wahrheit geblieben: Ich habe mir das Rennen nochmals am Fernsehen angeschaut und habe Leute wie Ukawa gesehen, die sich von der dritten Reihe nach vorn katapultierten, während er aus der ersten Reihe auf Platz zehn zurückfiel.«

Natürlich wurden Biaggis Kommentare sofort Valentino Rossi überbracht, der zu diesem Zeitpunkt in seiner Nastro Azzurro-Hospitality saß. »Honda hat bestätigt, dass mein Motorrad ein Problem mit der Elektrik hatte. Das, was es zu sagen gab, habe ich schon in Frankreich gesagt«, vermied er es, die Polemik mit Biaggi weiter anzuheizen, und konzentrierte sich lieber auf die fröhlichen Seiten des Lebens: In Mugello hatte er für seine vielen Fans erstmals seit seinen 250er-Zeiten wieder eine besondere Überraschung parat und tauchte sich selbst, sein Team und natürlich auch sein Motorrad in ein Meer poppiger blau-weißer Hawaii-Blumen.

Außerdem dominierte er alle vier Trainings. »Ich kann nicht gerade behaupten, es sei schlecht für mich gelaufen«, meinte er am Samstagnachmittag. »Ich war immer vorn, mein Motorrad war auf der Geraden das Schnellste, und jetzt stehe ich zum dritten Mal in diesem Jahr auf Pole Position.«

Während Weltmeister Kenny Roberts knapp hinter Rossi Trainingszweiter wurde holte Max Biaggi im Endspurt gerade noch Platz vier. Zwei Stürze im ersten Zeittraining, das erste Mal übers Vorderrad, das zweite Mal nur 24 Minuten spä-

Alle Wetter: Die West-Piloten Loris Capirossi und Alex Barros in der Gischt

Klima vergiftet: Dirk Hafeneger trennte sich von seinem Liegois-Honda-Team

Goldrichtige Reifenwahl: Regen-Neuling Poggiali freute sich über Platz drei

in der WM warm gefahren haben. Sie haben erfahrene Techniker, die alle Tricks erklären und für alle Schwierigkeiten ein offenes Ohr haben. Von so etwas konnte ich nur träumen!«

Nach wochenlangen Querelen um die Abstimmung von Hafenegers Maschine hatte ein bitterböser, von Hafenegers Vater Dirk und seinem Anwalt aufgesetzter Brief ans Team für einen Eklat gesorgt, weil die Techniker darin als Kriminelle bezeichnet wurden. Teamchef Olivier Liegois ging protestierend zur Teamvereinigung IRTA und setzte eine Gegendarstellung auf, die Hafeneger vor Trainingsbeginn unterzeichnen und den einwandfreien Zustand des Motorrads bestätigen sollte. Das erste freie Training verstrich mit Verhandlungen, vor dem Zeittraining einigte man sich auf eine abgeschwächte Version, an deren Rand Hafeneger noch kritzelte, er habe nicht alles verstanden.

Das Hauptproblem war damit natürlich noch nicht gelöst. »Jeder andere Fahrer dieser Klasse kann bestätigen, dass Philipp fahrerisch überfordert ist«, verwies Liegois. »Es stimmt, dass er auf der Geraden 14 km/h auf Masao Azuma verliert. Er fährt aber auch mit zehn km/h weniger aus der Kurve. Und er hält das Gas so lange geschlossen, dass Kolbenklemmer bei normalem Set-Up unausweichlich sind und wir das Motorrad extra fett bedüsen mussten.« Hafeneger plante trotzdem, sich mit einer 250er in der DM und EM für künftige Großtaten zu rüsten. »Ich werde in die WM zurück kehren, darauf gebe ich mein Wort«, schwor er. »So schnell gebe ich mich nicht geschlagen!«

125 ccm: Keine Regel ohne Ausnahme

Wenigstens verpasste er keinen schönen, sonnigen Rennsonntag in der Toskana, sondern ein Regen-Chaos, das pünktlich zum Start der 125er Klasse um 11.15 Uhr seinen Anfang nahm. Denn kaum war das Feld davongebraust, fielen die ersten Tropfen, in der dritten Runde wurde der Lauf dann wegen immer stärker werdendem Regen abgebrochen.

Kurz danach hörte der Regen wieder auf, und beim Neustart um 12 Uhr war die Piste wieder halbwegs trocken. Just zur Aufwärmrunde schüttete es freilich schon wieder, und obwohl das Rennen als »Wet Race« ausgerufen war und eigentlich ohne weitere Unterbrechung hätte gestartet werden müssen, nahmen die meisten Fahrer die nächst beste Abkürzung zur Box. Nur drei Italiener brachten die Aufwärmrunde korrekt zur Ende und bogen dann in die Boxengasse ein, als Einziger rückte außerdem Pablo Nieto, von vornherein mit Intermediates für den Fall der Fälle vorbereitet, direkt an seinen Startplatz vor.

Weil man nicht fast das ganze Feld durch Disqualifikation ausradieren wollte, nahm die Rennleitung die zweite Unterbrechnung gelassen in Kauf und setzte einen zweiten Neustart an.

Als es um 12.20 Uhr endlich los ging, rückten die Derbi-Stars Youichi Ui und Pablo Nieto mit Intermediates aus, täuschten sich aber mit ihrer Hoffnung

Start der 250er Klasse: Jeremy McWilliams (99) riskiert wie Marcellino Lucchi zuviel

auf eine schnell abtrocknende Piste. Während Ui böse abgeschlagen den 18. Platz verbuchte, fuhr Nieto vorzeitig an die Box und zeterte über die Entscheidung der Rennleitung. »Ich war allein am Startplatz und wurde in meine Box geschickt, nur weil die anderen Fahrer auch an die Box gefahren waren. Das war ungerecht – denn wofür gibt es Regeln, wenn sie nicht respektiert werden?« regte er sich in der Enttäuschung auf.

Manuel Poggiali hatte bei anderen Piloten wie Gino Borsoi, Nobby Ueda und Masao Azuma dagegen die Verwendung reinrassiger Regenreifen ausspioniert und lag damit goldrichtig. »Ein großartiges Resultat für mich. Ich habe ja so gut wie keine Regenerfahrung«, freute sich der 17jährige nach dem dritten Platz. »Am Anfang bin ich schlecht gefahren, weil mir das Gefühl für die nasse Piste fehlte und auch das Motorrad nicht perfekt funktionierte. Doch dann bin ich immer besser in Schwung gekommen. Jetzt bin ich zusammen mit Azuma Zweiter in der WM-Wertung, außerdem habe ich gezeigt, dass ich unter allen Bedingungen vorne mithalten kann – was will ich mehr!« rieb sich der Gilera-Star die Hände.

UGT-Aprilia-Pilot Gino Borsoi, Testfahrer der italienischen Marke und Teamkollege von Steve Jenkner, übernahm mit dem zweiten Platz die Führung in der WM-Tabelle, obwohl er bislang keinen Sieg vorzuweisen hatte. »Nach dem Rennen in Le Mans musste ich mir vorwerfen lassen, ich hätte nicht genügend Kampfgeist gezeigt. Doch insgesamt hat es sich ausgezahlt, dass ich die Saison mit kalkuliertem Risiko angegangen bin«, erklärte der Italiener, der alle fünf ersten Rennen unter den ersten vier beendet hatte.

Man kann nicht jedes Rennen gewinnen: Katoh blieb trotz Niederlage gut gelaunt

Achtung, Angriff: Katja Poensgen läuft auf Klaus Nöhles auf und holt WM-Punkte

»Natürlich will auch ich gewinnen und diesen kleinen Fleck in meiner Bilanz so schnell wie möglich entfernen. Aber ich bin sicher, dass mir das mit diesem großartigen Motorrad auch bald gelingen wird.«

Im Kampf gegen Nobby Ueda war es nicht die Überlegenheit der Technik, sondern die Erfahrung aus zehn Grand Prix-Jahren, die am Ende den Unterschied machte. Zunächst an neunter und zehnter Stelle, machte sich Ueda das zwischendurch etwas bessere Wetter mit trockener werdender Piste für eine furiose Aufholjagd zunutze und stürmte in Führung, bevor es zum Rennende hin wieder kräftig schüttete.

Dabei überholte er auch den Sachsen Jarno Müller, der auf der von Stefan Kurfiss glänzend für Regen präparierten Kit-Honda den bislang besten Grand Prix seiner Laufbahn hinlegte und Neunter wurde. »Im Regen bin ich schon immer gut zurecht gekommen – mein Metier!« freute er sich. »Ich habe mir am Anfang angeschaut, was die Jungs so machen, habe dann ein paar Leute überholt und bin ein Stück vorgekommen. Als es zu Mitte des Rennens abzutrocknen begann, war mein Motorrad klar zu kurz übersetzt, und ich musste einige Gegner fahren lassen. Zum Glück wurde es wieder richtig naß. Leider habe ich gar nicht mitgekriegt, dass es schon die letzte Runde war, sonst hätte ich richtig Pfeffer gegeben. Mein Visier war so zugeschmiert, dass ich nichts mehr sehen konnte, nicht einmal die Rundenanzeige!«

Immerhin ließ er seinen sächsischen Landsmann Steve Jenkner auf der Werks-Aprilia klar hinter sich. »Der Regen kam mir nicht gerade zugute, weil ich noch nie mit den Dunlop-Reifen im Nassen gefahren bin«, berichtete der ehemalige Bridgestone-Pilot nach Platz zwölf. »Ich hatte ein paar Rutscher und dachte – nee, wegschmeißen bringt's auch nicht, und bin

Höllischer Kurvenspeed: Katja Poensgen hat Nöhles überholt und drängelt weiter

das Rennen so gut wie möglich nach Hause gefahren.«

250 ccm: Die Löwen brüllen wieder

Diese weise Taktik hätten sich auch Marcellino Lucchi und Jeremy McWilliams für das ebenfalls bei Regen gestartete 250er Rennen zu eigen machen sollen. Vier Runden lang wechselten sich die beiden mit Tetsuya Harada an der Spitze ab, rutschten aber in Runde fünf kurz nacheinander ins Kiesbett, wobei Lucchi durch den dritten Sturz des Wochenendes endgültig zum traurigen Helden wurde. »Ich habe alles versucht, dieses Rennen zu fahren, aber es hat wohl nicht sein sollen«, meinte Lucchi. »Wir haben das Evolutions-Motorrad noch nie im Nassen ausprobiert und sind deshalb mit einem hypothetischen Set-Up gefahren. Aber ich gebe nicht auf – ich werde im nächsten Jahr wieder dabei sein!«

Nachdem wenig später auch noch McWilliams fehlte, war Harada an der Spitze des Rennens auf sich selbst gestellt. »Ohne Marcellino war es schwieriger, weil mir eine wichtige Referenz fehlte«, gab der Japaner zu. »Im Rennverlauf ging es dann immer besser, und ich habe meinen Vorsprung ausbauen können. Das Resultat hätte für mich gar nicht besser ausfallen können: Nach fast drei Jahren endlich wieder mal den Geschmack eines Sieges kosten zu dürfen und außerdem Daijiro Katoh in der WM-Wertung auf den Pelz zu rücken. Doch Vorsicht: Katoh ist stark und hatte heute Probleme. Ein schlechtes Rennen bedeutet noch lange nicht, dass er in eine Krise geraten ist.« Das Honda-Gresini-Teams hatte bei nasser Piste zwar ebenso wie alle anderen 250er Teams auf Regenreifen gesetzt, aber eine zu harte Mischung gewählt, mit der Katoh hoffnungslos hinterher fuhr und auch zum Rennende hin nicht mehr als den zehnten Platz retten konnte. »Man kann nicht jedes Rennen gewinnen«, tröstete der 13fache Champion und Generalmanager des Teams, Angel Nieto.

Trotz des Pechs von Lucchi und McWilliams war der Aprilia-Erfolg am Ende überwältigend. »Die Löwen brüllen wieder«, titulierten die italienischen Gazetten angesichts des Löwen-Symbols des italienischen Zigarettensponsors MS auf den Aprilia-Werksmaschinen. Wie im Training belegten fünf der Drehschieber-Raketen die ersten fünf Plätze, und der sympathische Privatfahrer Roberto Rolfo war dabei die große Überraschung mit Rang zwei noch vor dem angeschlagenen Marco Melandri.

Doch die größte Sensation spielte sich nur unwesentlich weiter hinten im Felde ab. Nach einer Runde noch an 26. Stelle, profitierte Katja Poensgen von zahlreichen Stürzen, kam auf allmählich abtrocknender Strecke aber auch fahrerisch immer besser in Schwung, biß sich durch eine vier Mann starke Gruppe, besiegte ihre Landsleute Alex Hofmann und Klaus Nöhles und wurde nach Rang 14 als erste Frau gefeiert, die jemals in der 250 ccm-Klasse WM-Punkte holte. »Die Katja ist am Schluß richtig zügig gefahren. Auf der Bremse war sie nicht berauschend, aber sie hat einen höllischen Kurvenspeed und fährt unheimlich sauber, unheimlich rund. Das war für die Bedingungen ideal«, zollte ihr der wegen zwei Motoraussetzern an die 16. Stelle zurückgefallene Werkspilot Klaus Nöhles Respekt. »Auch ich hatte nichts entgegenzusetzen«, anerkannte Teamkollege Alex Hofmann an 18. Position. »Mein Hinterreifen hatte sich völlig aufgelöst.«

Katja Poensgen konnte ihr Glück kaum fassen. »Ich bin im siebten Himmel! Dabei war es für mich überhaupt das allererste Mal auf einer 250er im Regen, und ich hatte eher Schiß am Anfang, weil ich nicht wusste, wie die Maschine reagiert, wie die Reifen und wie die Bremsen sind. Mein Techniker Stefan Kirsch hat gesagt: So nach der fünften Runde halten die Reifen richtig gut, und da habe ich mich drauf verlassen und mich langsam rangetastet. Daß mich die Jungs in unserer Vierergruppe immer wieder ausbremsten, hat mich geärgert, deshalb habe ich jedes Mal ein bisschen später gebremst und halt probiert, was geht - bis sie halt nimmer vorbei sind!«

Gut gemacht, Kollege: Harada und Melandri unterbrachen Katohs Siegesserie

500 ccm: Die Mauer aus Wasser

Das Halbliterrennen wurde bei immer noch tief hängenden Wolken, aber trockener Piste gestartet. Max Biaggi und Loris

Alex Barros führt - das Problem Kenny Roberts (1) erledigt sich von selbst

Capirossi führten, und weil in der fünften Runde auch der etwas verhaltener gestartete Valentino Rossi von hinten anklopfte, bot sich den Fans jenes Bild, das sie nach dem legendären Dreikampf der italienischen Halbliter-Asse im letzten Italien-Grand Prix auch für die Neuauflage erwarteten.

Doch ab der achten Runde spielte wieder das Wetter Regie. Schon ein paar Minuten zuvor hatte es zu tröpfeln begonnen, und jetzt, wo der Regen stärker wurde, hob Alex Barros die Hand. Das Rennen wurde unterbrochen, die Fahrer zogen sich in die Boxen zurück, und jede Hoffnung, der Himmel werde sich wie nach den Läufen der 125er und 250er noch einmal lichten, verflog, weil es sich jetzt einzuregnen begann. Plötzlich sah es in Mugello aus wie in Assen oder am Nürburgring, und die Tifosi aus Tavullia nutzten ihre gelben Schilder mit der Nummer 46 nun, um vor den Elementen Schutz zu suchen.

Noch schlimmer für die Fans des WM-Leaders war freilich der Schreck, als »Il Stratosferico« wie ein ganz normaler, unkonzentrierter Alltagsfahrer in der Besichtigungsrunde des als »wet race« ausgerufenen zweiten Teils zu Boden ging. »Ich war so langsam unterwegs wie die Oma auf dem Markt und hätte nie gedacht, dass mir das zustoßen könnte«, wunderte sich Rossi.

Weil das Missgeschick zu weit von der Box entfernt passierte, als dass er hätte zurückjoggen können, dachte er schon, sein Rennen sei auf dies unrühmliche Weise zu Ende gegangen. Doch Ex-Rennfahrer Gianni Rolando, zu Zeiten von Valentinos Vater Graziano aktiv und ein Freund der Familie, stand zufällig als rettender Engel mit einem Roller parat. Nicht ganz regelkonform, düsten die beiden geradewegs in die Boxengasse, wo das Team von Jerry Burgess mit einer perfekt vorbereiteten Ersatzmaschine aufwarten konnte.

Es dauerte ein Zeitlang, bis Rossi wieder im Rhythmus war. Dann aber kämpfte er sich durchs Feld, brachte im Endspurt erst Max Biaggi, dann sogar noch Loris Capirossi zur Strecke und lag in der letzten Runde an zweiter Stelle. »Es herrschten gefährliche Bedingungen. Auf der Zielgeraden Vollgas zu geben, war, wie gegen eine Mauer aus Wasser zu fahren. Deshalb wusste ich auch nicht, an welcher Position ich fuhr – ich dachte, ich hätte immer noch Roberts und Checa vor mir«, schilderte er später.

Ausgangs der vorletzten Kurve wartete dann das Verhängnis auf den Publikumsliebling. »Ich bin auf die weiße Begrenzungslinie gekommen, die mit mindestens zehn Zentimeter Wasser bedeckt war«, erklärte Rossi, warum ihm abermals, und diesmal ohne jede Chance einer Rettung, das Vorderrad wegrutschte. »Letztes Jahr bin ich anderthalb Runden vor dem Ziel gestürzt, diesmal 500 Meter. Im nächsten Jahr schaffe ich es bis zum

Jubel auf dem Podest: Auch West-Honda-Teamchef Sito Pons zeigte sich wetterfest

Zielstrich und gewinne«, bewies das Blumenkind trotzdem noch Humor.

Max Biaggi hatte den Sturz von hinten beobachtet und kam nach den Ausrutschern von Kenny Roberts, Norick Abe und seines Erzfeindes in den Genuß des dritten Platzes. »Jetzt ist die Weltmeisterschaft wieder offen«, atmete er auf und trank erst einmal einen Becher heißen Tee, weil er wegen der Nässe und des unerwarteten Temperatursturzes völlig durchgefroren war. »Die Regentropfen haben mich bei vollem Speed wie Hagelkörner gebeutelt. Wegen der Kälte verkrampfte ich mich derart, dass ich jetzt Zahnschmerzen habe«, klagte der Römer, dessen Teamkollege Carlos Checa das Ziel wegen einer verbrannten Kupplung verpasste.

Fast hätte Biaggi sogar den zweiten Platz geerbt. Loris Capirossi hatte seinen Honda Pons-Teamkollegen Alex Barros zwei Runden vor Schluß bereits eingefangen und hätte nun um knapp eine Sekunde davon fahren müssen, um den Brasilianer auch in der Addition beider Läufe zu besiegen. Dabei überlastete er den Vorderreifen, hatte bereits das linke Bein hoch in der Luft und musste durchs Kiesbett, um seine Maschine wieder unter Kontrolle zu bringen. »Dann überholte mich Rossi. Beim Versuch, an ihm dran zu bleiben, war ich ein zweites Mal drauf und dran, alles in den Sand zu setzen. Denn just an der Stelle, wo er zu Boden ging, rutschte auch mir nochmals das Vorderrad weg.«

Während Capirossi sein Motorrad nochmals abfangen konnte, hatten sowohl Norick Abe als auch Kenny Roberts ihre Chancen aufs Podest kurz vorher verspielt.

Der Japaner hüpfte nach seinem Ausrutscher nochmals in den Sattel und sicherte sich mit seiner kaum beschädigten Maschine den neunten Platz, doch bei dem missglückten Bremsmanöver des auf Rang drei nachgerückten Weltmeisters gab es nichts mehr zu retten. »Ich bin Barros immer näher gekommen und habe den Druck gemacht. Dann habe ich mich am Ende der Zielgeraden verschätzt«, bedauerte er.

So blieb Alex Barros unangefochten, war nach seinem vierten GP-Sieg aber wie die anderen Helden vor allem froh, den Tag überstanden zu haben. »Die Bedingungen wurden immer dramatischer. Ich bin wegen der Wassermassen manchmal regelrecht in Panik geraten, weil ich den Sieg unter keinen Umständen mehr aufs Spiel setzen wollte«, berichtete er.

Einen seiner Konkurrenten konnte Barros guten Gewissens ziehen lassen: V2-Privatfahrer Haruchika Aoki hatte auf der Honda des Arie Molenaar-Teams seinen großen Tag, düste im zweiten Teil des Rennens klar voraus und feierte Gesamtrang fünf

Versunkene Blumenpracht: Rossi trifft mit dem Vorderrad eine Pfütze und rutscht aus

Power of
HONDA
HONDA

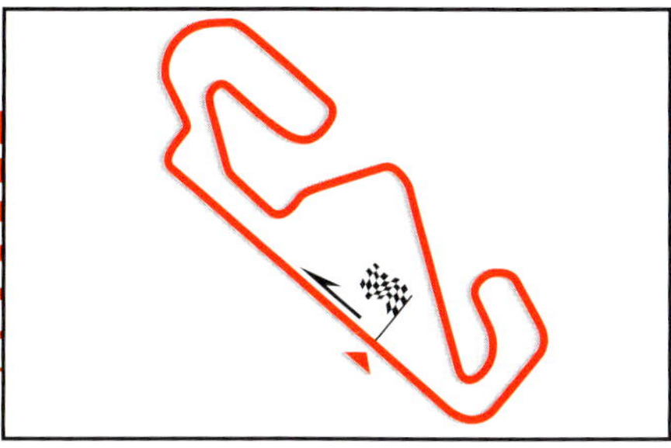

17.6.2001: Grand Prix Katalonien in Barcelona

Kraft im Überfluss

Vor dem Barcelona-Grand Prix präsentierten die japanischen Werke ihre bärenstarken Viertakt-Prototypen. Nach dem Rennen zeigten auch Valentino Rossi und Max Biaggi Kraft im Überfluss – und ließen hinter dem Podest die Fäuste sprechen.

Eine halbe Stunde vor dem Start des 125 ccm-Rennens in Barcelona, um genau 10.42 Uhr, wurde das Garagentor zur Zukunft im Grand Prix-Sport aufgestoßen. Ein schwarzer, nur mit einem kargen Yamaha-Schriftzug versehener Prototyp rollte aus der Box direkt auf die Strecke, wo Testfahrer Norihiko Fujiwara zwei flotte, mit vielen Wheelies garnierte Demonstrationsrunden absolvierte.

Weil Yamaha sich bei dem Viertaktprojekt nicht in die Karten schauen lassen wollte und auch zweitägige Testfahrten in der Woche darauf unter strenger Geheimhaltung absolvierte, wurde die OW-M1 genannte Maschine den bereit stehenden Fotografen in der Boxengasse ebenso schnell wieder entzogen. Doch auch den Fans rund um die Barcelona-Strecke kam es vor, als hätten sie ein Phantom gesehen: Statt Formel 1-ähnlichen Gebrülls gab der knapp 200 PS starke GP1-Renner nur ein verhaltenes Fauchen von sich, das auch von einem Serienmotorrad auf der Autobahn, allenfalls von einem Superbike hätte stammen können.

Bei satten 990 ccm Hubraum waren keine offenen Rohre nötig, um die Beschleunigungs- und Topspeedwerte einer Zweitakt-500er zu erzeugen. Komplizierte technische Experimente sparte man sich bei Yamaha ebenfalls: Weil man ein schnelleres Motorrad schaffen wollte, ohne dabei Erreichtes preis zu geben, wurde der neue Viertakter in das bewährte Fahrwerk der Zweitakt-YZR 500 eingepflanzt. Quadratisch, praktisch, gut war auch der Motor selbst, ein konventioneller Reihenvierzylinder mit vier Ventilen pro Zylinder und einer Bauhöhe von nur rund 40 cm. »Vom Leistungskonzept her ist das die einfachste Übung. Symmetrischer Aufbau, gleich lange Auspuffanlagen, genügend Platz für Vergaser oder Einspritzanlage. Mit einem V-Motor hast du im Vergleich dazu nur Kalamitäten«, wußte der österreichische Konstrukteur Harald Bartol. Auch die Baubreite störte nicht. Denn während beim Zweitakter wegen der Überströmkanäle etwa vier Zentimeter Platz zwischen jeweils zwei Zylindern blieben und der Zweitakt-Reihenvierzylinder TZ 500 mit Kenny Roberts im Sattel Ende der 70er Jahre immer wieder mit dem Gehäuse aufsetzte, konnten die Zylinder eines modernen Rennviertakters bis auf einen halben Zentimeter oder noch weniger zusammengerückt werden, bevor das Material an seine Grenzen stiess.

Trotzdem war die Laune von Superbike-Spezialist Noriyuki Haga bei ersten

Vorgeschmack der Zukunft: Honda zeigte den Motor, Yamaha ging auf die Strecke

Freddie Spencers Erinnerungen: Die Viertakt-NR 500 drehte 21500/min

Probefahrten schnell verflogen. »Es stimmt, ich hasse die Zweitakter und kann es nicht erwarten, bis ich wieder mit einem Viertakter Gas geben kann. Doch eine Siegermaschine ist das neue Motorrad gewiss noch nicht – es ist schwerfällig und vermittelt kein Gefühl für Fahrwerk und Reifen«, urteilte der Japaner.

Dabei beherrschte Haga die Kunst, die Bremskräfte des Motors beim Einbiegen in die Kurve durch artistischen Umgang mit dem Gasgriff im Zaum zu halten. Den Zweitaktspezialisten war es hingegen ein Greuel, dass ein Viertakter beim Schließen des Gasgriffs nicht einfach weiter rollte, sondern so verzögerte, dass beim Erreichen der Maximalschräglage Sturzgefahr bestand.

Familienglück: Angel Nieto, v.l. Söhne Pablo, Gelete, Neffe Fonsi

Yamaha experimentierte mit mehr Schwungmasse an der Kurbelwelle und mit Rutschkupplungen fürs Hinterrad, um diesen Effekt zu verringern. Trotzdem hielt auch Max Biaggi bei den Zukunftsperspektiven den Ball flach. »Im nächsten Jahr werden die Zweitakter noch voraus fahren«, argwöhnte der Römer.

Bis dahin wollte sich auch Suzuki Zeit lassen, bevor der Rennbetrieb des Werksteams von Zwei- auf Viertakter umgestellt wurde. Das geheimnisvoll XREO genannte Projekt – XR stand bei Suzuki für Rennmaschinen, E bedeutete Evolution und 0 das Modellnummer - war noch konsequenter als die Yamaha OW-M1 an die bestehende Zweitakt-500er angelehnt. Denn Suzuki übernahm bis auf eine modifizierte Motoraufhängung nicht nur das bestehende Fahrwerk, sondern auch die Motorkonfiguration mit vier Zylindern in V-Form, die mit 990 cm Hubraum, vier Ventilen pro Zylinder und elektronischer Benzineinspritzung mit zwei Einspritzdüsen pro Zylinder satte 210 PS absondern sollten. »Wir halten den V4 für den besten Kompromiss zwischen Motorleistung, Gewicht, kompakten Maßen, Zuverlässigkeit und Benzinverbrauch. Im Design ist er an unsere Zweitakt-RGV 500 angelehnt und so kompakt, dass er in den vorhandenen Rahmen passt und die ideale Gewichtsverteilung nicht durcheinander bringt«, erklärte Teammanager Garry Taylor. »Außerdem hat ein V4 die geringste innere Reibung und ist dank des kompakten, stabilen Kurbelgehäuses besonders zuverlässig.«

Dass er nach monatelanger Geheimniskrämerei überhaupt mit dieser Neuigkeit heraus rückte und sogar eine vierseitige Presseerklärung verteilen ließ, war gezielte Vorwärtsverteidigung beim spanischen Hauptsponsor. Telefonica MoviStar prangte auch auf den Verkleidungen der Honda 250-Stars Daijiro Katoh und Emilio Alzamora, und weil Teammanager Fausto Gresini seinen japanischen Helden 2002 in die Halbliterklasse schicken wollte, sah Taylor die Felle für Suzuki allmählich davonschwimmen, falls er nicht mit guten Nachrichten gegensteuern konnte. Dass das Projekt noch im Anfangsstadium steckte, bewies der Terminplan: Tests auf der Rennstrecke waren erst für den Herbst 2001 geplant.

Dagegen war Honda schon fast fertig. Bei einer mächtigen Party am Samstagabend wurde in Anwesenheit von Altstars wie Toni Mang, Freddie Spencer, Luca Cadalora, Mick Doohan, Luigi Taveri und Jim Redman die historische Zahl von 500 Grand Prix-Siegen gefeiert und eine Ära in die Vergangenheit verabschiedet. Gleichzeitig wurde das Tor in eine neues Zeitalter aufgestoßen: Erst wurde ein Video von Tests in Sugo gezeigt, bei denen die V5-Honda nicht nur schnell aussah, sondern auch mit dem kernigen Ton eines echten Rennviertakters Herzklopfen erzeugte.

Dann wurde der V5-Motor enthüllt, und bei Freddie Spencer, Pionier auf der legendären V4-NR 500 mit ovalen Kolben Anfang der 80er Jahre, wurden Erinnerungen wach. »Das Motorrad drehte unglaubliche 21500 /min, der nutzbare

Kreuzbandriss im Knie: Italjet-Pilot Stefano Perugini mit Konstrukteur Jörg Möller

Drehzahlbereich umfasste 3000 Touren. Mein erstes Rennen mit dieser Maschine, ein Fünf-Runden-Sprint in Laguna Seca, habe ich 1981 gegen Kenny Roberts gewonnen, und der war immerhin amtierender Weltmeister«, schmunzelte Fast Freddie, der nun Motorrad-Fahrlehrgänge in Las Vegas durchführte. »Doch eine Woche später ging es nach Silverstone, und gegen die Halbliter-Zweitakter sahen wir alt aus. Nicht mangelnde Leistung, sondern die Gewichtsverteilung machte uns zu schaffen. Der Motor war zu groß, um ihn weit genug vorne einzubauen, und mit den Materialien jener Zeit konnten sie ihn nicht kleiner bauen. Deshalb hatte die Maschine ein störrisches Fahrverhalten.«

Doch Honda »hat die Erfahrungen der NR 500 sorgfältig ausgewertet«, wie HRC-Präsident Ikenoya erklärte. »Bei der Suche nach dem richtigen Konzept hatten wir drei Entwicklungsziele: Die Fahrzeugmasse zu konzentrieren, eine möglichst kleine Stirnfläche zu schaffen und möglichst viel Traktion zu erzeugen. Ein V5 erschien uns als der beste Weg.«

Ein Sechszylinder kam wegen des hohen Mindest-Gesamtgewichts von 155 kg nicht in Frage, ein V2 nach dem Vorbild des Honda-Superbikes schied wegen der erforderlichen Bauhöhe aus. Die Idee eines V4 wurde schon ernsthafter diskutiert, am Ende aber auch verworfen. »Der V4 ist ein gutes Konzept, doch ein V5 baut noch kürzer und noch schmaler. Außerdem ist ein V4 technisch nicht besonders aufregend«, fügte Ikenoya im Hinblick auf spätere Derivate für die Serie lächelnd hinzu.

Der nutzbare Drehzahlbereich reichte selbst mit konventioneller Ventilsteuerung bis jenseits von 15000/min, dank eines hochmodernen Einspritzsystems war der Spritverbrauch moderat genug für den auf 24 Liter begrenzten Tankinhalt.

Der Tank selbst wurde unter die Sitzbank verlegt, um möglichst viel Gewicht ins Zentrum der Maschine zu rücken und die ständigen Klagen der Piloten über das Handling ihrer Maschinen mit vollem Tank auszuräumen.

Experimentiert wurde mit mechanischen und elektronischen Systemen zur Verringerung der Motor-Bremswirkung, auch die Zündfolge der fünf Zylinder war noch nicht endgültig festgelegt.

Doch daran, dass die RC-V bis zur Feuertaufe beim ersten Grand Prix 2002 konkurrenzfähig sein sollte und Honda auf frühe Siege setzte, bestand keinen Zweifel. »Honda baut nicht nur gute Mo-

Entscheidungsschlacht beim Anbremsen: Azuma (4), Poggiali (54), Jenkner (17)

Nass gemacht und nass gespritzt: Lucio Cecchinello gewann das Duell gegen Elias

torräder. Als erfolgreichstes Werk mit dem meisten Geld und den größten Sponsoren können sie auch die besten Piloten verpflichten. Eine Kombination, die schwer zu schlagen ist«, überlegte Stargast Toni Mang. Freddie Spencer ging sogar noch einen Schritt weiter. »Es würde mich nicht wundern, wenn Honda schon 2002 mit dieser Maschine die Weltmeisterschaft gewinnen würde!«

125 ccm: Angriff der Junioren

Einstweilen wollten die vielen Stargäste der Jubiläumsfeier natürlich Zweitakt-Siege sehen, und bei den 125ern standen die Wetten der Honda-Fans auf den Rennveteranen Nobby Ueda, der im Training Platz zwei belegt hatte, und den 18jährigen Grünschnabel Toni Elias, der die erste Startreihe nur um ein paar Sekundenbruchteile verpasst hatte.

Zur Freude der Zuschauer zischte Elias vom Start weg in Führung. Nobby Ueda klebte an seinem Hinterrad, und weil zunächst nur Außenseiter Stefano Perugini auf seiner Italjet mithalten konnte, schien alles unter Kontrolle.

Allerdings holte Aprilia-Star Lucio Cecchinello in Windeseile auf, katapultierte sich binnen einer Runde vom sechsten auf den zweiten Platz und stürmte eine weitere Runde später an Elias vorbei auf Platz eins.

Im Kampf um Platz drei kam es wenig später zu einer dramatischen Wende: Nobby Ueda stürzte direkt vor Peruginis Nase, worauf der Italiener aufrichten und durchs Kiesbett musste, um eine Kollision zu vermeiden.

Dass sich Perugini danach wieder vom 16. auf den elften Schlussrang vorarbeitete, war angesichts seines bemitleidenswerten Gesundheitszustandes ein halbes Wunder: Bei einem Sturz im ersten freien Training hatte er sich einen Kreuzbandriss im rechten Knie zugezogen und konnte sich im Fahrerlager nur mit Hilfe von Krücken bewegen. »Es ist nicht zu fassen. Das Glück ist definitiv nicht auf meiner Seite. Mein Knie fühlte sich heute morgen gar nicht so schlecht an, weshalb ich mich auf ein gutes Rennen freute. Doch in Runde zehn war die Party vorbei, als Ueda vor mir zu Boden ging. Ich wusste nicht, wohin ich steuern sollte, nach rechts oder links, deshalb ratterte ich geradeaus. Jetzt tut mein Knie wieder richtig weh!«

Ein Haufen wilder Kerle rückte sofort nach, der Kampf um Platz drei blieb ein packendes Getümmel bis zum Schluss. Steve Jenkner, nach sechs Runden noch an vermeintlich aussichtsloser 14. Stelle, hatte sich nach einer unglaublichen Aufholjagd vor dieser Gruppe breit gemacht und lag in der 20. und 21. Runde an dritter Stelle, wurde dann aber nochmals von Gilera-Star Manuel Poggiali angegriffen.

Beim Versuch, im Finale nochmals zurückzuschlagen, kam dann Masao Azuma dazwischen. Ebenso hingebungsvoll wie Jenkner hatte sich der Japaner

Unglaubliche Aufholjagd: Steve Jenkner (17) schon vor Ui (41) und Azuma (4)

In der letzten Runde noch fast ein Sturz: Cecchinello verteidigt sich gegen Elias

von einem tristen 18. Platz im Training nach vorn gekämpft und die Nachteile eines schlecht am Gas hängenden, beim Beschleunigen nur verzögert einsetzenden Motors mit waghalsigen Spätbremsmanövern gut gemacht.

In der letzten Runde mutete Azuma seinen gequälten Bridgestone-Reifen dann aber doch zuviel zu: Beim Versuch, den dritten Platz auf dem Podium herauszubremsen, rutschte ihm das Vorderrad weg. »Es wanderte langsam nach außen, fast wie in Zeitlupe. Zu retten gab es trotzdem nichts«, erläuterte Azuma.

Wegen Azumas Übereifer verpasste Jenkner sein erstes Grand Prix-Podium. »Ich war in der letzten Sektion eindeutig schneller als die Bande und hatte mir eine wunderbare Strategie zurecht gelegt, Poggiali aus dem Windschatten zu überholen. Doch dann hat der Azuma knallhart reingebremst und sich vor mir hingelegt. Sonst hätte ich's vielleicht schaffen können – um 0,19 Sekunden an meinem ersten Podestplatz zu scheitern, ärgert mich natürlich«, seufzte der tapfere Sachse nach dem vierten Platz.

Nicht weniger Action sahen die Zuschauer im Entscheidungskampf um den Sieg. Mehrfach wechselten Elias und Cecchinello die Positionen, wobei der Italiener die meiste Führungsarbeit leistete. In der letzten Runde setzte Elias dann alles auf eine Karte, um als Erster in das Geschlängel des »Stadions« einzubiegen, eine dem Hockenheimer Motodrom nicht unähnliche Kurvenpassage, die den Zuschauern auf den Rängen einen prachtvollen Überblick bot. Der junge Spanier versuchte auf der letzten Rille, Cecchinello auszubremsen, verbremste sich aber und mußte aufrichten, während ihm sein Gegner elegant die Tür zuschlug. »Ich wollte Elias schon früher davonfahren, doch das klappte nicht. Damit war klar, dass die Entscheidung in der letzten Runde fallen würde. Zugegeben, meine Attacke war hart. Doch ich wollte diesen Sieg um jeden Preis«, erklärte der sturzanfällige Italiener, während Elias seinen zweiten Platz mit einem lachenden und einem weinenden Auge quittierte. »Ich hatte einen guten Start und versuchte alles, meine Führung in einen Heimsieg umzumünzen. Statt dessen sind wir in der letzten Runde beide fast gestürzt. Alles in allem kann ich noch froh sein, die Punkte für den zweiten Platz gerettet zu haben«, meinte er.

Das drei Mann starke, vom früheren Halbliter-Star Alberto Puig geführte Telefonica MoviStar Junior-Team fuhr eine insgesamt beachtliche Ernte ein: Elias' Teamkollegen Daniel Pedrosa und Joan Olivé holten die Plätze sieben und acht und stellten damit das bislang klar beste Team-Resultat sicher.

Krücken im Fahrerlager, aber Platz elf im Rennen: Stefano Perugini ließ nicht locker

Starker Start, dann starke Schmerzen: Emilio Alzamora fiel auf Platz sieben zurück

Auch Derbi-Pilot Pablo Nieto ließ sich vor eigenem Publikum nicht lumpen und ertrotzte Rang sechs. Youichi Ui, der Star im Team, nahm seinen fünften Platz mit schmerzverzerrter Miene zur Kenntnis: Schon am ersten Trainingstag hatte er sich bei einem Sturz das linke Handgelenk und den rechten Knöchel angeknackst.

250 ccm: Katja einsam

Hatte Aprilia bei den 125ern am Ende die Nase vorn, so folgte die Revanche bei den 250ern auf dem Fuß. Die Aprilia-Stars Tetsuya Harada und Marco Melandri kamen zwar am besten aus den Startlöchern, doch schon in Runde zwei hatte der Trainingsschnellste Daijiro Katoh den italienischen Teenager abgefertigt und begann, auf seinen Landsmann an der Spitze anzulegen.

In Runde vier war es auch um Harada geschehen, der freilich keineswegs aufsteckte, sondern hartnäckig am Hinterrad Katohs auf seine Chance lauerte. Als sich Katoh einmal verbremste, war Harada sofort zur Stelle und ging vorbei, wurde aber umgehend wieder eingefangen. Die einzige Chance, die Harada danach noch blieb, war eine Attacke in der letzten Runde.

Doch Katoh gab sich keine Blöße mehr, blieb fehlerfrei und machte sich bei der letzten Durchfahrt des Stadions besonders breit. »Ich habe das Maximum gegeben. In der letzten Runde wollte ich schon nach der Zielgeraden angreifen, war aber nicht nahe genug an Katoh dran. Dann versuchte ich es nochmals am Schluss dieser Runde, doch er hat nicht die kleinste Lücke gelassen«, seufzte Harada. »Die Aprilia funktioniert besser als am Saisonbeginn, dieser seltsame Pumpeffekt des hinteren Federbeins, der mir bislang das Gasgeben am Kurvenausgang schwer machte, war heute weniger zu spüren. Doch die Honda ist auch besser geworden, vor allem beim Speed: Hier gab es keine Chance, aus dem Windschatten auszuscheren und auf der Geraden mit ihm gleichzuziehen, wie das bis Mugello möglich war, wo wir beim Topspeed noch Vorteile hatten. Statt dessen fehlt uns jetzt ein Quäntchen an Beschleunigung. Doch Katoh ist nicht unschlagbar: Früher oder später, ich weiß nicht wann oder wo, werde ich ihn zur Strecke bringen!«

Dieses Ziel hatte sich Melandri schon lange vorgenommen, stürzte bei Rennmitte aber an dritter Stelle liegend. »Ich war am Limit, doch in den letzten beiden Kurven war das Motorrad sehr schwierig zu steuern, und ich bin übers Vorderrad ins Aus gerutscht. So seltsam wie heute hat sich meine 250er noch nie angefühlt: An einem bestimmten Punkt beim Einbiegen in die Kurve hat das Vorderrad zu springen angefangen«, berichtete er.

Das schwierigste Rennen des Lebens: Privatfahrer Roberto Rolfo wurde Dritter

Begeisterung über Platz fünf: Fonsi Nieto hielt Jeremy McWilliams in Schach

Freilich musste auch Katohs Teamkollege Emilio Alzamora bei seinem Heimspiel zurückstecken. In der zweiten Runde für kurze Zeit vor Melandri an dritter Stelle, fiel der Spanier im Rennverlauf an die siebte Position zurück und zahlte einer Schulterverletzung Tribut, die er sich bei einem Sturz im Abschlusstraining zugezogen hatte. »Bis zum Ende der siebten Runde konnte ich mich in der Spitzengruppe halten, insofern war es ein guter Tag für mich. Dann allerdings wurden die Schmerzen zu stark«, fasste er zusammen.

Privatfahrer Roberto Rolfo kam dank der Schwierigkeiten Alzamoras und Melandris in den Genuss des nächsten Podestplatzes, auch wenn er hart für seinen Erfolg arbeiten musste. »Das war das schwierigste Rennen meines Lebens«, keuchte er. »Mein Kit-Motorrad beschleunigt nicht so wie die Werksmaschinen und hat auch weniger Topspeed, doch mein Team hat alles nur Mögliche aus der Maschine heraus geholt und sie perfekt abgestimmt.«

Auch das Aprilia Germany-Team feierte endlich einen Erfolg. Allerdings nicht durch Klaus Nöhles, der sich abermals mit dem zehnten Platz abfinden musste, sondern mit Jeremy McWilliams, den Aprilia-Renndirektor Jan Witteveen nach dem Mugello-Grand Prix aus finanziellen Gründen als zweiten Mann neben Nöhles untergebracht hatte. Die Verständigung zwischen dem Iren und der aus Bayern und Österreichern zusammengesetzten Aprilia Germany-Truppe klappte auf Anhieb. Schon bei einem eintägigen Test in Mugello freundete sich McWilliams derart mit der Nöhles-Maschine ein, dass er dem Team eine neue Rekordzeit anbot. »Nicht nötig, wir glauben dir auch so«, antworteten die Techniker und packten zusammen.

In Barcelona bestätigte McWilliams den guten ersten Eindruck mit dem sechsten Platz. »Meine Kupplung ist am Start für die ersten 100 Meter gerutscht, das machte meine Aufgabe in den ersten Runden schwieriger. Doch danach entwickelte sich ein prächtiges Rennen, bei dem ich mich nach Kräften bemüht habe, die spanischen Piloten in meiner Nähe unter Kontrolle zu halten«, schmunzelte McWilliams. »Mein Hauptproblem ist, dass ich derzeit nur eine Maschine zur Verfügung habe. Das in dieser Hitze das ganze Wochenende zu benutzen, ging auf den Motor. Ich hätte mehr Beschleunigung am Kurvenausgang gebrauchen können. Weil ich das Gas sehr früh öffnete, um den Mangel an Motorleistung auszugleichen, habe ich immer wieder kräftige Rutscher hingelegt!«

Gemischt war die Bilanz im Racing Factory-Team. Denn während Alex Hofmann sechs Mann überholte und einen tollen neunten Platz erkämpfte, musste Katja Poensgen schon in der ersten Runde nach einem Bremsfehler ins Kiesbett und kippte um.

Danach bewies sie jedoch Sportsgeist und fuhr mutterseelenallein bis zum Ende durch. »Am Ende der Gegengeraden hat beim Bremsen die Gabel durch-

Nah, aber nicht nah genug: Harada (31) verpaßte die Chance zur Schlußattacke

Sensation Sete Gibernau: Statt Roberts kämpfte der Spanier um einen Podestplatz

geschlagen, und ich musste geradeaus. Im Kiesbett hat's mich dann geschmissen. Es war kein schlimmer Sturz, ich bin eher umgefallen und deshalb auch gleich weiter gefahren. Ich dachte, das ist das Beste was ich machen kann, denn dann lerne ich wenigstens noch ein bisschen was – na ja«, meinte sie leicht kleinlaut.

500 ccm: Gibernaus Großtat

Auch in der Halbliterklasse gab Honda den Ton an. Am ersten Tag war es Loris Capirossi, der auf seinem Vorjahresmodell die vorläufige Bestzeit in den Asphalt brannte und Gutes über die jüngsten Modifikationen an seinem Motorrad berichtete. »Wir haben in Valencia mit Hilfe von Showa einen neuen inneren Aufbau der Vordergabel getestet. Dieses Set-Up funktioniert prächtig hier«, erklärte der Italiener. »Auch die Motorteile, die wir von Honda nach dem Mugello-Erfolg erhalten haben, zahlen sich aus. Der Unterschied ist nicht gewaltig, doch mein erster Eindruck ist, dass der Motor stärker geworden ist.«

Im Abschlusstraining rutschte Capirossi freilich auf den dritten Rang, und nun war es der am Vortag gestürzte Valentino Rossi, der mit seinem neuen Honda-Modell Überlegenheit demonstrierte. »Das ist nach meinen Stürzen in Mugello und gestern die richtige Medizin«, atmete der 22jährige auf. »Ich habe heute eine Weile gebraucht, um meine Konzentration und Sicherheit zurück zu gewinnen. Wir haben uns aber trotzdem mehr um das Renn-Set-Up als um eine schnelle Runde gekümmert. Es ist schwierig, hier die richtige Übersetzung zu finden. Umso mehr überrascht es mich, dass die ersten neun Piloten nur sechs Zehntelsekunden voneinander entfernt sind. Das verspricht ein spannendes Rennen zu werden.«

Anhaltender Abwärtstrend: Kenny Roberts stürzte schon in der vierten Runde

Zu den schnellsten zählte Jürgen van den Goorbergh, der die Dreizylinder-Proton KR auf dem sechsten Startplatz parkte und im Rennen einen neunten Platz ertrotzte. Glänzend in Form war auch Shinya Nakano. Während sein verletzter Tech 3-Teamkollege unter Schmerzen auf Platz 16 im Training und Platz 12 im Rennen fuhr, holte Nakano den zweiten Startplatz, führte das Rennen kurzzeitig an und hangelte sich nach einem Durchhänger zu Rennmitte auf den vierten Schlussrang.

Garry McCoy verzichtete nach ein paar sinnlosen Trainingsrunden wegen seines Kahnbeinbruchs aufs Rennen, und weil auch Carlos Checa wegen Vorderradratterns bei seinem Heimspiel nicht über den achten Platz hinaus kam, ruhten die Hoffnungen der Yamaha-Fraktion ganz auf Max Biaggi.

Der Römer hatte sich im Abschlusstraining von der vierten in die erste Startreihe katapultiert, machte den Erfolg aber mit einem miserablen Start zunichte und kam erst als Achter aus der ersten Runde zurück.

Sein großer Widersacher Valentino Rossi war freilich noch schlechter vom Fleck gekommen und in der ersten Kurve auch noch weit nach außen abgedrängt worden, so dass er als nahezu Letzter den Anschluss ans Feld wiedergewann.

Doch während Max Biaggi nur mühsam im Feld vorankam und vor allem Schwierigkeiten hatte, den hartnäckig Widerstand leistenden Tohru Ukawa zur Strecke zu bringen, ließ sich Rossi durch niemanden aufhalten. Zwölfter nach einer Runde, buchte er schon in Runde drei gegen Biaggi den ersten Etappensieg. Kurz darauf stürzte Weltmeister Kenny

Gemeinsam am Start, fast gemeinsam im Ziel: Vincent (24) wurde 16., Willis (68) 18.

Roberts, während Rossi weiter mit Siebenmeilenstiefeln nach vorn marschierte – Fünfter in Runde fünf, Dritter in Runde sechs.

Ausgerechnet Sete Gibernau auf der zweiten Werks-Suzuki wurde zum dicksten Brocken in seinem Weg. Bis zur zehnten Runde hielt der Lokalmatador tapfer Rang zwei, steckte auch nach Rossis Überholmanöver nicht auf und verlor seine Aussichten aufs Podest erst, als mit Verspätung endlich auch Max Biaggi von hinten anklopfte. Bis zur letzten Runde Vierter, musste sich Sete dann auch noch Nakano geschlagen geben, buchte als Fünfter aber trotzdem sein und Suzukis bestes Ergebnis in dieser Saison.

Rossi hatte mittlerweile den führenden Capirossi von Platz eins verdrängt und brachte sofort die ersten Meter zwischen sich und seine Verfolger. Als Biaggi es sechs Runden vor Schluss endlich geschafft hatte, den zweiten Platz zu übernehmen, war Rossi längst entwischt.

Nichts gehört, nichts gesehen: Capirossi verzichtete auf Kampf-Kommentare

Das änderte sich beim Aufstieg zum Siegerpodest, kurz, nachdem die Fahrer die ersten Fernsehinterviews zum Rennverlauf gegeben hatten. Biaggi ließ sich an dem engen Durchstieg zu einem Ellbogencheck gegen den im Weg stehenden Rossi-Manager Gibo Badioli hinreißen. »Bastardo Romano«, ereiferte sich Badioli und holte gegen Biaggi aus, worauf der ihm seine Wasserflasche entgegenschleuderte.

»Que cazzo fai, idiota«, mischte sich Rossi vor immer noch laufendem Fernsehmikrofon zur Freude der italienischen Fernsehzuschauer ein, und binnen Sekunden kam es zwischen den beiden Superstars zu einem munteren Faustkampf, der nur dadurch beendet werden konnte, dass der wild strampelnde Biaggi von einem Dorna-Mann gepackt und in einen separaten Raum verfrachtet wurde.

Die FIM reagierte mit einer scharfen Verwarnung an die beiden Piloten, ansonsten wurde der peinliche Vorfall vertuscht, so gut es irgend ging. Selbst für die Kratzspuren in seinem Gesicht hatte Max Biaggi die passende Erklärung bereit. »Mich hat ein Moskito gestochen«, behauptete er.

Loris Capirossi, der die Aktion aus nächster Nähe miterlebt hatte, grinste nur und beschränkte sich auf Kommentare zu seinem eigenen Rennen. »Ich war überzeugt, gewinnen zu können«, schilderte er. »Doch ab der sechsten Runde hat mein Hinterrad fürchterlich angefangen zu rattern. Ich habe den dritten Platz mit dem Messer in den Zähnen verteidigt«.

Der Grund des Missgeschicks: Sein Reifen hatte sich auf der Felge gedreht.

Nicht gerade bester Laune: Die Streithähne Biaggi und Rossi auf dem Podest

SUOMY
DIADORA
17
borsoi
UGT 3000
lae
ELECTRONIC
3000
UGT
UNITED GREY TEAM
emmegi
seating
DIADORA
DUNLOP
suspension
WP
aprilia

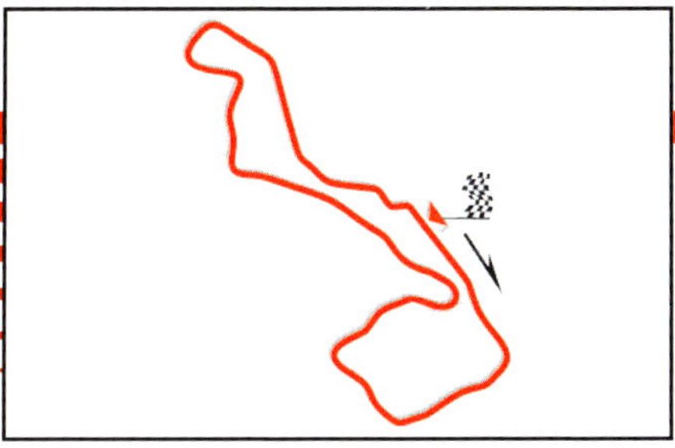

30.6.2001: Grand Prix Holland in Assen

Stevie Wonder

Im Regen von Assen zeigten sich die tapferen Sachsen von ihrer wetterfesten Seite: Steve Jenkner holte seinen ersten Podestplatz, Jarno Müller steckte auch nach einem Sturz nicht auf und wurde noch Zehnter.

Nach den Schlagzeilen, die der Schlagabtausch zwischen Rossi und Biaggi gemacht hatte, war GP-Promoter Dorna darauf aus, die Wogen zu glätten, und bestellte die Streithähne zu einer Pressekonferenz, bei der Höflichkeiten und ein Händedruck ausgetauscht wurden.

Wie inszeniert die vermeintliche Versöhnung war, zeigten die Antworten auf eine eher banale Frage aus dem Publikum. »Was habt ihr beiden gemeinsam?«, wollte ein Tageszeitungsjournalist wissen. »Hm. Wir fahren in der gleichen Klasse!« antwortete Rossi schlagfertig und sorgte für schallendes Gelächter.

Auch bei der zweiten Frage holte er einen Punktsieg, bevor Max Biaggi überhaupt zum Luftholen kam. »Welche Konsequenzen hat die Verwarnung der FIM?« war ein anderer interessiert. »Daß wir das nächste Mal, wenn wir, hm, was anstellen, für ein Rennen zu Hause bleiben«, grinste Rossi.

Natürlich war auch den beiden selbst klar, dass es über das gewünschte Maß hinaus ging, sich gegenseitig mit Fausthieben und Fußtritten zu traktieren. »Ziehen wir einen Schlußstrich. Die Sache ist beendet«, erklärte Rossi wenig später im Truck seines Honda-Teams. »In Barcelona ist uns der Kragen geplatzt, und wir haben beide übertrieben. Ich habe schon in der Vergangenheit Fehler gemacht, indem ich schlecht über Biaggi gesprochen habe. Aber ich war jung, und in den letzten beiden Jahren habe ich nichts Schlechtes mehr über Biaggi verlauten lassen. Das, was beim letzten Grand Prix passiert ist, hat die Aufmerksamkeit von einem der schönsten Rennen aller Zeiten abgelenkt. Deshalb müssen wir uns bei den Fans entschuldigen und aufhören, weiter zu polemisieren.«

Auch Biaggi reute das entgangene Fest. »Ich wollte den zweiten Platz mit meinem Team feiern, doch davon war natürlich nach dem Vorfall nicht mehr die Rede. Es lungerten auf dem Weg zum Podium zu viele Leute herum, die dort nichts zu suchen hatten. Ich hoffe, dass die Regeln ab diesem Grand Prix respektiert werden. Die Rivalität zwischen Rossi und mir ist kein Problem für mich, war es nie, und ich habe auch nie etwas getan, um es zu verstärken. Dass es dieses Problem gibt, ist unausweichlich, so ist es eben mit zwei Hähnen im Hühnerstall!«

Als Sofortmaßnahme beschloß die Dorna, die Siegerzeremonie direkt im Anschluß an die Auslaufrunde und noch vor den obligaten Fernsehinterviews durchzuziehen, außerdem wurde die Zahl an Betreuern im Parc fermé auf höchstens zwei Personen pro Fahrer begrenzt. Damit konnten sich die Megastars wieder auf ihren Job auf der Piste konzentrieren.

Der große Durchbruch: Biaggi und Rossi reichen sich die Hand, Jenkner wird Dritter

Exorzist fürs Italjet-Team: Die Austreibung der pechbringenden Geister mißglückte

Im Abschlusstraining lieferten sich Biaggi und Rossi einen hektischen Wettlauf um den zweiten Platz, bei dem sie in der letzten Viertelstunde dreimal die Positionen wechselten. Mit einer brilllianten letzten Runde gelang es Biaggi im Finale, sich um 0,309 Sekunden vor seinen Gegner zu schieben. »Wir haben die Vibrationen des 16,5-Zoll-Hinterreifens in den Griff bekommen, gleichzeitig wurde die Vorderpartie des Motorrads etwas stabiler«, rieb sich der Römer die Hände.

Diesmal hatte Rossi keine Antwort parat. »Ich glaube, unser Set-Up ist gut genug. Meine einzige Sorge ist das Wetter – ich will, dass es trocken bleibt«, schickte er angesichts beunruhigender Vorhersagen voraus. »Das Tempo heute war unglaublich. Ich bin mehr als zwei Sekunden schneller als letztes Jahr, trotzdem hat es nicht für die Pole Position gereicht!«

Die holte sich Loris Capirossi. »Ich denke, diese Strecke ist gut für uns. Jeder weiß, dass die Performance unserer Motorräder von 2000 nicht an Valentinos Maschine heranreicht, doch hier in Assen sind die Unterschiede weniger deutlich sichtbar. Hier kommt es mehr aufs fahrerische Können an als irgendwo sonst«, hatte er schon nach seiner vorläufigen Bestzeit am Donnerstag bemerkt.

Im Abschlusstraining verteidigte er seinen Vorsprung mit einer besonders gelungen Runde, und sein Speed passte zu den Plänen von Teammanager Sito Pons, der hinter den Kulissen die Fäden für einen Segeltörn auf dem größten und schnellsten Segelkatamaran der Welt zog, der in den Farben des »Club Med« bereits »The Race« rund um den Globus in neuer Rekordzeit gewonnen hatte. Pons plante gleich drei Weltrekorde: Bestzeit für die Strecke Barcelona – Palma de Mallorca, dann die schnellste Atlantiküberquerung auf der Südroute von Cadíz nach Salvador, schließlich das Blaue Band für die Nordatlantikroute von New York retour nach Europa. »Der bisherige Rekord liegt bei sechs Tagen, wir rechnen mit fünf«, kalkulierte Pons für die Ozeanüberquerung. »Ein gemütlicher Sonntagsausflug wird das nicht. Der Katamaran bringt es auf 40 Knoten. An Deck brauchst du eine Rennfahrerbrille!«

War das West-Honda-Pons-Team unter vollen Segeln unterwegs, so waren Noriyuki Haga und Garry McCoy im Red Bull-Yamaha-Team die Flügel gestutzt. Haga qualifizierte sich nach einem Highsider bei Tempo 150 nur als 13. im Abschlusstraining, Garry McCoy trat nach ein paar schmerzhaften Proberunden am ersten Tag gleich gar nicht mehr an und warf das Handtuch. »Die Hand tut mir wegen der Bodenwellen und vielen Linkskurven mehr weh als in Barcelona. Ein oder zwei Runden gehen schon, doch ein 20 Runden-Rennen ist eine andere Geschichte«, erklärte der mit einem Kahnbeinbruch gehandicapte Australier.

Wie anstrengend das Gasgeben auf der mit schnellen, teilweise überhöhten Kurven gespickten Assen-Piste war, spürte auch Katja Poensgen.«Manchmal muss man die Maschine im fünften Gang umlegen, das gibt mir jedes Mal einen Stich in die lädierte Schulter«; seufzte sie, qualifizierte sich aber dennoch wieder souverän und ließ als 28. sogar noch fünf Fahrer hinter sich.

Teamkollege Alex Hofmann hievte sein Motorrad als Zwölfter gar in die dritte Startreihe. Dagegen half Klaus Nöhles auch die Anwesenheit eines neuen, starken Teamkollegen nichts. Während

Kapitän an der Boxenmauer - und Kapitän zur See: Katamaran-Abenteurer Sito Pons

Jeremy McWilliams ohne viel Federlesens den vierten Platz buchte, blieb Nöhles in Startreihe vier stecken und grübelte, warum er sich im Vergleich zum Vorjahr kaum hatte verbessern können.

Vielleicht hätte er es mit den Tricks des 125er Italjet-Teams versuchen sollen. Nach dem Abschlusstraining wurde dem Dauerpech nämlich auf spirituelle Weise zu Leibe gerückt: Ein Exorzist ließ die Teammitglieder mit weißen Tunikas im Kreis stehen, Kerzen schwenken und mit Salzkristallen um sich werfen.

Außerdem wurde der deutsche Fahrwerksspezialist und Ex-Teamchef Mario Rubatto von Italjet-Teambesitzer Alessandro Tartarini engagiert, um das Team als Koordinator und mit seinen Abstimmungskünsten auf Vordermann zu bringen. »Die Arbeit, die die bis jetzt geleistet haben: Hut ab!«, zeigte sich Rubatto von seinem Antrittsbesuch in der Rennabteilung in Bologna beeindruckt.

Während sich die Erfolge vorläufig in Grenzen hielten – Gianluigi Scalvini qualifizierte sich als 15., Stefano Perugini als 19. - lieferte das UGT-Aprilia-Team die große Show. Steve Jenkner zog seinen Teamkollegen Gino Borsoi zur Pole Position und landete nach taktisch cleverer Teamarbeit selbst als Vierter in der ersten Startreihe. »Grazie Steve«, sprudelte Gino Borsoi und schüttelte dem tapferen Sachsen gleich bei der Rückkehr zur Box die Hand. «Es hat wunderbar gepasst. Eine optimale Runde«, rieb sich auch Jenkner die Hände. »Ich hatte nicht einmal das Gefühl, voll am Limit zu sein, es wäre möglicherweise sogar noch schneller gegangen. Das gibt mir Zuversicht fürs Rennen.«

Die hatte auch der um anderthalb Kilogramm leichter gewordene Jarno Müller. »Ich bin meine ganzen schnellen Zeiten alle alleine gefahren«, strahlte er über den elften Startplatz. »Am Schluss habe ich Ui, der 30 Meter vor mir war, als Anhaltspunkt genommen und bin sogar nah an ihn rangekommen. Wenn mir der Wild Card-Fahrer in der letzten Kurve nicht in die Quere gekommen wäre, wäre es eine sensationelle Zeit geworden.«

125 ccm: Spaniens jüngster Sieger

Im Rennen zeigte Müller die gleiche Angriffslust. Nach einer Runde schon Achter, zeigte er bis zu Rennmitte ungehemmten Vorwärtsdrang und war schon Fünfter, als er in der Schikane vor Start und Ziel das Gleichgewicht verlor. » Ich habe eigentlich extra ein bisschen langsamer gemacht, um den nächsten rankommen zu lassen und nicht ganz so viel Druck nach vorne machen zu müssen. Trotzdem bin ich dann umgefallen – ganz langsam«, schilderte er. Weil sein Motorrad kaum beschädigt war, fädelte sich der Sachse als 15. wieder ein und stellte den zehnten Schlußrang sicher.

Angriff auf Toni Elias: Steve Jenkner lieferte im Training und im Rennen die große Show

Daß er so entfesselt aufdrehen konnte, hing mit der besonderen Spezialität von Müller zusammen: Dem Regen. Am Morgen des Renntags schüttete es wie aus Kübeln, und als der Wolkenbruch vor dem Start des 125er Rennens in ein leichtes Nieseln überging, versuchte Masao Azuma sein Glück mit Intermediates, weil er darauf spekulierte, die Strecke würde abtrocknen. Eine trügerische Hoffnung: Ohne Wind oder ein paar Sonnenstrahlen, die sich den Weg durch die Wolken gebahnt hätten, blieb die Strecke feucht bis zum Zieleinlauf, nur reinrassige Regenreifen boten die Chance auf ein gutes Ergebnis. Nur 27. nach der ersten Runde, kam Azuma schon in der zweiten Runde von der Piste ab und stürzte. »Ich habe gespielt und verloren. So ist der Rennsport«, seufzte Azuma.

Freilich brauchte man keine Intermediates, um in den Fluten unterzugehen. Gleich in der ersten Runde stürzten Pablo Nieto und Gaspare Caffiero, Gianluigi Scalvini wurde durch den stürzenden Alex de Angelis ins Aus torpediert. In Runde zwei ging Manuel Poggiali zu Boden und fuhr als 20. weiter, trennte sich in der 13. Runde aber ein zweites Mal von

Ungehemmter Vorwärtsdrang: Jarno Müller fuhr trotz Sturz auf Platz zehn

seiner Gilera. »Ich bin ein Dummkopf«, haderte er mit sich selbst. »Man kann nicht zweimal im gleichen Grand Prix zu Boden gehen! Den ersten laß' ich mir noch durchgehen, weil die Piste an einigen Stellen enorm rutschig war, doch den zweiten hätte ich vermeiden können. Ich bin immer noch vorn in der WM-Wertung, doch wenn ich Weltmeister werden will, muß ich lernen, im Sattel zu bleiben!«

Youichi Ui machte das Debakel komplett und warf die baugleiche Derbi fünf Runden vor Schluß ins Gras, Lucio Cecchinello scheiterte an einer defekten Zündkerze.

Dafür zeigte sich das UGT-Aprilia-Team von seiner wetterfesten Seite. Steve Jenkner, der bei Tests in Mugello 15 Starts geübt hatte, tauchte beim Anbremsen der ersten Kurve endlich einmal mit der Führungsgruppe aus der Gischt auf und lag bis zur siebten Runde an vierter Stelle.

Dann ging sein führender Teamkollege Gino Borsoi übers Vorderrad zu Boden, fuhr aber sofort weiter und rettete noch den sechsten Platz. Jenkner rückte durch den Zwischenfall um eine Position auf, verteidigte seinen dritten Platz trotz vehementer Rutscher bis ins Ziel und feierte in seinem fünften Jahr als Grand Prix-Pilot endlich den ersten Podestplatz. »Meine Aprilia war pfeilschnell, es wäre noch mehr drinne gewesen. Doch im Gegensatz zum Regenrennen im letzten Jahr war es diesmal gefährlich glatt. Einmal habe ich versucht, Arnaud Vincent zu überholen, bin aber schlagartig so böse quer gestanden, dass ich's lieber gelassen habe«, schilderte Stevie Wonder.

Noch sensationeller war der Auftritt des 18jährigen Toni Elias. »Hast du den Regen gesehen?«, hatte er seinen Mentor Alberto Puig beim Frühstück noch unsicher gefragt. Weil es aus bleigrauem Himmel rauschte wie ein Wasserfall, war die Frage eher rhetorischer Natur, und weil viel Beistand von seinem strengen Schulmeister ohnehin nicht zu erwarten war, beantwortete Elias die Frage vorsichtshalber selbst. »Ich denke, es regnet für alle gleich«, murmelte er gottergeben und wandte sich wieder seinen Corn Flakes zu.

Drei Stunden später schien er den Regen vergessen zu haben. Dritter nach einer Runde, drückte Elias hartnäckig aufs Tempo und übernahm kurz nach Halbzeit für zwei Runden das Kommando.

Als im Finale nur noch der Franzose Arnaud Vincent als Gegner übrig geblieben war, nahm er sich die Lektion zu Herzen, die ihm Cecchinello in Barcelona erteilt hatte – und düste dem Franzosen vorsichtshalber schon zwei Runden vor Schluss davon, um nicht nochmals in Gefahr zu geraten. »Ich bin ganz ruhig geblieben, habe am Ende aber alles gegeben. Denn diese Chance wollte ich mir nicht entgehen lassen«, strahlte der jüngste spanische GP-Sieger aller Zeiten.

In eine Rennfahrerfamilie hinein geboren – sein Großvater war erfolgreicher Straßenrennfahrer, sein Vater zehnfacher spanischer Moto Cross-Meister – flitzte Elias schon mit Minibikes durch den Hof des elterlichen Motorradgeschäfts, bevor er richtig laufen konnte. Als 15jähriger bestritt er 1998 erstmals die spanische 125 ccm-Meisterschaft, wurde dann von

Wunderkind Toni Elias und Stevie Wonder: Bei gefährlicher Glätte sicher ins Ziel

Alberto Puig entdeckt und systematisch aufgebaut. 1999 Dritter in Spanien, bestritt er 2000 bereits seine erste Grand Prix-Saison und wurde 2001 zum Aushängeschild von Alberto Puigs Telefonica MoviStar Junior Team.

Diese Nachwuchsmannschaft gründete sich auf die Idee des »MoviStar Activa Cup«, die Puig 1999 ausgeheckt und mit finanzieller Unterstützung des spanischen Telefonriesen in die Tat umgesetzt hatte. Mit einem landesweiten Werbefeldzug wurden nicht weniger als 6000 willige Probanden ausgehoben, aus denen die 25 passendsten Kandidaten für den Cup ausgesiebt wurden, der im Rahmen der spanischen Meisterschaft, aber auch bei den Grands Prix auf spanischem Boden durchgezogen wurde. Vollkommen kostenlos balgten sich die Teenager dabei auf waschechten Honda RS 125 R, die in einem mächtigen Zelt von professionellen Schraubern betreut wurden.

Die viel versprechendsten Kandidaten des ersten Cup-Jahres, Olivé, Jara und Pedrosa, wurden mit dem bereits erfahrenen Toni Elias in ein ebenfalls neu gegründetes Junior-Team für die spanische 125 ccm-Meisterschaft gesteckt und belegten dort in der Saison 2000 glorreich die ersten vier Plätze.

Während Jara 2001 im Aprilia-Team von Lucio Cecchinello anheuerte, machten Elias, Olivé und Pedrosa in ihrem MoviStar-Junior-Team auf WM-Ebene weiter und wurden von Alberto Puig durch ein gnadenloses Fitnesstraining gescheucht. Puig ließ seine Jungs auch regelmäßig den heiligen Zorn des Altstars spüren. »Wenn ich je einen von erwische, wie er mit Starallüren durchs Fahrerlager stolziert, schlage ich ihn windelweich.

Richtige Reifen - aber das falsche Tempo: Katja Poensgen stürzte in der Schikane

Noch seid ihr keine Stars, noch seid ihr niemand – una mierda«, hatte er die Zöglinge nach ihrem gemeinsamen Erfolg in Barcelona angebrüllt.

Während Elias noch um den Sieg kämpfte, saßen der 15jährige Pedrosa und der 16jährige Olivè nach ihren Stürzen in Assen auch eher wie zwei eingeschüchterte Schüler in ihrem Hospitality-Zelt, um einen tröstlichen Teller Spaghetti in Empfang zu nehmen. Ein Jet-Set-Dasein führte das Trio beileibe noch nicht. Gerade mal 1500 Mark Monatsgehalt ließ Puig pro Kopf springen.

Ob er je schon mal mit den drei in ein Eiscafè gegangen sei,wurde er in Assen von einem MoviStar Manager gefragt. Auf die Idee, räumte Puig kleinlaut ein, sei er noch nicht gekommen.

250 ccm: Jeremys Reifentrick

So blieben die drei mit beiden Beinen fest am Boden - wie der bierruhige Ire Jeremy McWilliams, der im zarten Alter von 37 Jahren endlich seinen ersten Grand Prix gewann.

Insgesamt 119 Grand Prix hatte der Vater zweier Kinder, Jack und Zak, absolviert, aber nur zwei davon mit der famosen Betreuung von Cheftechniker Sepp Schlögl und seinem Adlatus Mike Leitner bei Aprilia Germany reichten, um ganz an die Spitze zu kommen. »Die Struktur ist hoch professionell, die geleistete Arbeit

Das schlechte Vorbild des großen Bruders: David Checa stürzt im 250er Rennen

Alter schützt vor Vollgas nicht: Jeremy McWilliams hängt Daijiro Katoh ab

fantastisch«, fasste er zusammen, wie es zu dem Erfolg kam.

Vor allem, dass Schlögl und Leitner die unterschiedlichen Chassis der Klaus Nöhles-Ersatzmaschine und von McWilliams eigener, mitgebrachter Maschine gekonnt aufs gleiche Fahrverhalten trimmten, sollte sich auszahlen. Von der Besichtigungsrunde auf regennasser Piste kehrte McWilliams nämlich direkt an die Box zurück, wo er sich zehn Minuten Zeit lassen konnte, um den Himmel zu studieren. Eines seiner Motorräder war mit Intermediates und härteren Federn auf eine abtrocknende Strecke, das andere mit Regenreifen und weicheren Federn auf Nässe abgestimmt.

Sekunden vor Beginn der Aufwärmrunde schlug McWilliams den Ratschlag von Jan Witteveen, der strömenden Regen ab 13 Uhr prophezeite, in den Wind und startete mit Intermediates aus der Boxengasse. Statt eines erneuten Wolkenbruchs trocknete die Strecke binnen weniger Runden fast vollständig ab, worauf McWilliams eine gemütliche Alleinfahrt an der Spitze des Feldes genießen konnte, bevor er schließlich 16 Sekunden vor den Spaniern Emilio Alzamora und David de Gea, die bei der Reifenwahl ebenfalls auf gutes Wetter gesetzt hatten, als Erster über die Linie flitzte.

Sein Teamkollege Klaus Nöhles haderte als 18. dagegen mit den falschen Reifen und der Tatsache, dass er sein zweites Motorrad eingebüßt hatte. »Dumm gelaufen – meine Reifenwahl musste ich zehn Minuten vor dem Start treffen, weil das Vorderrad nur schwer

Erst Führung, dann Sturz: Alex Barros machte frühzeitig Platz für Biaggi

umzubauen ist. Der McWilliams hatte dagegen zwei Motorräder zur Verfügung, da konnte er mit der Wahl bis zum Ende warten. Seine handgeschnittenen Slicks waren goldrichtig«, berichtete er.

Freilich hatten auch die meisten anderen Top-Fahrer verwachst. »Ich habe nicht viel Glück«; brummte Marco Melandri nach dem sechsten Platz. »Letztes Jahr bin ich mit Intermediates losgebraust, worauf es zu regnen anfing. Diesmal bin ich auf Regenreifen ausgerückt, und prompt wurde es knochentrocken«. Teamkollege Tetsuya Harada wurde sogar nur 24., weil er nach schlechtem Start einen Boxenstop einlegte, um sein Glück mit einem Reifenwechsel zu probieren.

Auch Alex Hofmann haderte, weil mit seinen Regenreifen nicht mehr als der zwölfte Platz zu machen war. Teamkollegin Katja Poensgen hatte dagegen die richtigen Reifen drauf und schon den nächsten WM-Punkt in Reichweite, trennte sich aber drei Runden vor Schluss in der Schikane von ihrer Maschine. »Ich bin okay«, rappelte sie sich schnell wieder auf. »Leider war das Motorrad so kaputt, dass ich nicht mehr weiterfahren konnte!«

500 ccm: Biaggis Wetterglück

In der Halbliterklasse spielte ebenfalls das Wetter den Schiedsrichter. Mittlerweile war es vollkommen trocken geworden, alle Fahrer rückten auf Slicks aus. Alex Barros ging vom Start weg in Führung und kam mit Biaggi, Abe, Capirossi, Rossi und Roberts im Schlepptau aus der ersten Runde zurück.

Abe fiel in der zweiten Runde um ein paar Plätze zurück und geriet dabei unglücklicherweise in die Nähe von Carlos Checa. Der nämlich schoss seinen Markengefährten von hinten ab und bescherte ihm eine klaffende Wunde im linken Knie und eine schwere Prellung der rechten Schulter.

Statt Abe drängte nun Loris Capirossi nach vorn und führte kurzzeitig vor seinem Teamkollegen Barros. Freilich lag Biaggi längst auf der Lauer und verdrängte das West-Honda-Duo in der siebten Runde auf die Plätze. Der Führungspulk war zu diesem Zweitpunkt schon in zwei Gruppen zerfallen, wobei sich Valentino Rossi bereits aus dem Getümmel befreit hatte und den Rüclstand zu dem Trio Runde für Runde um ein paar Längen verkürzte.

In Runde elf erwischte er Barros und holte Platz drei, eine Runde später ging er an Capirossi vorbei und war Zweiter. Seine Fans aus Tavullia stimmten schon Siegesgesänge an.

Tatsächlich war die gelbe Honda in der 15. Runde bereits vor der roten Marlboro-Yamaha zu bewundern, doch dann fing es im entlegensten Teil der Sechs-Kilometer-Strecke zu nieseln an, worauf Valentino zögerte und das Gas zurückdrehte. Biaggi nutzte die Gunst der Stunde, hielt das Gas kaltblütig in Vollgasstellung und war wieder Erster.

Unmittelbar nach dem nächsten Zieldurchlauf wurde das Rennen dann vorzeitig abgebrochen, womit Biaggi als Sieger feststand. »Das war Glück«, grinste der Römer. »Ich habe aber auch das Gefühl, besser zu fahren denn je zuvor. Gleichzeitig haben wir das Set-Up entscheidend verbessern können. Trotzdem war es ein hartes Rennen. Vor allem, als Rossi anrückte, wurde es sehr eng. Obwohl ich rote Flaggen gesehen habe, bin ich drei Kurven mit vollem Speed weiter gefahren, bis ich auch noch rot blinkende Ampeln sah und meiner Sache völlig sicher war. Denn manchmal schwenken auch Zuschauer rote Flaggen!«

Die beste Show kam nach dem Rennen: Lokalmatador vd. Goorbergh wurde nur 9.

Rossi zeigte sich als guter Verlierer, machte aber klar, dass er unter normalen Umständen gewonnen hätte. »Als es zu regnen anfing, hatte ich Max bereits überholt und binnen weniger Kurven vier Zehntelsekunden Vorsprung aufgebaut. Dann sah ich die ersten Tropfen auf meinem Visier, und weil ich in einer sehr schnellen Kurve war, drehte ich aus Sturzangst das Gas zurück. In meinem Herzen weiß ich, dass ich hätte gewinnen können.«

Das dachte freilich auch Loris Capirossi auf Platz drei. »Rossi und Biaggi behinderten sich gegenseitig und machten Fehler. Ich hatte mir schon den Punkt zum Schlussangriff ausgedeutet – dann kam der Regen«, schilderte er.

46
BREIL
MANPOWER
domino
HONDA
PlayStation 2
polini
Nastro Azzurro
NGK
RK
brembo MICHELIN
AFAM
BIOFOX
HONDA
REPSOL YPF
SHOWA
Beta
HRC
VALE46
HONDA
REPSOL YPF

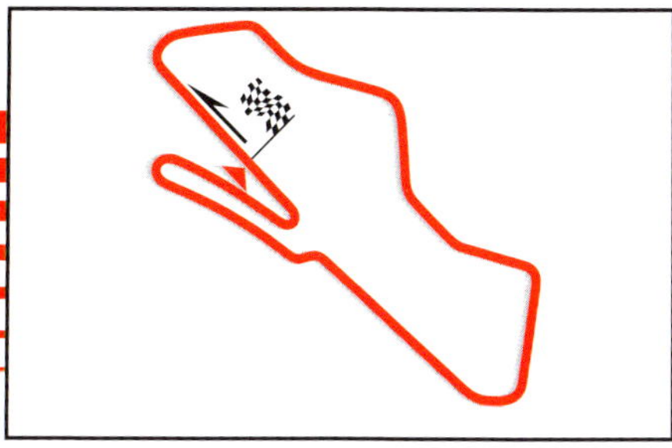

8.7.2001: GP England in Donington Park

Aus dem Hinterhalt

Max Biaggi half auch seine Pole Position nichts: Sein Erzfeind Valentino Rossi steckte im Training einen 200 km/h-Sturz weg, startete aus der dritten Reihe und gewann trotzdem überlegen.

Dank raffinierter Steuersparmodelle hatten die Superstars neben Monaco und Andorra seit Neuestem auch London als Wohnsitz auf der Hitliste.

Nach Valentino Rossi zog auch Marco Melandri in die britische Metropole um und mietete ein 60-Quadratmeter-Appartment in einer Nobelanlage, in der auch Fußballspieler des FC Chelsea residierten. »London gefällt mir wegen seiner verrückten Typen, die man an jeder Straßenecke treffen kann. Außerdem scheint es die Hauptstadt meiner Lieblingsmusik Techno zu sein. Im nächsten Winter werde ich einen Sprachkurs absolvieren, um noch mehr Freunde machen zu können«, kündigte der italienische Teenager an.

Freilich entdeckte er auch bereits die Schattenseiten des Großstadtlebens: Nach der Rückkehr von Assen stieg er am Flughafen Heathrow in einen Bus und vertrieb sich die Fahrzeit mit einem Telefongespräch. Bis ihm eine fünfköpfige Bande Jugendlicher das Telefon im Vorbeigehen wie selbstverständlich aus der Hand nahm. Während der Mob an der nächsten Haltestelle ausstieg, saß Melandri wie vom Blitz getroffen auf seinem Sitz – vor lauter Überraschung war er zu keinerlei Reaktion im Stande.

War das ein schmerzlicher Verlust, so wurde beim traditionellen »Riders for Health's Day of Champions« am Donnerstag vor Trainingsbeginn auf dem Gelände des Donington Park die Rekordsumme von 80000 Pfund erwirtschaftet.

Das Geld kam einer Flotte von Motorrädern und Allradautos zu Gute, die in entlegenen Gebieten von Zimbabwe, Kongo, Gambia, Südafrika, Kenia und Tschad die medizinische Versorgung der Landbevölkerung sicherstellte. Valentino Rossi gewann dabei einen Scooter-Slalom und erzielte 2200 Pfund für einen signierten Helm. Sein Paradegegner Max Biaggi durfte sich mit dem Rekordpreis von 4500 Pfund für eine Lederkombi trösten. Dass das Geld nicht irgendwo unterwegs versickerte, war amtlich bestätigt: Riders for Health wurde von einem entsprechenden Untersuchungsgremium zur UK »Charity of the Year«, dem Wohlfahrtsprogramm des Jahres, gewählt und stach dank »Innovation und effektivem Geld-Management« sogar »Comic Relief« aus, ein Veranstaltung berühmter Showstars, die an einem einzigen Tag bis zu 20 Millionen Pfund für Afrika einsammelte.

Nach seinem gelungenen Roller-Auftritt hatte Valentino Rossi allerdings einen schweren Tag vor sich. Am Freitagmorgen plagte er sich mit einem steifen Genick und mußte das erste freie Training sogar für eine Viertelstunde unterbrechen, um sich von Rennarzt Dr. Claudio Costa und einem Physiotherapeuten behandeln zu lassen.

Am Nachmittag ging ihm dann in der berüchtigten Craner-Kurve im fünften Gang bei Tempo 200 das Vorderrad weg. »Wahrscheinlich bin ich etwas von der Ideallinie abgekommen. Ich hätte das

London statt Monaco: Valentino Rossi und Marco Melandri (rechts) zogen um

Abstecher auf die Werks-Yamaha: Pulse-Pilot Vincent wurde beim Gastspiel 13.

Haga verlor zwar den Anschluß an das Spitzentrio, hängte seinerseits aber Carlos Checa um nicht weniger als fünf Sekunden ab. Sechster wurde Shinya Nakano, dem im Abschlusstraining trotz der widrigen Bedingungen das Kunststück gelungen war, vom neunten auf den vierten Startplatz vorzupreschen. Als Siebter kam Alex Crivillé ins Ziel, der im Training Rossis Set-Up ausprobiert hatte, seine Nachahmungsversuche aber mit dem kläglichen 13. Startplatz bezahlt hatte. Hatte der Spanier sich wenigstens verbessern können, so litt Loris Capirossi nach einem Trainingssturz unter schweren Krämpfen im angeschlagenen linken Trizeps und fiel auf Platz zehn zurück.

Das neuseeländische Pulse-GP-Team musste am Donington-Wochenende mit nur einem Fahrer auskommen. Während der Australier Mark Willis als 18. hinterher fuhr, hatte Teamchef Dave Stewart seinen schnelleren britischen Piloten Jason Vincent, auf Druck von IRTA und Dorna an das Red Bull-Yamaha-Team ausleihen müssen. In Vertretung des verletzten Garry McCoy eroberte Vincent bei seinem Gastspiel auf der japanischen Werksmaschine Rang 13.

Das war immerhin besser als die Leistung des Engländers Chris Walker auf der V4-Honda des Shell Advance-Teams. Weil Walker, vor Saisonbeginn noch als Geheimtip gehandelt, wieder nur Platz 15 erreichte, wurde er nach dem Donington-GP gefeuert.

250 ccm: Die verglühte Kerze

Bei den 250ern holte Tetsuya Harada die Pole Position, doch ähnlich wie Max Biaggi in der Halbliterklasse schäumte auch der Aprilia-Star keineswegs über vor Selbstvertrauen. »Die Pole Position bedeutet mir nichts. Was zählt, ist das Rennresultat«, wehrte er alle Gratulanten ab und verwies, sein Motorrad sei beim Anbremsen noch nicht stabil genug.

Harada spürte die Faust im Nacken noch näher als Biaggi, denn Gegner Daijiro Katoh war an zweiter Stelle qualifiziert. Und tatsächlich dauerte es bei den 250ern auch nicht bis zum zweiten Renndrittel, sondern nur bis zur fünften Runde, bis die Kugel in Richtung des überlegenen Honda-Stars zu rollen begann. Vier Runden lang hatte Tetsuya Harada klar geführt, und als er nun hinter

Keine Chance für Marco Melandri (5): Daijiro Katoh (74) ergreift die Führung

Hart am Limit: Der Franzose Sylvain Guintoli kämpfte sich auf Platz sieben

Katoh zurückfiel, schien jede Gegenwehr zu erlahmen, so, als habe man einem Roboter den Stecker gezogen. »Es war wirklich merkwürdig. Zu Anfang waren wir gleich schnell, ich bin rundenlang seinem Hinterrad hinterher gebraust. Sowie ich aber vorbei war, sah ich auf meiner Boxentafel, wie mein Vorsprung Runde für

Die Macht des roten Teufels: Roberto Rolfo holte als Privatfahrer Platz zwei

Runde deutlich anschwoll«, fiel dem späteren Sieger auf.

Harada büßte kurze Zeit darauf auch den zweiten Platz ein, und wurde im folgenden Verlauf durchs Feld gereicht wie ein Ziegelstein durch eine Maurerkolonne. Immerhin bewies der Japaner Sportsgeist und fuhr das Rennen zu Ende, obwohl er als 18. längst fernab der Punkteränge um den Kurs tuckerte.

Trotz Ausritt vorn: Katoh konnte sich einen Umweg über die Wiese leisten

Beim Öffnen des Motors offenbarte sich die abgeplatzte Keramik an der Zündkerze des oberen Zylinders als Verursacher des plötzlichen Leistungsmangels, was Harada mit einem hilflosen Achselzucken zur Kenntnis nahm. »Natürlich bin ich sehr enttäuscht. Doch was kann man tun? Ohne den Kerzendefekt hätte ich Katoh das Leben auch weiterhin schwer machen können. Ich weiß nicht, ob ich gewonnen hätte. Aber ich weiß, dass sich mein Rückstand in der WM durch dieses Mißgeschick kräftig vergrößert hat.«

Auch die anderen Aprilia-Werkspiloten vermochten nicht in die Bresche zu springen. Jeremy McWilliams, der mit dem frischen Assen-Sieg in der Tasche auch bei seinem Heimspiel auf einen Triumphzug aus war, focht bis nach Rennmitte verbissen an dritter und vierter Stelle mit, riskierte dann aber zu viel und erlitt bei seinem Sturz einen Schlüsselbeinbruch.

Marco Melandri klagte über ein Motorrad, das in den Kurven die Spur nicht hielt, und quittierte Platz drei mit bitterer Enttäuschung. »Katoh konnte sich im Finale sogar einen Ausritt durchs Gras leisten, und wir haben wieder verloren – worüber soll ich mich da freuen?«, brummte der Teenager, dem es auch nicht

Wochenende mit Hindernissen: Jenkner fiel am Schluß hinter Borsoi (23) zurück

besonders behagte, dass er einem Privatfahrer den Vortritt lassen musste.

Denn Roberto Rolfo quetschte bei einer fehlerlosen Aufholjagd das Letzte aus seiner Kit-Aprilia und setzte sich fünf Runden vor Schluß sensationell vor Melandri an die zweite Position. »Im Training verlor ich in den letzten beiden Haarnadelkurven. Im Rennen hatte ich eine bessere Abstimmung fürs hintere Federbein und konnte über die gesamte Distanz hervorragend mithalten. Mein Motorrad ist immer noch auf dem technischen Stand, auf dem es von je her war. Fürs nächste Jahr hoffe ich auf besseres Material!« meldete er Ansprüche an.

»Der Rolfo hat den Melandri verblasen? Hut ab!« zollte ihm auch sein Markengefährte Alex Hofmann Respekt, der seine Racing Factory-Aprilia auf den formidablen neunten Platz brachte. »Mein Start war gut, die erste Ecke auch noch, aber dann fuhren mir übermotivierte Kollegen wie David Checa vor den Lenker«, berichtete der 21jährige anschließend von seinem eigenen Rennen. »Da war bei mir erst mal der Rhythmus raus. Das war alles ein bisschen doof am Anfang. Mit ein bisschen Glück bin ich am Ende noch Neunter geworden. Aber es wäre mehr möglich gewesen.«

Wieder war der 21jährige schneller als Werkspilot Klaus Nöhles, der nach dem 17. Trainingsplatz aber doch immerhin eine Aufwärtstendenz zeigte und Zwölfter wurde. »Ich hatte einen sehr guten Start, auch von der Reaktionszeit her war ich richtig gut dabei und habe in den ersten Runden auch zügig meinen Rhythmus gefunden«, analysierte Nöhles, der im Warm-Up am Vormittag einen harmlosen Sturz übers Vorderrad erlebt hatte. »Ich hatte dann abermals Probleme mit dem Vorderrad, stellte dann aber meine Fahrweise um und habe Stück für Stück die Rundenzeiten heruntergeschraubt.«

Auch Katja Poensgen fuhr munter in der Schlussgruppe mit und landete auf Rang 23. »Ich konnte gut aufschließen und hatte auch kein Problem, vorbeizukommen«, freute sie sich. »Leider verliere ich Konzentration, wenn mich der erste zu überrunden anfängt. Ich habe sogar schon mal aus Versehen die falschen vorbei gelassen!«

125 ccm: Ui quicklebendig

Für die rennbegeisterten Sachsen begann das Wochenende mit einer Hiobsbotschaft: Jarno Müller brach sich bei einem von Italjet-Pilot Stefano Perugini verschuldeten Sturz das rechte Schlüsselbein und ließ sich in der Hoffnung, am Sachsenring wieder antreten zu können, in Dr. Claudio Costas Klinik in Italien operieren.

Auch auf Steve Jenkner wartete nach dem tollen dritten Platz in Assen ein Wochenende mit Hindernissen. Am Freitag kam er wegen starken Verkehrs auf der Strecke nicht über Platz 14 im Training hinaus, in der Nacht wurden dann die beiden Mountain Bikes von Steve und seiner

Enger geht's nicht: Toni Elias säbelt bei der Schlußattacke an Poggialis Vorderrad

Flucht vor dem Billiardspiel: Youichi Ui macht sich an der Spitze allein davon

Lebensgefährtin Mandi geklaut, die der tapfere Sachse aus erlesenen Spezialteilen zusammengebaut hatte. Und wegen des nassen Abschlußtrainings hatte er am Samstag keine Chance mehr, seinen Platz in der vierten Startreihe zu verbessern.

Der Spezialist für rasante Aufholjagden erbeutete bei Halbzeit des Rennens zwar Rang sechs, scheiterte aber an dem auf Platz fünf voraus fahrenden Lucio Cecchinello, der sich bei einem Trainingssturz den kleinen Finger gebrochen hatte, und verkalkulierte sich am Ende auch noch im Kampf mit Simone Sanna. »Wir hatten hier Probleme mit dem Set-Up, beim Beschleunigen auf den Bodenwellen habe ich Zeit verloren. Cecchinello Fünfter, Sanna Sechster, ich auf Platz sieben – mehr war mit der Aprilia heute einfach nicht drin.«

Die große Show lieferte wieder der kleine Toni Elias. In einem packenden Dreikampf um Platz zwei wechselten Masao Azuma, Manuel Poggiali und der 18jährige Spanier immer wieder die Positionen, der Ausgang blieb ungewiß bis in die letzte Runde. Die berüchtigten beiden Haarnadelkurven vor Start und Ziel stellten die Reihenfolge dann auf den Kopf: Der an zweiter Position fahrende Masao Azuma blockierte in der »Melbourne Hairpin« die Ideallinie, worauf der drittplatzierte Poggiali bremsen musste und eine kleine Lücke öffnete. Elias als Vierter stach wie ein Stierkämpfer mit dem Degen im richtigen Moment blitzschnell ins Herz des Italieners. Die Attacke war so hart, dass Elias mit seinem Hinterrad Poggialis Vorderrad ansäbelte und der Italiener aufrichten musste, um nicht zu Boden zu gehen.

Die beiden verloren bei diesem Handgemenge etliche Meter auf Azuma, doch weil sich der Japaner nicht umdrehte, vermutete er seine Verfolger immer noch in unmittelbarer Nähe und bremste vor der Zielkurve deshalb besonders spät. Statt seinen zweiten Platz auf diese Weise zu zementieren, verpasste er dabei die Ideallinie und als Folge dessen auch das Siegerpodest: Elias und Poggiali huschten innen vorbei und nahmen die Plätze zwei und drei in Beschlag.

»Es war wenig Platz in der Melbourne-Hairpin. Doch ein Angriff dort war meine einzige Chance, doch noch unter die ersten drei zu kommen. Daß Azuma in der Zielkurve patzte, war ein unerwarteter Bonus«, lachte sich Elias ins Fäustchen, während Poggiali eine beleidigte Miene aufsetzte. »In der letzten Runde ist es zugegangen wie in einem Billiardspiel. Ich freue mich zwar über meine Führung in der WM-Tabelle – aber über das Ergebnis sicher nicht!«

Youichi Ui war den Streitigkeiten durch eine Flucht nach vorn aus dem Weg gegangen, zog ab der vierten Runde allein und unbedrängt seine Spur und feierte nach langer Durststrecke endlich wieder einen Sieg.

Vor allem aber freute sich sein Derbi-Team, dass er noch am Leben war. »Nach meinem Sturz in Assen habe ich die Streckenposten nämlich nach einer Pistole gefragt, weil ich mich erschießen wollte«, verriet Ui. »Wenn sie eine gehabt hätten, wäre ich jetzt tot!«

Hurra, wir leben noch: Derbi-Star Youichi Ui, Konstrukteur Harald Bartol

RSV

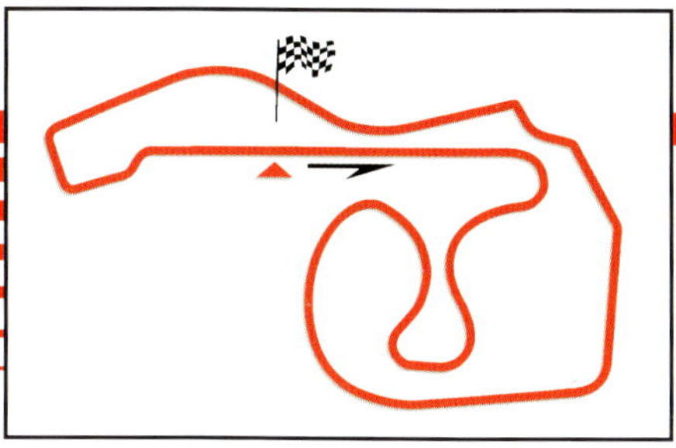

22.7.2001: GP Deutschland/Sachsenring

Marcos Platz

Marco Melandri überrumpelte Daijiro Katoh und bewies, dass der Japaner auch auf trockener Straße besiegbar war. Im Racing Factory-Team von Katja Poensgen kam es zum Kampf hinter den Kulissen.

In fünf Monaten war Katja Poensgen vom Sternchen zum Star geworden, der in den besten Fernsehshows herum gereicht wurde und in der Popularität fast an die Formel 1-Brüder Michael und Ralf Schumacher heranreichte.

Umso unglaublicher wirkten die Presseberichte von einer handfesten Krise in ihrem Team, die in den Tagen vor dem Deutschland-Grand Prix die Runde machten. Die vermeintlich so wunderbare Welt der Racing Factory war in Wahrheit am Zusammenbrechen wie ein Kartenhaus im Sturm, Teammanager Dieter Theis stellte sogar Katja Poensgens Einsatz am Sachsenring in Frage. Nur durch einen letzten Kraftakt von Hauptsponsor Dark Dog konnte eine der Hauptattraktionen des Deutschland-Grand Prix gerettet werden.

Daß es unmittelbar nach dem Abwinken des Rennens zur endgültigen Trennung kommen würde, war aber nicht mehr zu verhindern – Missverständnisse und Fehlinterpretationen zwischen Dieter Theis und Katjas Vater und Manager Bert Poensgen hatten sich längst zu einer Kriegsfront verhärtet, der mit diplomatischen Mitteln nicht mehr beizukommen war. »Das Vertrauensverhältnis ist absolut zerrüttet. Die Zusammenarbeit ist nicht zu kitten«, zog Theis den endgültigen Schlußstrich.

Künstler am Gasgriff - und in der Küche: Marco Melandri als Spezialitätenkoch

Ursache allen Übels war, wie immer in solchen Fällen, das Geld. Wegen des späten Starts in die Saison lagen zwischen dem Hauptsponsor, der Poensgen-Familie und dem Team keine klaren, schriftlichen Verträge vor, das auf 2,6 Millionen Mark bezifferte Budget gründete sich mehr auf Handschläge und Versprechungen als auf harte Bankbürgschaften. Als die versprochenen Zahlungen nur spärlich tröpfelten, machte Dieter Theis eine alarmierende Rechnung auf: Vom größten Kuchenstück, einem avisierten 1,5 Millionen Mark-Paket von Dark Dog und einer weiteren südafrikanischen Firma, waren bis Halbzeit der Saison nur 400000 Mark eingegangen. Trotz pünktlicher Zahlungen aller anderen Sponsoren wie etwa West stand kein Geld mehr zur Verfügung, um die zweite Saisonhälfte mit Spesen für vier teure Übersee-Rennen überstehen zu können. Weil Theis bereits 880000 Mark für Katja Poensgen investiert hatte – ein zweites Motorrad samt Werks-Kit und Ersatzteilen, außerdem Spesen und Gehälter für die Mechaniker – erinnerte er Bert Poensgen an ein Versprechen vom Februar, er würde notfalls mit Katjas privaten Sponsoren für die Teamkasse gerade stehen.

Der konterte, er habe diese Zusage für den Fall gegeben, dass sich überhaupt keine Sponsoren auftreiben ließen. »Dann wären wir mit eigenem Geld eingesprungen, um die ersten Rennen bestreiten zu können«, räumte Bert Poensgen ein. »Doch dann fanden sich ja Sponsoren, die ausschließlich wegen Katja mit an Bord gingen. Dass Theis dieses Geld auf zwei Fahrer verteilte, kann nicht mein Problem sein.« Nach Poensgens Rechnung war dank Katjas Zugkraft schon eine Million Mark an Sponsorgeldern geflossen und deshalb überhaupt nicht einzusehen, warum seine Tochter nun die finanzielle

Erst heile Welt - dann Trennung: Katja Poensgen und die Racing Factory

Der Laptop blieb heil: Dirk Raudies, Mario Rubatto, Italjet-Konstrukteur Jörg Möller

Katja Poensgen, Vater Bert: Nach drei Defekten herrschte Sabotageverdacht

Schieflage ausbaden solle. »Wenn schon, dann hätte Theis für beide Fahrer Alarm schlagen müssen. Dann hätte ich den Hut gezogen.«

Für Dieter Theis war die Zusammenarbeit mit Alex Hofmann, den er seit dessen 14. Lebensjahr unter den Fittichen hatte, freilich die Grundlage des gesamten Teambetriebs. Daß er die neuen Sponsoren als Geldgeber für beide Fahrer ansah, Bert Poensgen aber konsequent von Katjas Geld sprach, war ein ebenso unlösbarer Konflikt wie das wachsende Misstrauen auf technischer Ebene. Während Cheftechniker Lucas Schmid die Kolbenklemmer der Aprilia auf Katjas fahrerisches Unvermögen schob und verwies, die Maschine sei bereits so fett abgestimmt, »daß das Öl zum Auspuff heraustropft«, argwöhnte Bert Poensgen eine an Sabotage grenzende technische Vernachlässigung des Motorrads. »Im Verlauf des Sachsenring-Trainings ist der Katja dreimal die Karre verreckt. Ein Sturz wegen einem Kolbenklemmer, ein Getriebeschaden, außerdem eine gebrochene Kurbelwelle«, zählte er auf. »Ich bin schon seit 20 Jahren im Rennsport, mir kann man nichts erzählen.Ich weiß, was passiert, wenn man Wechselintervalle ignoriert oder zumindest bis an die absolute Grenze ausreizt.«

Daß es Katja angesichts der technischen Rückschläge und des ganzen, ins Negative umgeschlagenen »Girlie-Theaters« (so Dieter Theis) im Abschlusstraining überhaupt gelang, eine konzentrierte schnelle Runde aneinander zu ketten und die Qualifikation zu schaffen, grenzte schon ein Wunder.

Bei Klaus Nöhles, der im Vorjahr als Privatfahrer sensationell den Sprung in die erste Reihe geschafft hatte und danach als Ralf Waldmann-Nachfolger gehandelt wurde, blieb das Wunder allerdings aus: Wieder erbeutete er nur den 19. Startplatz und wunderte sich weiter, warum er trotz aller erdenklicher Set-Up-Tricks und trotz vollem fahrerischen Risiko so viel Zeit verlor.

Alex Hofmanns zwölfter Startplatz blieb der einzige Lichtblick, weshalb die Fans große Banner mit Aufschriften wie »Ralf Waldmann – du fehlst« über die

Kurzes Comeback: Ralf Waldmann auf Demonstrationsfahrt mit der MZ 1000 S

Nach spanischem Vorbild: "Dark Dork Challenge" als neuer Talentschuppen

Zäune hängten. Am Sonntagmorgen konnten sie ihr zurückgetretenes Idol wenigstens für eine Runde feiern: Waldi ging mit dem Prototypen der neuen MZ 1000 S, einem Straßenmotorrad mit Zweizylinder-Paralleltwin und über 100 PS, auf eine erste Ausfahrt.

Schon am Vorabend hatte der Porsche Cup-Pilot bewiesen, dass sein Herz immer noch am Zweiradsport hing. »Ich werde die Sache mit ganzem Einsatz unterstützen«, erklärte Waldi bei der offiziellen Präsentation der »Dark Dog Challenge«, bei der junge Nachwuchspiloten ohne den zeitraubenden Umweg über Serien-Cups gleich auf waschechten Honda RS 125 R die fahrerischen Spezialitäten und die Abstimmung einer Grand Prix-Maschine entdecken sollten.

Die von Honda und vom ADAC unterstützte Initiative folgte dem Beispiel des spanischen Telefonica-Movistar-Junior-Cup, aus dem das GP-Junioren-Team mit den Nachwuchshelden Toni Elias, Daniel Pedrosa und Joan Olivé hervorging, wurde aber kräftig eingedeutscht. Das Starterfeld für die acht Rennen im Rahmen der Internationalen Deutschen Meisterschaft IDM, der Europameiterschaft sowie des deutschen Grand Prix wurde von 30 auf 20 Jugendliche reduziert, statt die Teilnahme wie in Spanien nur vom Talent abhängig zu machen, wurde ein Startgeld von 9000 Euro beschlossen. Auch ein Betreuer vom Schlage Alberto Puigs fand sich vorläufig noch nicht.

Wie dringend der Bedarf an neuen GP-Fachkräften war, zeigte die Trainingsbilanz der 125 ccm-Klasse. Nur Steve Jenkner begeisterte die Fans, weil er im Abschlusstraining eine Viertelstunde vor Schluß als Schnellster über die Monitore flimmerte. Nachdem er schon am Vortag von einem Kolbenklemmer aufgehalten wurde, ging seine Aprilia kurz danach allerdings ein zweites Mal fest, worauf der tapfere Sachse aus dem Sattel purzelte und sich den rechten Ellbogen anschlug.

Der zweite Lokalmatador trat nach einem Sturz im allerersten freien Training gleich gar nicht mehr an. Jarno Müller war auf seinem in England gebrochenen rechten Schlüsselbein gelandet. Bei einer Kontrolluntersuchung zeigte sich das halbrunde Metallstück, mit dem der Bruch fixiert worden war, zwar weiterhin an seinem ordnungsgemäßen Platz. In der Armbeuge entdeckten die Ärzte allerdings etwas viel Schlimmeres: Eine Thrombose, ein Stau geronnenen Blutes in einer Vene, die sich theoretisch jederzeit lösen und im Herz oder im Gehirn für bedrohliche Komplikationen sorgen konnte. Müller, der sich schon zuvor über die schlechte Blutzirkulation und das taube Gefühl im Arm gewundert hatte, erhielt ein sofortiges Startverbot.

Dagegen meldete sich Dirk Raudies, Weltmeister 1993, in den aktiven Dienst zurück. Diesmal als Techniker bei Italjet,

Simone Sanna fährt Lucio Cecchinello davon - und jubelt über den 125er Sieg

Fahrfehler zum Schluß: Lucio Cecchinello führte - und fiel dann auf Platz fünf zurück

um dem unterbesetzten Werksteam für ein Rennen bei der Motorenabstimmung auszuhelfen. »Vier Motorräder von zwei Fahrern zu betreuen und weiter zu entwickeln, ist ein Riesen-Streß«, seufzte Konstrukteur Jörg Möller. »Vor allem Gianluigi Scalvini fühlte sich in letzter Zeit stark vernachlässigt. Dirks Arbeit ist eine wertvolle Hilfe!«

Auf die Idee zur Verpflichtung von Dirk Raudies war freilich nicht Möller, sondern Mario Rubatto gekommen, der schon vor dem Assen-Grand Prix als Fahrwerks-Spezialist und Teamkoordinator zu den Italienern gestossen war. Die Oberschwaben, deren Zusammenarbeit in Raudies' Weltmeisterjahr 1993 mit dem spektakulären Segelflug eines Computer-Laptops geendet hatte, das Rubatto im Zorn durch die Werkstatt schleuderte, besiegelten damit den Neubeginn einer alten Freundschaft. »Ich habe Dirk angerufen, weil wir Verstärkung brauchten. Im Grunde genommen war unser Streit schon ein halbes Jahr nach jenem Vorfall begraben«, freute sich Rubatto.

Nur bei den Rundenzeiten schlug sich die Verstärkung noch nicht nieder: Während die drei Aprilia-Piloten Max Sabbatani, Simone Sanna und Lucio Cecchinello mit den ersten drei Startplätzen auftrumpften, mussten sich Scalvini und Perugini mit den Rängen 20 und 22 begnügen.

125 ccm: Jenkners Regenreifen

Das Rennen verlief nicht viel besser für das Italjet-Team. Perugini kämpfte sich auf den 16. Platz und klagte über mangelnde Motorleistung, Scalvini ließ am Start die Kupplung zu früh kommen und fing eine Zeitstrafe ein. »Ich war 16. hinter Hules, als mir die Boxentafel gezeigt wurde. Danach war das Rennen für mich gelaufen«, meinte Scalvini, der den Lauf als 22. zu Ende brachte.

Steve Jenkner brauste unter dem Jubel des Publikums schon nach wenigen Runden auf den fünften Platz, mußte dann aber auch zurückstecken und landete bei seinem Heimspiel auf Rang zehn. »Es war ganz okay«, zog er Bilanz. »Ich war vorne dabei, wie ich mir das vorgenommen hatte. Eine Weile konnte ich sogar recht locker folgen. Ab der Mitte hat aber mein Hinterreifen stark abgebaut. Er hat überhitzt, das hat so ein Regenreifen-Gefühl gegeben. In den schnellen Kurven konnte ich das Gas nicht früh genug öffnen. Letztlich war die falsche Reifenwahl eine Folge meiner beiden Motorschäden im Training, weil ich nicht genügend zum Fahren kam.«

Auf einer Strecke, die ihm »eigentlich nicht besonders liegt«, ein paar Punkte zu retten, war eine bessere Bilanz als die von Donington-Sieger Ui. Nach dem Start an vierter Stelle, verschaltete sich der Derbi-Star in der zweiten Runde, bog im

Verkehrte Welt: Aprilia-Privatfahrer Alex Hofmann vor Werkspilot Klaus Nöhles

Fahrfehler zu Beginn: Emilio Alzamora begräbt seine Werks-Honda im Kiesbett

fünften statt im vierten Gang in die Kurve ein und kam von der Piste ab. »Kurz vor den Airfences habe ich das Motorrad umgelegt. Es hatte kaum einen Kratzer abbekommen, also bin ich weiter gefahren«. Ui fand bei seiner Aufholjagd zwar wieder relativ schnell den Anschluß zu den deutschen Wild Card-Piloten am Schluß des Feldes, kam aber am Ende nicht mehr über Rang 19 hinaus.

Besser machte es sein verkappter Teamkollege Manuel Poggiali auf der baugleichen Gilera. Am Start Sechster, katapultierte sich der Italiener binnen sechs Runden an die Spitze und hielt sich in der fünfköpfigen Spitzengruppe auch im weiteren Verlauf ständig in Schlagweite auf, bevor er in einem hektischen Finale schließlich den dritten Platz erbeutete. »Ein harter Kampf. Ich mußte mich gewaltig anstrengen, denn die Aprilia waren nicht nur im Topspeed überlegen, sondern beschleunigten auch besser aus der Kurve«, berichtete er und schlug bei Konstrukteur Harald Bartol Alarm. »In der Sommerpause müssen wir kräftig arbeiten, denn mein Motorrad ist nicht mehr so konkurrenzfähig wie zu Saisonbeginn. Natürlich freut es mich, daß ich meine WM-Führung verteidigt habe. Doch allmählich wird es knapp: Drei Punkte sind gewiß kein Polster, auf dem man sich ausruhen kann.«

Toni Elias, der ihm schon in England das Leben schwer machte, zeigte sich erneut von seiner dreisten Seite. Aus der zweiten Reihe gestartet, stürmte der 18jährige mit Max Sabbatani im Schlepptau in Führung. Ab Runde vier begannen Sabbatanis Reifen abzubauen. Während das 39 kg-Leichtgewicht im Rennverlauf an die siebte Stelle rutschte und sich in der letzten Runde dem gut aufgelegten Tschechen Jaroslav Hules geschlagen geben musste, hielt Elias auch dann verbissen vorne mit, als Simone Sanna und Lucio Cecchinello mit ihren überlegen schnellen Aprilia anrückten.

Marco Melandri, feiert, die Fans feiern mit: Endlich ein Sieg über Katoh

Cecchinello führte die meiste Zeit über, wurde zwei Runden vor Schluß aber von Sanna abgelöst. Beim Versuch, seinen Landsmann mit einem Schlußangriff zu übertölpeln, verbremste er sich und buchte statt dem Sieg den fünften Platz. »Ich bin enttäuscht. Mein Motorrad war eine Rakete, und ich muß mich bei meinem Team für den Fahrfehler entschuldigen, der uns den Sieg gekostet hat«, ging er mit sich selbst ins Gericht.

Sanna freute sich derweil über den dritten Sieg seiner Grand Prix-Karriere. »Es war schön und schwierig, hart umkämpft und unterhaltsam«, fand er gleich vier Prädikate für den Lauf. »Als ich im Finale sah, dass Cecchinello ein Fehler unterlaufen war, gab ich erst recht Gas, um meinen Vorsprung zu verteidigen. Jetzt freue ich mich auf den zweiten Teil der Saison. Denn nachdem wir zu Saisonbeginn einen ganzen Sack voller Probleme hatten, läuft meine Maschine jetzt perfekt. In den sieben Rennen, die uns bleiben, sind noch 175 Punkte zu vergeben – es ist noch nichts entschieden«, visierte der WM-Achte gar den Titel an.

250 ccm: Hofmanns bestes Rennen

So wie bei den 125ern trumpfte Aprilia auch in der 250 ccm-Klasse auf. Tetsuya Harada erbeutete die Pole Position vor Marco Melandri, Jeremy McWilliams brauste auf Startplatz vier. Im Rennen

Katja Poensgen: Abschied von den Fans am Sachsenring - und von ihrem Team

Pokal oder Hospital: Melandri setzte im Kampf um den Sieg alles auf eine Karte

drang der Ire trotz seines frisch verschraubten Schlüsselbeinbruchs mutig an die zweite Stelle vor, ging aber in Runde acht zu Boden. »Keine Ahnung, warum. Das Vorderrad ist weggerutscht, dabei bin ich sicher nicht schneller in dieses Eck eingebogen als in den Runden zuvor«, wunderte er sich.

In der gleichen Runde stürzte auch Katohs Teamkollege Emilio Alzamora, und damit war die Frage nach dem Sieg auf einen Dreikampf zwischen Harada, Melandri und Katoh reduziert. Bis Rennmitte sah alles nach dem zweiten Saisonsieg Haradas aus. Dann aber gingen erst Melandri, kurz darauf auch Katoh zum Angriff über und drängten Harada an die dritte Stelle ab. »Wegen der höheren Temperaturen heute haben wir einen harten Hinterreifen aufgezogen, den ich im Training nicht getestet habe. Weiche Reifen sind mir grundsätzlich lieber. Von Anfang an hat dieser Reifen in den Kurven gerattert, und solange der Grip gut war, konnte ich gut damit leben. Doch als der Grip nachließ, war nichts mehr zu machen«, ärgerte sich der Japaner.

Wenige Tage vor seinem 19. Geburtstag stahl ihm Teamkollege Marco Melandri deshalb die Show. »Pokal oder Hospital«, schwor sich der Italiener, der seit Saisonbeginn schon zwei Schulterluxationen weggesteckt und trotz aller Schmerzen stets gute Leistungen gezeigt hatte.

Nachdem er seine Führung sechs Runden vor Schluß eingangs der langgezogenen Bergauf-Linkskurve zur Zielgeraden mit einem heftigen Rutscher eingebüßt hatte, kam ihm am Schluß das Glück zu Hilfe: Dank einem Bremsfehler Katohs eingangs der letzten Runde konnte Melandri wieder aufschließen, an der gleichen Stelle, an der er wenige Runden zuvor fast gestürzt war, stach er dann kaltblütig und mit gehörigem Tempoüberschuß innen in die Lücke und zwängte sich vor den staunenden Augen der Zuschauer abermals an dem Japaner vorbei. »Katoh wollte mir den Weg mit einer engeren Linie versperren, musste zu diesem

Doch nicht im Minirock: Dirk Heidolf war schneller als Katja und gewann die Wette

Wie ein wilder Stier: Carlos Checa feiert mit Biaggi den Doppelsieg

Zweck aber etwas früher bremsen. Das habe ich ausgenutzt«, strahlte Melandri, der sein Motorrad nach der Zieldurchfahrt ins Kiesbett fallen ließ, die Erde des Erzgebirges küsste, auf die Ränge kletterte und seine Fans umarmte. »Jetzt weiß Katoh, dass ich ihn auch auf trockenem Asphalt schlagen kann. Mir selbst war schon vorher klar, dass man ihn mit einem Schuß an Boshaftigkeit austricksen kann!«

Auch Klaus Nöhles hätte sich beinahe über sein bislang bestes Rennen des Jahres freuen können, rollte aber eine Runde vor Schluß wegen eines kapitalen Motorschadens aus elfter Stelle an den Streckenrand. »Top Ten wäre locker drin gewesen. Ich war schön im Fluß und habe schon gewusst, wo ich den Battaini hätte überholen konnte. Schade«, meinte er traurig.

Das blaue Band des schnellsten Deutschen ging damit wieder an Alex Hofmann, der mit Platz sieben das beste Resultat seiner Karriere erbeutete. »Mein Start war wieder nicht so gut, ich hatte viel Arbeit vor mir. Wegen der Wärme war es nicht leicht zu fahren, doch ich bin gut durchgekommen und konnte meine flotten Zeiten durchhalten. Super.«

Katja Poensgen legte sich weiter hinten im Feld mit den Wild Card-Piloten Marcel Schneider und Max Neukirchner an, wurde ab dem Zeitpunkt der ersten Überrundungen aber nervös und fiel wieder an die letzte Stelle zurück.

Ein Grund zu feiern war die Zielankunft trotzdem: Katja machte in der Auslaufrunde einen Abstecher zu den Fans und schleuderte begeistert Helm, Handschuhe und Stiefel ins Publikum. »Nach all unserem Pech im Training bin ich richtig froh, ins Ziel gekommen zu sein. Das war für mich das Wichtigste«, ließ sie wissen. »Ich muß beim Überrunden einfach lernen, weiter meinen Strich zu fahren. Das ist auch für die, die überholen, besser – denn meisten weicht man ohnehin in die falsche Richtung aus.«

Ihr Ergebnis ersparte dem an 16. Stelle platzierten Dirk Heidolf einen ungewöhnlichen Auftritt. »Falls Katja schnel-

Kein guter Tag für die Honda-Piloten: Loris Capirossi wurde am Ende Achter

Aus Pole Position in Führung: Max Biaggi vor seinem Teamkollegen Carlos Checa

Eingekeilt: Rossi im Verfolgerpulk hinter Sete Gibernau und Loris Capirossi

ler ist, laufe ich eine Woche lang im Minirock durch die Stadt«, hatte der Wild Card-Pilot vor Trainingsbeginn eine mutige Wette abgeschlossen.

500 ccm: Doktor Rossi auf der Intensivstation

In der Halbliterklasse begeisterte sich das Publikum vor allem für Valentino Rossi. Sobald der WM-Leader mit der üblichen Verspätung zum Training aus der Box fuhr, brandete auf den Rängen orkanartiger Jubel auf. Daß der WM-Leader auf dem elften Startplatz parkte, war für seine Anhänger eher das Salz in der Suppe. Schließlich galt es als Spezialität des »Doktors«, in verzweifelten Situationen am Ende doch noch das richtige Rezept zu finden.

Rossi selbst ahnte freilich schon am Samstagabend, dass der Patient diesmal auf der Intensivstation bleiben würde. »Gestern Zehnter, heute Elfter – ein echter Fortschritt«, übte er sich in Galgenhumor. »Das Motorrad ist schwerfällig bei Richtungswechseln, ich kann es am Kurveneingang nicht schnell genug auf die Ideallinie einfädeln. Wunder wie in Donington, wo ich ebenfalls als Elfter losfuhr und trotzdem gewann, kann man nicht immer erwarten.«

Die Warnung war berechtigt. Während die Gegner an der Spitze des Rennens unbehelligt davonzogen, steckte die gelbe Nastro Azzurro-Honda lange, viel zu lange in einer dichten, hart umkämpften Gruppe des Verfolgerfeldes fest.

»Dieser Grand Prix war schon ab Freitag ein einziger Leidensweg«, fasste er nach dem siebten Platz zusammen. »Auf dieser Strecke ist es von Haus aus schwer genug, zu überholen, und so widerspenstig, wie sich mein Motorrad beim Einlenken aufführte, war es fast unmöglich. Dann fing das Hinterrad an, auszukeilen. So besorgniserregend, dass ich zurückstecken musste.«

Bis auf Alex Barros als Fünfter ging die gesamte Honda-Armada unter. Loris Capirossi wurde mit heftigen Vorderradrutschern Achter, Tohru Ukawa stürzte als Zwölfer, Alex Crivillé trat wegen einer Gehirnerschütterung gar nicht an. Im Abschlusstraining war der

Injektion an Moral und Selbstvertrauen: Max Biaggi führte die Yamaha-Phalanx an

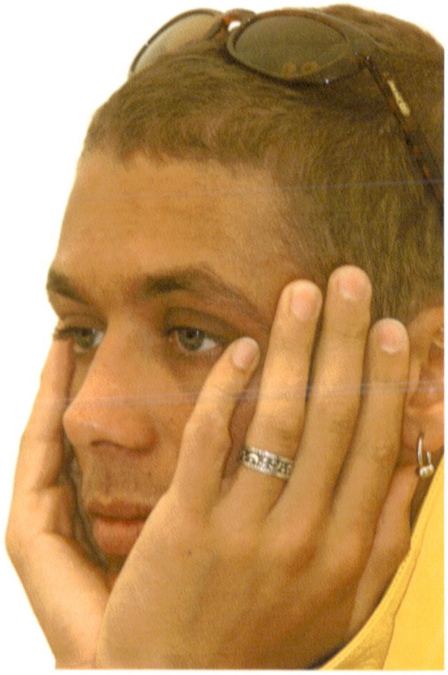

Ein einziger Leidensweg: Valentino Rossi kassierte eine schwere Niederlage

Jubiläums- aber wieder keine Siegesfeier: Kenny Roberts wurde nur Neunter

Weltmeister von 1999 in der neuen Highspeed-Passage, einer 230 km/h-Kurve nach einem steilen Bergabstück, gleich zweimal zu Boden gegangen.

Dort konnten die Honda-Piloten die sonst so allfällige Überlegenheit ihrer kraftstrotzenden Maschinen ebenso wenig ausspielen wie im unverändert gebliebenen Kurvenlabyrinth der ersten Streckensektionen. Die NSR 500 zog der Konkurrenz überall dort davon, wo die Piloten mit halb aufgerichteter Maschine Vollgas geben und die dampfwalzenartige Traktion der 200 PS-Rakete nutzen konnten.

Doch weil am Sachsenring eine Kurve übergangslos in die nächste mündete und die Fahrer ungewöhnlich lange Kurvenradien in voller Schräglage zurücklegen mußten, waren Handlingqualitäten gefragt, mit denen Honda noch nie hatte aufwarten können. So stoisch, wie die NSR 500 beim Herausbeschleunigen ihre Spur zog, blieb sie auch beim Anbremsen auf Kurs und wollte in die Kurven gezwungen werden. Daß Alex Barros und Loris Capirossi mit ihren Vorjahres-Maschinen noch am besten zurecht kamen, deutete darauf hin, dass die typischen Honda-Eigenschaften durch das modifizierte Chassis und die andere Gewichtsverteilung der neuen Werksmaschinen noch verstärkt wurden.

Daß die Yamaha fügsamer war, zeigte sich schon im Training, wo nicht weniger als sechs der YZR 500 die ersten beiden Startreihen auffüllten. »Im Vergleich zum letztjährigen Modell ist sie stabiler. Sie verhält sich vorbildlich«, meinte Max Biaggi schon nach seiner Pole Position zufrieden.

Auch im Rennen sorgten fünf Yamaha unter den ersten sechs für einen Triumphzug und, so Max Biaggi, »eine entscheidende Injektion an Moral und Selbstvertrauen für den Kampf um die Weltmeisterschaft.«

Doppelsieg der Marlboro-Werkspiloten Max Biaggi und Carlos Checa, erster Podestplatz und schnellste Rennrunde von Shinya Nakano im Tech 3-Team, Platz vier von Norick Abe, dazu die Wiedergeburt von Nakanos französischem Teamkollegen Olivier Jacque, der nach seinem Kahnbeinbruch bei Vorsaisontests als Sechster das erste brauchbare Ergebnis vorlegte – eine Bilanz, die sich sehen lassen konnte. »Ein perfektes Motorrad, ein schönes Rennen – und die richtige Antwort an alle, die nach der England-Niederlage über uns gelästert haben«, bilanzierte Max, der seinen Sieg dem 1. FC Rom widmete – ein paar Tifosi hatten dem Römer, der zu Beginn seiner sportlichen Karriere fast Profi-Fußballer geworden wäre, auf der Auslaufrunde nämlich einen Schal des Fußballclubs um den Hals gewickelt. »In Donington funktioniert unser Motorrad seit je her schlecht, im Nachhinein ist der zweite Platz dort nicht zu verachten. Für den Sachsenring scheint die Yamaha hingegen wie geschaffen. Bis auf einen gewaltigen Adrenalinstoß wegen einem Vorderradrutscher, als ich meinen Gegnern zum Rennende hin mit ein paar besonders schnellen Runden den Gnadenstoß verpassen wollte, klappte alles perfekt.«

Hatte Biaggi nach den jüngsten Rückschlägen noch bitter davon geredet, es gebe zwei Meisterschaften, eine von Rossi mit seinem nahezu unschlagbaren Supermotorrad und eine andere für den Rest der Welt, so zeigte sich nun endlich, dass Yamaha auch auf trockener Piste gewinnen konnte, sofern es nur genügend Kurven mit langen Radien gab.

Zu den Super-Schräglagen und Super-Kurvengeschwindigkeiten passte, dass die Helden des Tages aus der 250er Klasse kamen, eben jener Kategorie, in der es auf solche Qualitäten ankam. Nakano gelang gar das Kunststück, mit einem superweichen Vorderreifen auf der letzten Rennrunde einen neuen Streckenrekord hinzubrennen. »Es war eine schwierige Aufholjagd. Ich machte zu viel Druck und hatte ein paar Vorderradrutscher. Daraufhin stellte ich meinen Fahrstil um, und sofort wurden meine Rundenzeiten wieder besser.«

Der Max macht's: Nicht nur Superstar Rossi hatte seine Fangemeinde

24
REPSOL YPF
EPSILON
Telefonica MoviStar
Elías
GARIBALDI
NOLAN
HONDA
DUNLOP
Telefonica
MoviStar
EPSILON
REPSOL YPF
HONDA

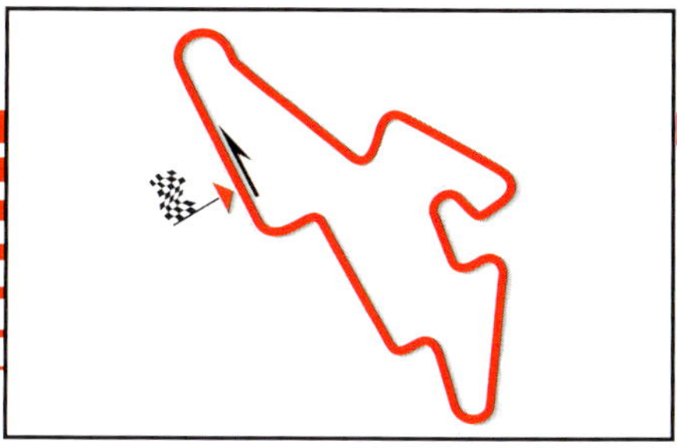

26.8.2001: Grand Prix Tschechien in Brünn

Toni Flair

Senkrechtstarter Toni Elias holte bei den 125ern Sieg und WM-Führung. Max Biaggi spürte dagegen die gelbe Gefahr im Nacken - und begrub seine Hoffnungen mit einem Sturz.

Die meisten Fahrer, Mechaniker, Manager und Funktionäre verabschiedeten sich nach dem Sachsenring-Grand Prix in eine vierwöchige Sommerpause, doch für einige der Stars ging es mit Hochdruck weiter.

So schickte Honda bei den Acht Stunden von Suzuka am ersten Augustwochenende alles ins Gefecht, was in der GP-Szene Rang und Namen hatte. Tohru Ukawa und Daijiro Katoh traten gemeinsam an und belegten Platz vier, Alex Barros fuhr mit dem anfangs des Jahres in die Superbike-WM verfrachteten Tadayuki Okada und erbeutete Platz zwei.

Das Mega-Team schlechthin bestand aus Superstar Valentino Rossi und Superbike-Weltmeister Colin Edwards, und nachdem er sich im Vorjahr mit einem Sturz ziemlich erdverbunden gezeigt hatte, trumpfte »Il Stratosferico« diesmal mit einem überzeugenden Sieg auf.

Trotz der enormen Renndistanz von 217 Runden herrschte knisternde Spannung, weil Okada und Rossi praktisch identische Rundenzeiten vorlegten. Nur ein kleiner Ausrutscher im gegnerischen Team verschaffte Rossi den entscheidenden Vorsprung. »Ein großartiges Erlebnis, ein solches Rennen mitzufahren und dann auch noch zu gewinnen« strahlte Rossi, während Edwards vom »besten Bike und besten Partner« schwärmte.

Sieg und WM-Führung: Toni Elias ließ es auch nach Rennende kräftig qualmen

Zwei Tage später stand ein weiteres Highlight auf dem Programm, denn Valentino Rossi kam in den Genuß, als erster aktueller Grand Prix-Star den Viertakt-Prototypen RC 211 V testen zu dürfen. Wegen Regenwetters schrumpfte der Einsatz allerdings auf wenige Proberunden am Nachmittag zusammen, und Rossi hielt sich mit detaillierten Aussagen danach auffallend zurück. »Wir stehen am Beginn einer neuen Ära, und es war ein bewegendes Gefühl, auf diese Weise daran teilnehmen zu können. Die Entwicklung steht erst an ihrem Anfang, doch ich spüre, dass in diesem Projekt viel Potenzial steckt.«

Beeindruckend war sicher der bullige Fünfzylinder-Viertaktmotor, der in jener Phase der Entwicklung von 1000 bis 14000/min gleichmäßig wie ein Elektromotor durchzog, satte 227 PS auf die Kurbelwelle stemmte und damit noch rund zehn Prozent unter den 250 PS und der Höchstdrehzahl von 16000/min lag, die als Entwicklungsziel avisiert war. Weniger begeisternd war das Fahrwerk: Sitzposition und Fahrzeugmasse waren so weit nach vorn gerückt, dass die Maschine keine Traktion aufbaute und selbst beim Gasgeben geradeaus unwillig mit dem Hinterrad durchdrehte. Der schlaksige Rossi saß derart deplaziert über der Verkleidungskante, dass er gar Mühe hatte, zu den Instrumenten zu schielen.

Überzeugender waren die Tests, die

Valentino Rossi: Acht-Stunden-Sieg - und dann die erste Viertakt-Ausfahrt

Motorradfahrer unter sich: Loris Capirossi mit Formel 1-Star David Coulthard

Max Biaggi und Carlos Checa mit der vergleichsweise konservativen Reihenvierzylindermaschine von Yamaha absolvierten. Obwohl der Motor von 230 auf 189 PS gedrosselt worden war und damit weniger Spitzenleistung hatte als die Zweitakt-500er, fuhren beide Piloten mühelos um rund eine Sekunde schneller als mit ihren gewohnten Motorrädern – ein Verdienst der gleichmäßigen, fein dosierbaren Beschleunigung, die auf der relativ kurzen Zielgeraden von Brünn gar zu einer im Vergleich zur YZR 500 um zehn km/h höheren Spitzengeschwindigkeit führte. Das Verblüffendste war aber, wie schonend die M1-Viertaktmaschine mit den Reifen umging: Bei der Simulation einer Renndistanz blieb Carlos Checa um satte 40 Sekunden unter jener Zeit, mit der Biaggi im Vorjahr den Halbliter-Grand Prix gewonnen hatte.

Das überzeugte Max Biaggi, der die Entwicklung des Viertakters bisher eher mit Argwohn beobachtet hatte, und mit dem Sachsenring-Sieg sowie glänzenden Zukunftsperspektiven in der Tasche kam er in einem Stimmungshoch beim Brünn-Grand Prix an, das sich in seinen Rundenzeiten widerspiegelte.

Schon am Freitag knallte der Vorjahressieger eine Bestzeit von 2:00.347 aufs Parkett und distanzierte seinen schnellsten Verfolger Loris Capirossi um eine Dreiviertelsekunde. Im Abschlusstraining verlor er allerdings zehn Minuten an der Box, weil aus seinem Motorgehäuse Öl tropfte, und konnte sich nicht weiter steigern. WM-Widersacher Valentino Rossi, am Vortag um volle 1,5 Sekunden hinter Biaggi, holte auf und verkürzte den Rückstand auf 0,15 Sekunden.

Loris Capirossi verteidigte den dritten Trainingsrang, doch am Sonntagmorgen war seine Crew weniger auf die weitere Feinabstimmung seiner Honda als auf einen besonders prominenten Stargast konzentriert: Formel 1-Star David Coulthard gab sich erstmals bei einem Motorrad-Grand Prix die Ehre, schüttelte die Hände seiner West-Kollegen Capirossi und Alex Barros und war vom Ambiente und der Action auf der Strecke begeistert. »Ich habe meine Karriere mit Moto Cross-Fahren begonnnen, sah aber schnell ein, dass mir Balance und Talent fehlten. Ich stürzte und brach mir ein paar Knochen. Daraufhin setzte ich mich in ein Auto«, gestand der McLaren-Mercedes-Pilot. »Offiziell ist mir das Motorradfahren heute zu gefährlich, aber inoffiziell besitze ich vier Stück. Für die Motorrad-GP-Piloten hege ich Respekt und Bewunderung. Ich bin beeindruckt, wie offen die Fahrer Talent, Mut und Können zur Schau stellen, statt wie wir tief in ein Rennauto geschnallt zu sein. Dass die Fahrer derart den Elementen ausgesetzt sind, macht den Speed besonders beeindruckend.«

Sympathisch, intelligent und redegewandt wusste der Schotte auch auf alle anderen Fragen die passende Antwort, etwa den Systemvergleich zwischen Formel 1 und Motorrad-GP. »Es ist kein Geheimnis, dass Motorrad-GP eine offenere, freundlichere Welt sind als die Formel 1. Trotzdem haben wir alle Glück, bei unseren Rennserien dabei sein zu können. Denn letztlich geht es nicht ums Geld. Was zählt, ist die Begeisterung – und die Vorfreude auf die Spannung im Rennen heute Nachmittag!«

Für den Neuseeländer Dave Stewart, Manager des von Bungy-Jumping-Erfin-

Der Hund bellt weiter: Sponsor Dark Dog lief zum Kurz-Yamaha-Team über

Neues Team, neues Glück: Katja Poensgen mit Leon Haslam und Brendan Clarke

der AJ Hackett gesponsorten Pulse-Teams, war das Rennfieber in Katzenjammer umgeschlagen. Nachdem der Rennstall wegen finanzieller Engpässe schon am Sachsenring auf den zweiten Fahrer Mark Willis verzichtet hatte, platzte eine Woche vor der Reise nach Brünn die letzte Hoffnung aufs Überleben in der WM. Weder ein Konsortium neuseeländischer Bank-Manager noch Medizintechnik-Unternehmer Bill Buckley konnte sich zur Überweisung ursprünglich zugesagter Gelder durchringen, Stewart warf kurzfristig das Handtuch.

Sein verbliebener Fahrer Jason Vincent erfuhr während der Anreise im Motorhome am Montagmorgen vom Bankrott, hatte aber bereits am Nachmittag einen neuen Job: Das britischeTeam Optimum, das für die letzten Europarennen sporadische Einsätze mit Wild Card-Fahrern plante, um eine neu entwickelte Zündung für ihre Yamaha 250 auszuprobieren, erhielt von der Teamvereinigung IRTA grünes Licht, mit Vincent alle restlichen sieben Grands Prix zu bestreiten.

Auch die Karriere von Katja Poensgen wurde erst ganz kurzfristig gesichert. Eine Woche vor dem Tschechien-Grand Prix unterschrieb die 24jährige Renn-Lady einen bis Ende 2002 gehenden Vertrag mit dem australischen Shell Advance-Honda-Team, zu spät, um bis zum Brünn-Grand Prix noch eine einsatzfähige 250er bereit zu stellen.

Dafür galt die Vereinbarung bis Ende 2002, die Zukunft war mithin gesichert. »Ich wäre gern schon in Brünn gefahren, eine meiner Lieblingsstrecken, die ich sehr gut kenne. Jetzt haben sich meine Sommerferien eben um zwei Wochen verlängert. Dafür aber haben wir ein richtig gutes Paket beisammen. Das Drehzahlband der Honda ist angeblich viel breiter, die Maschine also leichter zu fahren als die Aprilia. Ich freue mich darauf«, erklärte Katja, die ihre bisherige Mechaniker Stefan Kirsch und Gerd Raban mit an Bord nahm.

Mehr als ein halbes Dutzend anderer Optionen war verfallen, weil die in Frage kommenden Teams auf finanzielle Zuschüsse beharrten, Dark Dog-Manager Günther Ballweber aber mit der Bereitstellung eines Budgets zögerte.

Daraufhin erinnerte sich Papa Bert Poensgen an ein Angebot, das Ari Koivula, Direktor der Energy Drink-Konkurrenzmarke Red Devil, bereits am Sachsenring gemacht hatte, und brachte den Teufelspakt mit Shell Advance-Mann Matthias Löhning ins Rollen. »Wir planen ohnehin wieder ein 250er Team, um für Honda Entwicklungsaufgaben zu erledigen. Katjas Engagement passt perfekt dazu«, erklärte Shell Advance-Teammanager Jeff Hardwick. »Es ist die

Startplatz in der ersten Reihe - und dann ein Ausfall im Rennen: vd. Goorbergh

Steve Jenkner führte - und wurde durch den Sanna-Sturz um den Sieg gebracht

beste aller Lösungen«, ließ auch Bert Poensgen wissen. »Denn in diesem Team gibt es zwei 500er. Und da wollen wir eines Tages hin!«

Das Rätselraten um die Finanzkraft von Dark Dog ging gleichzeitig weiter: Während Racing Factory- Teamchef Dieter Theis wegen ausstehender Zahlungen alle Dark Dog-Aufkleber von Alex Hofmanns Maschine entfernt hatte, prangten sie nun auf den Maschinen des Yamaha-Teams von Hermann Kurz. »Die Hoffnung stirbt zuletzt«, philosophierte Theis und bestand darauf, von ursprünglich zugesagten 1,5 Millionen Mark seien nur 400000 tatsächlich überwiesen worden.

Während sich Hofmann durch die vierwöchige Sommerpause »eingerostet« fühlte und vor Werkspilot Klaus Nöhles Startplatz 17 erreichte, setzte sich Steve Jenkner bei den 125ern mit Trainingsplatz sechs als bester Deutscher in Szene. Weiter hinten im Feld erlebte der 17jährige Jascha Büch sein Grand Prix-Debüt. Der Ersatzfahrer des wegen Thrombosegefahr pausierenden Jarno Müller holte vor dem deutschen Wild Card-Piloten Tobias Kirmeier den 30. Startplatz und schaute sich die Ideallinie von Spitzenfahrern wie Poggiali und Sanna an. »Auf diese Weise lernt man schneller«, verwies der Schleswig-Holsteiner.

125 ccm: Jenkner Dritter

Belegte Büch im Rennen trotz eines langen Ausritts durchs Gras abermals vor dem 16jährigen Tobias Kirmeier den 24. Platz, so lief Steve Jenkner zu weltmeisterlicher Form auf. Fünf Runden vor Schluß noch an fünfter Stelle, huschte er an Lucio Cecchinello und Toni Elias vorbei auf Rang drei, überwältigte Simone Sanna und holte Platz zwei, um dann auch noch Youichi Ui dingfest zu machen und unter begeistertem Applaus der 44000 Zuschauer in Führung zu gehen.

Zwei Runden behauptete er sich an der Spitze, wurde dann wieder von Toni Elias und Simone Sanna eingefangen, hatte sich für die letzte Kurve aber die passende Antwort zurechtgelegt.. »Ich wollte einen Gang tiefer fahren als sonst und innen angreifen«, verriet er.

Doch leider machte Simone Sanna den schönen Plan durch einen Sturz zunichte. Nach seinem Sieg am Sachsenring zu weiteren Großtaten aufgelegt, kam der Italiener in der letzten Kurve der letzten Runde etwas von der Ideallinie ab, beschleunigte zu hart und baute einen Highsider.

Der Aprilia-Werkspilot klaubte seinen Scherbenhaufen zwar wieder auf und tuckerte noch als Zehnter über die Linie, war aber trotzdem so enttäuscht, dass er bei der Rückkehr an seine Box erst einmal in Tränen ausbrach. »Solche Risiken sind Teil der Sache«, meinte er, als er sich wieder gefasst hatte. »Ich fürchtete, zu spät am Zielstrich anzukommen, und wollte optimal beschleunigen. Ich hatte nicht das Gefühl, dass ich besonders hart aufdrehte.«

Gilera-Star Manuel Poggiali hatte sich bereits kurz nach Halbzeit an zehnter Stelle liegend durch einen Sturz aus dem

Geglücktes Grand Prix-Debüt: Jascha Büch vor Wild Card Tobias Kirmeier

Toni Elias führt und gewinnt: Nur an den WM-Titel dachte der 18jährige nicht

Wettbewerb verabschiedet , weshalb sich der 18jährige Elias nicht nur über den zweiten Saisonsieg, sondern auch über die WM-Führung freuen durfte. »Damit habe ich nicht gerechnet«, strahlte er. »Ich habe alles versucht, um immer in der Spitzengruppe zu bleiben. In der letzten Runde lief dann alles für mich, einschließlich dem Sanna-Crash. An den WM-Titel verschwende ich allerdings keinen Gedanken – bis zum Saisonende kann noch viel passieren.«

Lucio Cecchinello war heil und ungebremst an Sannas Unfallstelle vorbeigezischt und hatte sich Rang zwei geschnappt, doch auch Platz drei war für Steve Jenkner ein formidables Ergebnis. »Ein schönes Gefühl, das Rennen für mehr als zwei Sekunden anzuführen«, schmunzelte Stevie Wonder. »Mir war klar, dass Lucio Cecchinello und Toni Elias mich nicht so einfach gewinnen lassen würden. Wie man gesehen hat, muß ich an meiner Bremserei noch ein bißchen üben. Doch dann kann's schon mal passieren, dass wir ganz oben stehen!«

Begeistert zeigte sich auch sein Hauptsponsor, UGT-Besitzer Ralf Schindler. »Was keiner mehr glaubte, ist wahr geworden: Steve hat den Durchbruch geschafft und den nötigen Biß gefunden«, zollte er seinem Fahrer Respekt.

Diesen Biß ließ Youichi Ui im Rennen vermissen. Weil wieder einmal beinhart um jeden Meter gefightet wurde – beispielsweise langte Lokalmatador Jaroslav Hules seinem Landsmann Jakub Smrz bei voller Fahrt in den Lenker, um ihn von einem Überholmanöver abzubringen – klagte der Japaner über »dumme und gefährliche Aktionen der jungen Piloten« und gab sich mit dem vierten Platz zufrieden, obwohl Konstrukteur Harald Bartol ihn mit einem komplett neuen Motor und einem neuen Fahrwerk ausgerüstet hatte.

250 ccm: Nöhles vor Locatelli

Bei den 250ern lichtete sich das Feld dagegen frühzeitig. Während Alex Hofmann schon am Startplatz mit einem zerbrochenen Erster Gang-Rad stehenblieb, erwischte Daijiro Katoh den besten Start, wurde in Runde zwei aber von Tetsuya Harada von der Spitze verdrängt.

Meter um Meter brachte Harada nun zwischen sich und seinen Verfolger, fuhr im Lauf der Renndistanz auf fast drei Sekunden davon und bestätigte seine Trainingsbestzeit mit einem klaren Sieg. »Die Strecke hier ist schnell und flüssig, wir verlieren nirgendwo zuviel Speed, und das kommt der Aprilia entgegen. Trotzdem hatte ich nicht damit gerechnet, davonfahren zu können. Deshalb ist es ein besonders gutes Gefühl, eine Handvoll Punkte auf Katoh gut gemacht zu haben«, rieb sich der Rennveteran die Hände.

Denn nach Harada bekam es Katoh auch noch mit Marco Melandri zu tun, der sich wie schon am Sachsenring nicht lumpen ließ und das große, über die gesamte Renndistanz offene Duell gegen den japanischen Honda-Star in der letzten Runde für sich entschied. »Ich hatte harte Reifen montiert und bin in den ersten beiden Runden noch übel gerutscht. Ich hatte schon Angst, den Anschluß zu verlieren, doch der Grip wurde besser und besser. Nach sechs Runden konnte ich Katoh erstmals überholen und wollte dann zu Harada aufschließen, doch der war heute unschlagbar schnell. Statt des-

Am Startplatz war schon Feierabend: Bei Alex Hofmann brach ein Getrieberad

Katohs zweite Niederlage: Am Ende fuhr auch noch Marco Melandri vorbei

sen ging der Kampf mit Katoh weiter. Ich habe in den letzten Runden lange von hinten studiert, wo ich ihn schnappen konnte, und suchte mir eine Bremszone aus. Denn auf der Bremse war ich stärker.«

Über eine halbe Minute hinter dem Sieger buchte der spanische Aprilia-Werkspilot Fonsi Nieto Platz vier, Privatfahrer Roberto Rolfo holte einen formidablen fünften Platz. Auch Klaus Nöhles lief zu besserer Form auf, kämpfte den noch amtierenden 125-ccm-Weltmeister Roberto Locatelli nieder und wurde Elfter. »Ich bin zufrieden, ich bin ein gutes Rennen gefahren«, meinte er erleichtert. »Ich hatte einen sehr guten Start, habe sechs, sieben Plätze gut gemacht, aber in der ersten Runde prompt wieder verloren. Dann habe ich relativ schnell meinen Rhythmus gefunden, konnte gute Rundenzeiten fahren, kam aber nicht an Shahrol Yuzy vorbei, weil der extrem spät auf der Bremse ist und ich eher mit viel Kurvenspeed fahre. Es hat bis Mitte des Rennens gedauert, bis ich genug Vertrauen in das Motorrad hatte, um mich dazwischen zu pressen. Doch dann ging's Platz für Platz voran. Ich konnte selbst Locatelli überholen und ihn bis zum Schluss kontrollieren. Das war ein gutes Gefühl.«

500 ccm: Crivillé gefeuert

Einer der Spezialisten für die schnellen, flüssig ineinander übergehenden Kurvenkombinationen von Brünn hieß Max Biaggi. Schon sechsmal hatte der Römer hier gewonnen, und nach der Pole Position erwarteten sein Team, die Fans und er selbst, dass er Rossi ein weiteres Mal die Hölle heiss machen würde.

Doch diesmal hatte er die Rechnung ohne den Wirt gemacht. Rossi peitschte sich selbst und sein Team konzentriert wie noch nie durch die eigentlich verhasten Trainingstage und war so präpariert, dass er den Gegner trotz seines verhaltenen Starts von Anfang an im Auge hatte. Rossi kam zwar etwas schlechter als Biaggi vom Start weg, war aber schon ab Runde fünf auf den Fersen seines Erzrivalen, und je näher er rückte, desto absehbarer wurde Biaggis Niederlage.

Immer wieder drehte er sich nach seinem Gegner um, um den verbliebenen Vorsprung für das letzte, für Überholmanöver besonders geeignete Teilstück der Strecke abzuschätzen, immer verzweifelter versuchte er, den lästigen Gegner unter Kontrolle zu bringen, und dass Rossi nach seiner Aufholjagd nicht angriff, sondern auf zwei, drei Motorradlängen Distanz blieb und einfach abwartete, dürfte Biaggi besonders irritiert haben.

In der 13. Runde, im Scheitelpunkt einer Linkskurve, kam es dann zur Vorentscheidung in der Weltmeisterschaft, die Rossis Führung vor den letzten sechs Rennen von zehn auf 29 Punkte anschwellen ließ. Biaggis Vorderrad rutschte weg, der Lenker klappte ein, trotz einem letzten, verzweifelten Reflex, mit dem er den Ellbogen abspreizte, war das Schicksal nicht mehr aufzuhalten.

Die rote Werks-Yamaha raspelte über die Grasnarbe, und obwohl der römische

Platz zwei im Rennen - und dann die Kündigung von Honda: Alex Crivillé

Schlechter Verlierer: Roberts parkte seine voll funktionsfähige Suzuki an der Box

Kaiser danach nochmals in die Schlacht ging und auf dem Feld der Ehre den zehnten Platz rettete, hinterließ der Grand Prix von Tschechien in Brünn tiefe Kratzspuren in seiner heilen Welt. »Schon am Samstag habe ich Stellen ausgemacht, an denen Rossi schneller unterwegs war. Ich dachte, es sei keine gute Strategie, ihn überholen zu lassen, denn die Kombination von Mann und Maschine war hier wieder so stark, dass eine Gegenattacke nicht automatisch zum Erfolg geführt hätte«, wand sich Biaggi bei der Schilderung seines Fehlers. »Deshalb habe ich versucht, Rossi durch Gasgeben in Schach zu halten, bis ohne Vorwarnung das Vorderrad wegrutschte. Auf dem Podium waren am Ende drei Honda. Um vorne zu bleiben, musste ich solche Risiken eingehen. Ich habe schon nach dem Sachsenring-GP gesagt, dass es nicht leicht sein wird, mehr Pisten zu finden, die uns derart entgegenkommen.«

Nach Biaggis Sturz hatte Rossi nur noch eine Wespe zum Gegner, die sich in seinen Helm verirrte, glücklicherweise aber aufs Zustechen verzichtete. »Ein gutes Training und ein guter Start waren entscheidend, denn ich wusste, dass ich von Anfang an angreifen musste, um gegen Biaggi auf dieser Piste eine Chance zu haben. Zunächst war ich Dritter und fuhr dann mit 101 Prozent Einsatz, um ihn nicht entwischen zu lassen. Als ich Biaggis Hinterrad erreichte, hatte ich den neuen Rundenrekord in der Tasche«, schilderte Rossi seine Jagd. »Eigentlich wollte ich ihn erst am Schluß angreifen, weil ich mit verbrauchten Reifen besonders schnell fahren kann. Doch plötzlich war er weg, ich hatte sieben Sekunden Vorsprung auf den nächsten Verfolger, und von da an war alles sehr einfach.«

Der nächste Verfolger hieß Alex Crivillé, dessen Repsol-Honda das Werk mit einigen Spezialteilen auf das Niveau der Rossi-Maschine gehievt hatte, ihn am gleichen Wochenende aber auch wissen ließ, dass man an einer Zusammenarbeit über das Jahr 2001 hinaus nicht mehr interessiert war – seit seinem Weltmeistertitel 1999 hatte der mittlerweile 31jährige Spanier noch noch sporadische Erfolge zu vermelden gehabt.

Einen ähnlichen Absturz legte der Weltmeister 2000 vor, und landete in Brünn am absoluten Tiefpunkt: Zunächst zwei Runden in Führung und dann zurückgefallen, zeigte sich Kenny Roberts als miserabler Verlierer und parkte seine voll funktionsfähige Maschine an der Box, kurz nachdem ihn Tohru Ukawa auf Platz sechs verdrängt hatte.

Max Biaggi: Ein harmloser Sturz - aber tiefe Kratzer in einer heilen Welt

Marlboro
SUOMY
WWW.MAX-BIAGGI
3
Marlboro
YAMAHA
YAMAHA
YAMAHA
3
Marlboro
MOTUL
YAMAHA
MICHELIN
NGK

9.9.2001: Grand Prix Portugal in Estoril

Wer schreit, hat recht

Während Max Biaggi den zweiten Rennsturz in Folge hinlegte, verwandelte Kenny Roberts seine Kapitulation von Brünn in einen »Hilfeschrei« – und erreichte bei Suzuki eines der kühnsten Versprechen der Rennsportgeschichte.

Formel 1-Zampano Bernie Ecclestone überraschte das Grand Prix-Fahrerlager in Estoril nicht nur mit seinem Besuch, sondern auch mit zwei Runden als Sozius von Randy Mamola auf der doppelsitzigen Spezial-Yamaha YZR 500. »Ich liebe den Motorradsport, er ist eine gute Show mit guten Leuten, und die Fahrt war wirklich super, eine großartige Erfahrung«, freute er sich nach dem Parforceritt. »Ich fühlte mich mit Randy wie in Abrahams Schoß, doch angesichts der Schräglagen wundert man sich, wie das Motorrad auf der Straße bleibt. Ich saß nicht in den jüngsten doppelsitzigen Formel 1-Autos, aber ich kann mir vorstellen, dass das Motorrad noch aufregender ist, weil du die Straße ein paar Zentimeter vor deinem Gesicht vorbeiflitzen siehst.«

Mamola, der seit dem Vorjahr Prominente auf dem 285 km/h-Zweisitzer um die Grand Prix-Kurse chauffierte, räumte eine gewisse Nervosität vor dem Start ein. »Bernie ist die teuerste Fracht, die ich jemals an Bord hatte, also musste ich auf ihn aufpassen«, lachte der 13fache GP-Sieger über den reichsten Mann Englands, der seine Motorsportkarriere in den 50er Jahren mit einer Matchless in Brands Hatch begann und nun als Schlüsselfigur im Formel 1-Geschäft rund 1,5 Milliarden Mark im Jahr verdiente.

Nicht ganz so gut war die Laune im Suzuki-Team. Denn der Skandal, dass Kenny Roberts in Brünn ein voll funktionsfähiges Motorrad beleidigt an die Box gestellt hatte, zog heftige Diskussionen nach sich, bei denen sich auch seine amerikanischen Landsleute Kevin Schwantz und Wayne Rainey zu Wort meldeten. »Ich glaube, er hat insgesamt aufgegeben. Was sonst kannst du sagen, wenn jemand in einem Rennen das Handtuch wirft, in dem nichts mit dem Motorrad faul ist? Ich denke, er kam an die Box, weil sein Teamkollege Sete Gibernau drauf und dran war, an ihm vorbei zu fahren. Mit dem Titelgewinn hat er seine Sache großartig gemacht, aber jetzt scheint es, als habe er alles vergessen, und wir haben es mit einem anderen Fahrer zu tun. Sein Problem ist, dass er offensichtlich nicht fahren kann, wenn die Reifen verbraucht sind. Jeder andere kriegt es noch hin, wenn die Reifen abgenutzt sind, doch nach fünf Runden wird Kenny im Feld zurück gereicht. Man kann selbst Gibernau mit der Suzuki sliden sehen. An die Box zu fahren, ist sicherlich nicht die Antwort, und es war etwas, was mir meine ganze Karriere über nicht ein einziges Mal in den Sinn kam«, sagte Rainey.

Und Kevin Schwantz hakte nach: »Ich war überrascht und erstaunt, als ich hörte, dass er einfach so an die Box kam. Es zeigt, wie gering seine Motivation ist im Moment. Es ist, als schwenke er die weiße Flagge und gebe auf. Ich erinnere mich an drei Rennen, an denen auch ich hätte aufgeben können, doch du musst das Team, die Sponsoren und dich selbst respektieren. Die Spannung zwischen Roberts

Die harten Marlboro-Cowboys: Biaggi fährt nach seinem Rennsturz weiter - und Bernie Ecclestone traut sich auf den Zweisitzer von Randy Mamola (rechts)

Im Abseits: Kenny Roberts jr. kassierte heftige Kritik von Rainey und Schwantz

Begeisterung bei Gilera: Sieger Manuel Poggiali, Sportdirektor Claudio Verna

und Suzuki war schon beim Mugello-Grand Prix zu spüren, den ich besucht habe. Er hatte eine schlechte Einstellung, und ich denke, die Spirale hat sich seither nur noch abwärts gedreht. Was er getan hat, war sehr drastisch. Möglicherweise ist das, was passierte, nicht mehr wieder gut zumachen, doch hoffentlich wird Kenny zeigen, was für ein echter Kämpfer er ist!«

Rossis Cheftechniker Jerry Burgess vermutete, Roberts tue »der Hintern weh von den Tritten, die ihm sein Vater verpasst hat«, weil auch der charismatische Kenny senior während seiner Karriere nie im Traum ans Aufgeben gedacht hatte. Was genau er seinem Sohnemann erzählte, ist nicht überliefert, doch traf Kenny junior relativ kleinlaut in Estoril ein und lud sein Team zur Besänftigung am Donnerstagabend erst einmal zu einem Dinner ein.

Dann ließ er eine Presseerklärung veröffentlichen, in der er seine Aktion als einen »cry for help« darstellte. Das Erstaunlichste war freilich die Antwort, die dieser »Hilfeschrei« nach sich zog: Sadayuki Inobe, Direktor und Generalmanager von Suzuki, schrieb seinen Fahrern einen Brief mit einem der ehrgeizigsten Versprechen der Rennsportgeschichte: Er habe seine Rennabteilung instruiert, die Grand Prix-Motorräder 2002 hätten konkurrenzfähiger zu sein als die Motorräder von Honda oder Yamaha, mit zwei oder vier Takten. Kenny Roberts sonnte sich in der Hoffnung, im nächsten Jahr auf Suzuki den WM-Titel zurückzuholen, der schlaue Sete Gibernau veröffentlichte gleich den gesamten Brief – um Suzuki im Falle des Scheiterns ebenso öffentlich an den Pranger stellen zu können.

Für Katja Poensgen hatte die Zukunft dagegen bereits begonnen. Ohne die ur-

Immer noch Schmerzen: Shinya Nakano litt unter der Handverletzung von Brünn

Der beste Start: Elias führte, wurde dann aber von Ui und Poggiali überrumpelt

Im Doppelpack: Noch liegt Ui vorn - doch Poggiali bereitet den Angriff vor

sprünglich geplanten Vorbereitungsfahrten schwang sie sich zum Beginn des GP-Trainings erstmals in den Sattel ihrer Shell Advance-Honda, fand sich aber schnell an ihrem neuen Arbeitsplatz zurecht und schaffte trotz eines Ausrutschers die Qualifikation. »Ich war von Donnerstag auf Freitag ziemlich nervös, habe sehr schlecht geschlafen und bin immer wieder aufgewacht, weil ich nicht wußte, was auf mich zukommt mit der Honda. Doch schon beim ersten Rausfahren merkte ich: Die Gänge rasten leichter ein, der Motor zieht schöner durch – insgesamt ist die Honda viel leichter zu fahren als meine Aprilia«, berichtete sie erleichtert. »Beim alten Motorrad habe ich oft mal den Gang nicht richtig reingekriegt. Mit der Honda kann ich sogar in der Kurve, in Schräglage schalten, ohne dass sich irgendwas bewegt am Motorrad. Sie ist nicht so kraftvoll wie die Aprilia, dank ihrer Handlichkeit aber einfacher durch die Kurve zu bringen.«

Die Weichen für die Zukunft wurden auch im 125 ccm-Team der spanischen Traditionsfirma Derbi gestellt: Giampiero Sacchi, Manager der Firma Derbi Racing Development, und Konstrukteur Harald Bartol, einigten sich mit Derbi auf eine Fortsetzung der Zusammenarbeit für weitere zwei Jahre.

125 ccm: Bartols Standpauke

Gleichzeitig ging Harald Bartol mit seinen Stars ins Gericht. »Es kann nicht angehen, dass ich fünf Wochen Tag und Nacht arbeite, um einen neuen Motor fertigzustellen, bloß damit du nach der er-

Duell der Tschechen: Jakub Smrz hält Jaroslav Hules in Schach und wird Sechster

Aufsitzen und sich wohlfühlen: Honda-Pilotin Katja Poensgen (vor Klaus Nöhles)

sten Feindberührung mit Toni Elias das Genick einziehst«, stellte er Youichi Ui zur Rede, der in Brünn einen blassen vierten Platz zustande gebracht und sich über die aggressive Fahrweise seiner Kollegen ausgelassen hatte.

Dann nahm er sich Uis Teamkollegen Pablo Nieto zur Brust und erinnerte ihn an das große Erbe seines Vaters, des 13fachen Weltmeisters Angel Nieto. »Dein Vater war aus dem gleichen Holz geschnitzt wie Elias«, knurrte Bartol. »Als wir in der gleichen Klasse gefahren sind, hat er mich dreimal gerammt, beim vierten Mal habe ich mich revanchiert, und plötzlich lag er in der Wiese. Daraufhin waren wir zehn Jahre lang die allerbesten Freunde!«

Die Standpauke wirkte. Während sich Pablo Nieto im Rennen trotz eines schweren Schnupfens von einem mageren 20. Startplatz nach vorn kämpfte, dann aber wegen eines Motordefekts ausfiel, dominierten Youichi Ui und sein verkappter Teamkollege Manuel Poggiali auf der baugleichen Gilera die Konkurrenz nach Belieben. Ui holte sich die Freitagsbestzeit und wurde am Samstag knapp von Poggiali von der Pole Position verdrängt, wobei sie den drittschnellsten Toni Elias um jeweils über eine halbe Sekunde abhängten.

Im Rennen herrschte schnell das gleiche Bild. Elias erwischte zwar den besten Start und kehrte als Spitzenreiter aus der ersten Runde zurück, wurde dann aber von Ui, zwei Runden später auch von Poggiali, überrumpelt.

Nur noch einmal, zu Rennmitte, konnte sich Elias kurz an die zweite Stelle schieben, verlor aber im weiteren Verlauf den Anschluß und querte am Ende mit acht Sekunden Rückstand auf Poggiali und Ui als Dritter die Ziellinie, wobei er noch alle Hände voll zu tun hatte, den wild angreifenden Aprilia-Werkspiloten Simone Sanna auf Distanz zu halten. »Das war das bislang härteste Rennen der Saison«, schilderte Elias. »Wir hatten das ganze Wochenende über Motorprobleme. Deshalb war meine einzige Chance, vom Start weg das Maximum zu geben. Ich versuchte mit allen Mitteln, Ui und Poggiali zu halten, bis meine Reifen verbraucht waren. Immerhin bin ich noch WM-Leader!«

Zwischen Ui und Poggiali ging der Kampf um den Sieg bis zum Schluß mit unverminderter Härte weiter. Noch in der letzten Runde wechselten die beiden mehrmals die Positionen, am Schluß gelang es Poggiali, sein Vorderrad um wenige Handbreit, oder genau elf Tausendstelsekunden, vor Ui als Erster über die Linie zu schieben. »Die letzte Kurve brachte die Entscheidung, denn dort war ich schneller als Ui«, jubelte der Italiener. »Ich habe dort voll reingehalten und bin deshalb auch mit genügend

Der schnelle Privatfahrer: Rolfo quetscht sich an McWilliams vorbei auf Platz vier

Schwung aus diesem Eck gekommen, um auch am Zielstrich vorne zu sein. Das ist ein besonders wichtiger Sieg nach meinem Sturz in Brünn, wo ich auch nicht besonders gut gefahren bin. Dank des neuen Motorrads fühle ich mich ruhig und zuversichtlich, weil ich jetzt locker fahren und angreifen kann, was mir am besten liegt. 13 WM-Punkte aufzuholen, ist keine Welt!«

Der geschlagene Ui sprach von einem harten, komplizierten Rennen. »Ich ahnte, was passieren würde, wenn ich mich auf ein solches Finale einließ. Doch ich musste die Führungsarbeit leisten, denn immer wenn Poggiali nach vorn ging, rückte Elias wieder näher«, schilderte Ui. »Als Elias zurückfiel, versuchte ich, noch eins drauf zu legen und Poggiali abzuschütteln, doch dann haben meine Reifen stark nachgelassen. Deshalb hat mich Poggiali im Endspurt erwischt.«

Der tapfere Sachse Steve Jenkner hatte diesmal keine Chance, in den Kampf um die Podestplätze einzugreifen, sondern scheiterte an elfter Stelle mit einem Elektrikdefekt . »Mein Start war nicht so schlecht, doch in der ersten Kurve bin ich durch einen Rempler weit rausgekommen. Danach ging es schnell wieder vorwärts, ich hatte ein gutes Gefühl,

Hofmann (66) verpaßte des Ziel - seinen elften Platz übernahm Klaus Nöhles (12)

und hätte um den fünften, sechsten Platz sicher mitfahren können. Dann fing mein Motorrad an zu stottern, drei Runden später ging es ganz aus«, berichtete er.

250 ccm: Nöhles' Familienglück

Auch 250 ccm-Privatfahrer Alex Hofmann verpasste das Ziel. In Brünn wegen eines gebrochenen Getrieberades am Start stehen geblieben, baute er diesmal den ersten Rennsturz der Saison. »Ich war recht gut nach vorn gekommen, mir fehlte auf Roberto Rolfo und Fonsi Nieto nur noch eine Sekunde. Dann wählte ich in einer Zweiter-Gang-Kurve eine andere Linie, geriet auf eine Bodenwelle, die ich nicht kannte, und über die ist mir das Vorderrad weggerutscht«, bedauerte er.

Seinen elften Platz übernahm Werkspilot Klaus Nöhles. »Ich hatte einen Super-Start, ich glaube, das haben wir jetzt wirklich im Griff, wir haben richtig Plätze gut gemacht«, freute er sich. »Ich konnte mich in der ersten Runde auch recht gut durchsetzen, habe aber das Pech gehabt, dass ich immer direkt dahinter war, wenn Leute vor mir gestürzt sind. Zu Rennmitte konnte ich trotzdem ein recht hohes Tempo gehen.«

Teil seiner guten Laune war auch privatem Glück zu verdanken: Am Dienstag vor dem Portugal-Grand Prix hatte seine Freundin Dani einen gesunden Sohn namens Merlin Cedric zur Welt gebracht. »Er ist sehr umgänglich, ruhig und verschmust, und man kann ihn gut knuddeln und drücken. Was ein solcher kleiner Junior einem gibt, kann man nicht in Worte packen!« kicherte Nöhles begeistert.

Von Katja Poensgen nervös gemacht: Cesar Barros hielt dem Druck nicht stand

Auch Katja Poensgen war »total happy« nach einem Rennen, bei dem sie 20. wurde und ihren Paradegegner Cesar Barros so einschüchterte, dass der Brasilianer sechs Runden vor Schluß noch umkippte. »Dem Barros ist das Vorderrad weggerutscht, wahrscheinlich habe ich ihn nervös gemacht«, strahlte sie. »Es war ein hartes, aber gutes Rennen. Erst als ich überrundet worden bin, bin ich wieder etwas nervös geworden!«

Der erste, der von hinten mit Volldampf anrückte, war Daijiro Katoh. Anschließend verstrichen fast 17 Sekunden, bis der zweitplatzierte Marco Melandri zum Überholen setzte, und dann klaffte nochmals eine Lücke von zehn Sekunden, bis endlich auch Tetsuya Harada auf Platz drei zur Stelle war. »Ich hatte den gleichen Hinterradreifen drauf wie im Training und im Warm-Up heute morgen, doch im Rennen hatte er viel zu wenig Grip. Ich rutschte ständig und konnte auch deshalb nicht mit Marco und

Katoh mithalten, weil das Motorrad stark ratterte – ein Problem, das wir im Training nicht hatten«, analysierte Harada seine Niederlage.

Marco Melandri nahm seinen zweiten Platz hingegen auf die leichte Schulter. »Ich hatte einen guten Start und versuchte, meine Führung zu verteidigen, weil ich ahnte, dass Katoh viel schneller fahren würde, wenn er es erst einmal geschafft hatte, an mir vorbei zu kommen. Und tatsächlich: Als er mich erwischt hatte, war er nicht mehr zu halten.«

Katohs wendige, durchzugsstarke Werks-Honda war für die bucklige, mit einer extrem engen Bergauf-Schikane gespickten Estoril-Piste hingegen die ideale Wahl. Bis zur siebten Runde hinter Melandri, presste er sich vorbei und zog unwiderstehlich davon. »Auf den Geraden waren die Aprilia schneller, deshalb bremste ich vor den Kurven so spät und hart ich nur konnte«, schilderte Katoh.

Sein Teamkollege Emilio Alzamora teilte die Siegesfreude nicht: In der sechsten Runde rutschte ihm an vierter Stelle liegend das Vorderrad weg.

500 ccm: Ukawas Doppel-Sturz

Die Halbliterpiloten erreichten das Ende der Startgeraden von Estoril mit Tempo 200 und zwängten sich dann durch eine Erster-Gang-Kurve.

Das führte im Startgetümmel zum Gemetzel: Kenny Roberts berührte Carlos Checa, der krachte in Sete Gibernau und riß dessen Hydraulikschlauch von der hinteren Bremszange. Tohru Ukawa touchierte Norick Abe und riß seinen Landsmann mit ins Verderben, Alex Barros traf

Blitzstarter Max Biaggi kam heil durch - doch im Pulk kam es zum Gemetzel:

Abes umhertrudelnde, in Flammen aufgehende Maschine frontal und stürzte ebenfalls. Alex Crivillé gelang es zwar, dem stürzenden Norick Abe auszuweichen, torpedierte Gibernau dabei aber ein zweites Mal und musste von der Piste. Zum Schaden auch noch den Spott hatte Ukawa: Nach seinem ersten Sturz ehrgeizig wieder aufgesprungen, landete der Japaner in der nächsten Kurve prompt

Der unerwartete Sieg: Valentino Rossi hatte bis zum Warm Up Zweifel

erneut im Gras – bei der ersten Havarie war das vordere Bremssystem zerschellt.

Max Biaggi war heil durchgekommen und führte das Rennen zwei Runden lang an, doch auf den Römer wartete das dicke Ende am Schluss. Nicht genug, dass er seinen Rivalen Valentino Rossi zum siebten Saisonsieg davonziehen lassen musste, erlebte er sechs Runden vor dem Ziel auch noch den zweiten Rennsturz hintereinander. »Tempo, Schräglage und Federweg waren identisch mit den vorhergegangenen Runden, trotzdem ist das Vorderrad weggerutscht. Es zeigt sich: Wir können im Training, ein, zwei perfekte Runden vorlegen, den Speed aber

Freude über Platz drei: Garry McCoys erster Podestplatz seit dem Saisonauftakt

nicht im Rennen durchhalten«, analysierte Biaggi, der seine Yamaha tapfer aus dem Kiesbett fischte und noch Platz fünf rettete. »Für den Rest sprechen die Tatsachen: Meinem Motorrad fehlen zehn km/h Topspeed auf Rossi und Capirossi, Vorjahressieger McCoy hat auf dem dritten Platz ganze 14 Sekunden eingebüßt.«

Dabei hatte Rossi vor dem Rennen keineswegs mit einem Sieg gerechnet und auf die Vorsaisontests hingewiesen, bei denen Biaggi um eine volle Sekunde schneller gewesen war. Während Biaggi zur Trainingsbestzeit stürmte, schuftete das Rossi-Team noch am Sonntagmorgen an der Abstimmung, leistete aber ganze Arbeit. »Mir fiel schon im Warm-Up angenehm auf, wie schnell ich plötzlich fahren konnte. Normalerweise bin ich mit vollem Benzintank ja nicht besonders schnell, doch diesmal ging alles wie von selbst, und ich ging schon in Runde drei in Führung. Daß Biaggi gestürzt war, wurde mir erst nach dem Rennen bewusst. Mir war aber schon vorher klar, dass er nicht mehr an dritter Stelle fuhr – denn ich schielte zu einem der Riesenbildschirme am Streckenrand und sah ihn nicht mehr.«

Unauffällig blieb auch die Leistung von Kenny Roberts. Nach Platz elf im Training hielt er diesmal die Renndistanz durch und holte Rang sechs, vermerkte aber, er hätte sich angestrengt wie für einen Sieg. »Wir müssen in jeder Kurve eine Zehntelsekunde holen, wenn wir mithalten wollen«, gab er die Losung aus.

Alarmzeichen für Biaggi: Vorjahressieger McCoy hatte 14 Sekunden Rückstand

CINZANO

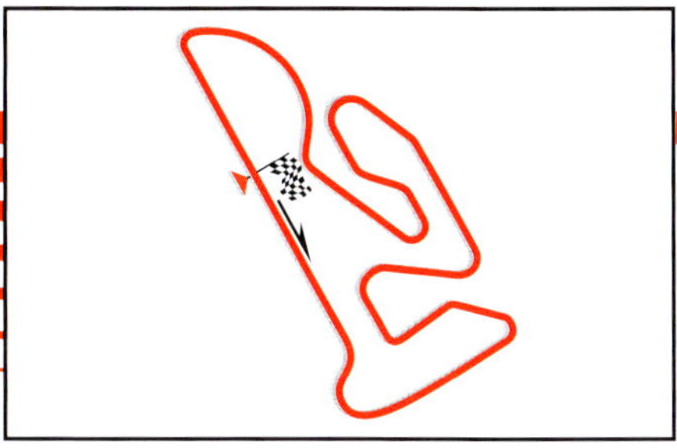

23.9.2001: Grand Prix Valencia/E

Die Wette von Sete

Suzuki-Pilot Sete Gibernau wettete trotz nasser Piste auf reinrassige Slicks – und feierte vor 120000 begeisterten Fans in Valencia seinen ersten Grand Prix-Sieg.

Was die Spatzen schon seit dem Portugal-Grand Prix von den Dächern pfiffen, bestätigte sich am Donnerstagabend vor Trainingsbeginn in Valencia: Klaus Nöhles wurde gefeuert.

»Keine Resultate«, begründete Aprilia-Renndirektor Jan Witteveen, warum der vermeintliche Ralf Waldmann-Nachfolger, der nach seinen Erfolgen auf dem Production Racer 2000 einen Zwei-Jahres-Vertrag als Werksfahrer unterschrieben hatte, nicht einmal mehr auf die letzten vier Übersee-Rennen seiner ersten Saison mitgenommen wurde. »Das letzte Jahr war positiv. Doch dieses Jahr sehen wir einen anderen Fahrer, der sich mit einem besseren Motorrad anstrengen muß, die gleichen Zeiten wie letztes Jahr zu fahren«, erklärte Witteveen. »Wir haben ihn das ganze Jahr über, im Guten wie im Bösen, aufzumuntern versucht, doch nichts hat geholfen. Schon nach vier, fünf Rennen wurden die Sponsoren lästig und haben einen Wechsel gefordert. Statt dessen nahmen wir Jeremy McWilliams ins Team, um Nöhles technische Hilfe zu geben, damit er sich beim Fahren was abschauen konnte, und um Ergebnisse zu erzielen. Nachdem auch das keine Änderung ergab, hatte es keinen Sinn, weiter zu machen.«

Doch weil Nöhles in den letzten Rennen besser in Schwung kam, sein Aufwärtstrend die Entscheidung aber nicht mehr abwenden konnte, vermutete Nöhles-Manager Thomas Reister »ein Bauernopfer«, mit dem Aprilia Geld sparen und eine lästige Verpflichtung los werden wollte - zumal der avisierte italienische Ersatzfahrer Diego Giugovaz von seinem Edo-Yamaha-Team wegen Erfolglosigkeit gefeuert wurde und kaum für bessere Resultate in Betracht kam.

Wer wagt, gewinnt: Dank seiner Slicks brauste Sete Gibernau zum Heimsieg

Statt zu der einvernehmlichen Trennung nach Rennende, die Reister und Witteveen am späten Donnerstagabend telefonisch vereinbarten, kam es am Freitagvormittag zum Eklat. Denn während Nöhles die schriftliche Vertragsauflösung von seinem Anwalt in Deutschland prüfen ließ, wurde Teamchef Dieter Stappert von Witteveen angewiesen, Klaus Nöhles nicht aufs Motorrad steigen zu lassen, bevor das Papier nicht unterschrieben vorliege.

Nöhles war zu diesem Zeitpunkt bereits zum freien Training auf der Strecke und wurde nach zwei Runden an die Box zurückzitiert und durch Motorradentzug unter Druck gesetzt – ein völlig unnötiges Säbelrasseln.

Nach dieser Demütigung war der 24jährige den Tränen näher als der Pole Position – und stellte seine Werks-Aprilia nach fünf unlustigen Runden am Nachmittag für immer ab. »Aprilia hat die zehn Minuten nicht warten können, um die das unterschriebene Schreiben zu spät vorlag, und mich nach zwei Runden aus dem freien Training geholt. Ich bin schockiert, dass die Jungs so eine harte Gangart an den Tag legen. Nach diesem Tiefschlag war an konzentriertes Weiterfahren nicht zu denken«, erklärte Nöhles.

Krisengespräch: Der entlassene Klaus Nöhles mit Manager Thomas Reister

Mit drei dabei: Spaniens junge 125 ccm-Helden Elias, Olivé und Pedrosa (v.l.)

»Ich kann verstehen, dass Aprilia vom Mangel an Erfolgen enttäuscht ist. Da ist keiner zufrieden, am wenigsten ich selbst. Doch dass man einen Fahrer, den man zwei Jahre lang aufbauen wollte, mitten in der ersten Saison rauswirft, obwohl er alle Rennen in die Punkte gefahren ist, sofern das Motorrad gehalten hat, da habe ich überhaupt gar kein Verständnis dafür. Ich kann mir nur vorstellen, dass Aprilia Geld sparen will. Ich weiss nicht, was sonst dahinter stecken soll. Es macht keinen Sinn, mich mitten in der Saison rauszutreten.«

Den Kopf steckte Nöhles trotz des Tiefschlags nicht in den Sand. »Das wird mich nur noch mehr anspornen, im nächsten Jahr zu beweisen, dass ich's doch kann«, meinte er kämpferisch. »Falls ich bei den 250ern keine anständige Lösung finde, kann ich bei den 125ern zur alten Stärke und zur eigenen Motivation zurückfinden, um dann mit dem nötigen Aufwind und finanziellen Background den Wiederaufstieg zu planen. Alzamora und Locatelli haben dasselbe Spiel gemacht, sind zurückgegangen und haben bei den 125ern große Erfolge eingefahren – und kommen jetzt bei den 250ern besser zurecht als im ersten Versuch.«

125 ccm: Podest für Pedrosa

Mochten die 125er auch nur die Hälfte an PS haben, so boten sie doch doppelt so

Witteveen über Nöhles: Keine Resultate

viel Spannung wie die 250er Klasse. Zehn Fahrer hingen noch in der letzten Kurve zusammen wie ein wütender Wespenschwarm, aus dem urplötzlich Gilera-Star Manuel Poggiali zustach und Lokalmatador Toni Elias den Sieg wegschnappte – passend zu der Vertragsverlängerung für weitere zwei Jahre, die Poggiali am glei-

Jetzt geht's aufwärts: Jacque holte nur Startplatz 14 - aber Rang fünf im Rennen

Manuel Poggiali:Sieg - und ein neuerVertrag mit Gilera-Sportchef Claudio Verna

chen Wochenende unterschrieben hatte. »Ein wichtiger Sieg", atmete er auf. »Ich fuhr aus der dritten Reihe los und rechnete deshalb kaum mit einem solchen Erfolg. Ich bin nach mäßigem Start aber zügig nach vorn gekommen."

Elias, am Vortag souverän Trainingsschnellster, hatte einen guten Teil des Rennens kontrolliert, wurde aber von Simone Sanna behindert, der sich im Endspurt wieder einmal zuviel zugemutet hatte und auf Rang sechs abrutschte. »Ich hatte den Sieg schon in Händen, verlor ihn aber in kaum einem Atemzug«, trauerte der 18jährige Spanier. »Es war ein hartes, schwieriges Rennen, weil die Gruppe die ganze Zeit über zusammenblieb und der kleinste Fehler ein Abrutschen um ein halbes Dutzend Positionen bedeutete. Jetzt habe ich nur noch acht Punkte Vorsprung in der WM-Tabelle, und in den verbleibenden Rennen kann alles passieren. Immerhin war es insgesamt ein guter Tag für mein Team.«

Denn hinter Elias erbeutete der 15jährige Daniel Pedrosa sensationell den dritten Platz auf dem Podest. »Ich weiß gar nicht, was ich sagen soll«, stotterte er in seiner ersten Pressekonferenz. »Das erste, was mir durch den Kopf geht, sind meine Eltern, meine Familie, Alberto Puig, die Mechaniker, die Sponsoren, alle Leute eben, die an mich geglaubt haben. In der letzten Kurve hat sich Ui vertan, und ich habe die Lücke genützt. Die Kurven boten ohnehin die einzige Chance – auf den Geraden kam ich an keinem der anderen vorbei!«

Für fünf prachtvolle Runden hatte auch Steve Jenkner den süßen Duft seines ersten GP-Siegs in der Nase, wurde in den letzten Runden aber doch wieder auf

Toni Elias war der große Favorit - doch dann kam ihm Sanna (16) in die Quere

Den süßen Duft des Sieges in der Nase: Steve Jenkner führte fünf Runden lang

Gedränge im Verfolgerpulk: Masao Azuma (4) landete auf Rang 13

den siebten Rang abgedrängt. »Ich habe mich überholen lassen, um nicht die ganze Führungsarbeit allein zu machen«, schilderte der Aprilia-Werkspilot. »Dann wurde der Kampf immer härter, ich hatte Rutscher, und am Ende lief es unglücklich. Doch das hält mich nicht davon ab, es das nächste Mal wieder zu probieren!«

250 ccm: Fonsis Glückstag

Ganz nach dem Geschmack der Spanier verlief auch das Rennen der 250er. Angel Nietos Neffe Fonsi torpedierte zwar zunächst seinen Aprilia-Markengefährten Marco Melandri aus dem Sattel, behielt aber selbst die Balance und war Dritter, als der Lauf wegen eines Regenschauers unterbrochen wurde.

Im zweiten Teil reichte ihm ein vergleichsweise konservativer vierter Rang hinter Emilio Alzamora, um seinen ersten Grand Prix-Podestplatz feiern und die Zündschnüre einiger Böllergarben in Brand setzen zu können. »Endlich hat es geklappt – der glücklichste Tag meines Lebens«, atmete Fonsi auf. »Im ersten Teil war ich wegen des Handgemenges mit Melandri so gut wie am Boden, Harada und Katoh hauten an der Spitze ab, und dann wurde das Rennen abgebrochen. Im zweiten Teil fuhr ich mit kontrolliertem Tempo vor Jeremy McWilliams, habe aber wieder Druck gemacht, als mir Emilio Alzamora an dritter Stelle signalisiert wurde. Auf diese Weise habe ich Rang drei in der Addition gerettet.«

Alzamora nahm seinen vierten Platz beim Heimspiel gelassen hin. »Ich habe mich das ganze Wochenende über mit Fieber und einer Halsentzündung abgeplagt. Heute morgen habe ich schon an einen Startverzicht gedacht. Doktor Costa hat mir daraufhin ein sehr starkes Antibiotikum verpasst, das mich wieder halbwegs in Schwung brachte. Deshalb ist Rang vier wie ein Sieg für mich«, beschloss der 125 ccm-Exweltmeister. »Im ersten Lauf bin ich schlecht gestartet, deshalb war die Unterbrechung eine willkommene Chance für einen Neuanfang. Erst sieben, acht Runden vor Schluß begann ich mich wieder richtig elend zu fühlen, daraufhin war es schwer, das Tempo zu halten.«

Aprilia-Star Tetsuya Harada kämpfte in der Schlussphase mit nachlassendem Reifengrip. »Mit neuen Reifen hat das Motorrad gut funktioniert, doch sowie die Haftung nachließ, blieb das Motorrad nicht mehr auf der optimalen, engen Spur«, berichtete der Japaner. »Deshalb bin ich mit dem zweiten Platz einigermaßen zufrieden – diese Strecke behagt mir sowieso nicht.«

15 Jahre - und schon aufs Podest: Daniel Pedrosa glückte die große Sensation

Mit Halsschmerzen auf Platz vier: Emilio Alzamora dachte sogar an Startverzicht

Unglücklich dagegen sein von Fonsi Nieto abgeschossener Teamkollege Marco Melandri. »Ich spürte einen plötzlichen Stoß und dachte noch an einen Kolbenklemmer oder ein kaputtes Getriebe, als ich bereits da lag«, schilderte der Italiener. »Schade, denn ich hätte gewinnen können. Ich war auf einer Aufholjagd, nachdem ich in der ersten Runde geradeaus gefahren war, und überholte Nieto. Dabei war ich etwas zu schnell,

Katoh (links) gewann - doch Fonsi Nieto (Mitte) war der Held des Publikums

kam von der richtigen Linie ab und zog wieder herein. Vielleicht war das schuld an unserer Kollision, doch immerhin lag ich vorn.«

Weil Melandri früh scheiterte, sonnte sich Daijiro Katoh abermals in einem klaren Sieg. »Im ersten Teil war es keineswegs einfach, weil ich zwar in Führung gehen konnte, Harada aber stets an meinem Hinterrad hatte. Als die ersten Regentropfen fielen, drehte ich mich um, sah, wie Harada die Hand hob, und tat das Gleiche. Beim zweiten Start war Harada abermals vor mir und drehte gewaltig auf. Doch am Schluß habe ich ihn ein zweites Mal erwischt!«

Alex Hofmann wurde elf Runden vor Schluß aller Chancen beraubt: Eine Zündkerze gab den Geist auf.

500 ccm: Biaggis verpasste Chance

Seit Brünn fuhr Sete Gibernau einen »Screamer«-Motor mit 180 Grad Zünd-

Start der 250 ccm-Klasse: Harada führt, wird aber bereits von Katoh bedrängt

abstand zwischen den Zylinderpaaren, der nach Meinung des Spaniers besser am Gas hing als der 90 Grad-Big Bang, dem Kenny Roberts wegen geringerer Vibrationen die Treue hielt. Als nächste Stufe der Weiterentwicklung lieferte Su-

Fonsis Feierstunde: Der Aprilia-Star fuhr aus dem Schatten des berühmten Onkels

Zum Gedenken an die Terroropfer in den USA: Schweigeminute vor dem Start

zuki für den Valencia-Grand Prix neue Verkleidungen mit zentralem Lufteinlaß für die Airbox geliefert, die den japanischen Technikern zufolge vier km/h an Topspeed bringen sollten.

Und endlich feierte das gedemütigte Werksteam denn auch den langersehnten Erfolg. Beim letzten Europa-Rennen fuhr der noch amtierende Weltmeister erstmals in diesem Jahr aufs Podest, wo er seinem Teamkollegen Gibernau zum größten Triumph seiner Karriere gratulieren konnte. Vor 120000 tobenden Fans, die ganze Gewitter von Feuerwerkskörpern abbrannten und die Arena mit dicken Rauchschwaden einhüllten, gewann der Enkel von Bultaco-Firmengründer Ignacio Bultó seinen ersten Grand Prix, küsste sein Motorrad ab und rammte voller Begeisterung die spanische Flagge in die heimische Erde.

Freilich hatte der Durchbruch weniger mit den jüngsten technischen Errungenschaften denn mit den Launen des Wetters zu tun. Nach Ende des 250er Rennens war abermals ein kurzer, aber ergiebiger Regenschauer über der Ricardo Tormo-Strecke niedergegangen und hatte den Fahrern heftiges Kopfzerbrechen über die richtige Reifenwahl beschert. Während die meisten Halbliter-Stars auf die Startaufstellung verzichteten und in der Boxengasse über Mischungen und Profile nachgrübelten, reihten sich die Funktionäre zu einer Schweigeminute auf, um Respekt und Solidarität mit den Opfern und Betroffenen der Terroranschläge vom 11. September in New York zu demonstrieren.

Sieg vor 120000 spanischer Fans: Sete Gibernau feiert seinen größten Triumph

Die Suzuki-Piloten wetteten derweil auf reinrassige Slicks, bewahrten in einem absurden Sturzchaos der ersten Runden vorsichtig die Balance, drehten bei abtrocknender Strecke jedoch immer kühner auf und spielten ihren Vorteil zum Schluß nach Herzenslust aus. Nur Regenspezialist Alex Barros konnte sich mit seiner Kombination aus Hinterrad-Slick und Intermediate-Vorderreifen zwischen die Suzuki-Piloten schieben.

Die Sturzeskapaden der ersten Runden: Aoki (oben), Cardoso und Haga (unten)

Regenspezialist Barros hielt mit und schob sich zwischen die Suzuki-Stars

Die beiden großen WM-Rivalen waren einer mutigen Reifenwahl für trockene Verhältnisse aus dem Weg gegangen. Um seine WM-Führung besorgt, setzte Valentino Rossi konservativ auf einen Intermediate vorne und handgeschnittenen Slick hinten, was ihm eine frühe Führung, am Ende aber doch eine klare Niederlage mit dem elften Platz einbrachte. »So eine Riesenanstrengung für eine so winzige Ausbeute", klagte der Honda-Star. »Nach dem Brünn-Grand Prix haben wir hier ausführlich getestet und fanden ein wirklich optimales Set-Up. Doch der Regen hat alles ruiniert."

Max Biaggi konnte diese Chance nicht nutzen. Der Römer überholte Rossi zwar kurz vor Rennende, machte aber nur ein mageres Pünktchen in der Tabelle gut. Mit einem Intermediate vorn und einem Hinterradslick, dem die Techniker mit der Rasierklinge auf der rechten Flanke einige sparsame Schnitte beigebracht hatten, war Biaggi zwar etwas mehr auf Angriff eingestellt und besser besohlt als sein Erzfeind.

Doch dass Loris Capirossi gleich zweimal, einmal in der Aufwärmrunde, dann in der ersten Kurve des Rennens vor ihm zu Boden ging und eine Runde später auch noch Cardoso und Haga vor seiner Nase ausrutschten, schüchterte den Yamaha-Star nach den eigenen jüngsten Sturzeskapaden zu sehr ein. »Wer rechtzeitig, in den ersten gefährlichen Runden, viel riskierte, wurde belohnt. Allerdings hatte im Titelkampf keiner von denen da vorn was zu verlieren«, brummte Biaggi nach Platz zehn.

Regenspezialist Barros hielt mit und schob sich zwischen die Suzuki-Stars

Endlich ein Lichtblick: Kenny Roberts fährt in Gibernaus Sog vorne mit

HONDA
SHOWA
HONDA
NGK
Snap-on

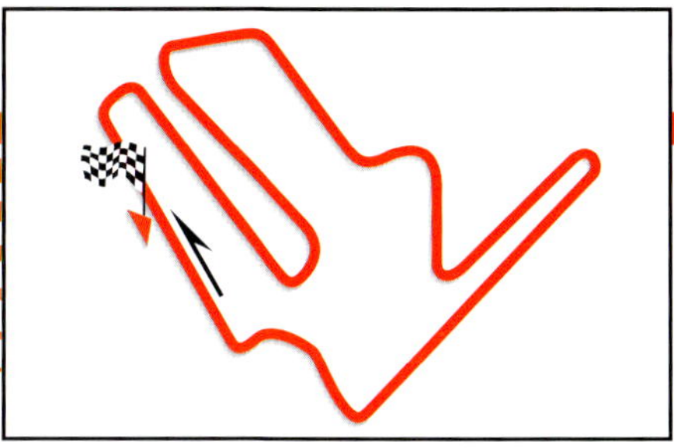

7.10.2001: Pazifik Grand Prix in Motegi/J

Alte Meister, neue Meister

Die alten Meister Freddie Spencer und Mick Doohan gaben sich auf Hondas Fünfzylinder-Viertakter die Ehre - und Valentino Rossi hatte den neuen Meistertitel nach Max Biaggis drittem Rennsturz so gut wie in der Tasche.

Das Honda-Werk zog alle Register, um sich beim Motegi-Grand Prix als die Großmacht des Motorradsports schlechthin zu beweisen. Ausgewählte Oldtimer wie die legendäre Vierzylinder-Viertakt-250er oder Freddie Spencers erste Zweitakt-Dreizylinder NS 500 wurden vom prunkvollen Honda-Musuem hinter der Haupttribüne in die angedockte Werkstatt geschoben und dort sorgsam für anstehende Demonstrationsrunden aus dem Dornröschenschlaf geweckt.

Am meisten Aufmerksamkeit zogen freilich die Probefahrten auf sich, die Spencer und Mick Doohan mit dem neuen Viertakt-Prototypen RC 211 V absolvierten. Um sich auf die offiziellen Ehrenrunden am Sonntagvormittag vor dem 125er Rennen vorzubereiten, gingen die beiden Superstars schon nach dem ersten Trainingstag bei einbrechendem Dämmerlicht für jeweils zehn Runden auf die Strecke.

Sowie die Fünfzylinder-Viertaktmotoren losbrüllten, fluteten Fahrer, Mechaniker und Teamchefs an die Boxenmauer, um das Spektakel live zu erleben, und sahen die alternden Helden nicht nur bei einigen Wheelies, sondern mit durchaus beachtlichen Schräglagen und gekonnten Drifts beim Beschleunigen. »Im Vergleich zu der Maschine, die ich beim Acht Stunden-Rennen in Suzuka kurz Probe gefahren bin, ist dieses Motorrad bereits um Welten besser. Es liegt neutraler und vermittelt mehr Gefühl fürs Vorder- und Hinterrad. Der Motor setzt nicht mehr sanft und teigig ein, sondern beißt zu wie bei einer 500er, hat dabei aber noch mehr Power und zieht aus allen Lebenslagen. Auch das Gefühl fürs Fahrwerk ist überzeugend. Wenn ich gut in Form wäre, könnte ich einen Grand Prix damit unter den ersten fünf beenden«, zeigte sich der 36jährige Mick Doohan, der fünf WM-Titel und 54 Siege auf Honda-Zweitaktmaschinen einheimste, begeistert. »Insgesamt ist die RCV sehr benutzerfreundlich, fast zu sehr. Denn der Grand Prix-Sport sollte eine Herausforderung für die besten Piloten bleiben - nicht wie die Superbike-Klasse, wo Hinz und Kunz Vollgas geben und Rennen gewinnen kann.«

Doohans positives Urteil reichte freilich bei weitem nicht an den Enthusiasmus heran, den Freddie Spencer an den Tag legte. »Ich bin seit 1993 auf keiner GP-Maschine gesessen, und weil ich außerdem die Strecke hier in Motegi nicht kenne, habe ich um ein Training gebeten«, schmunzelte der Amerikaner nach den zehn Proberunden am Freitagabend. »Doch ich fühlte mich sofort pudelwohl im Sattel. Es war phantastisch – ein ge-

Das grosse Comeback: Mick Doohan und Freddie Spencer gaben sich die Ehre

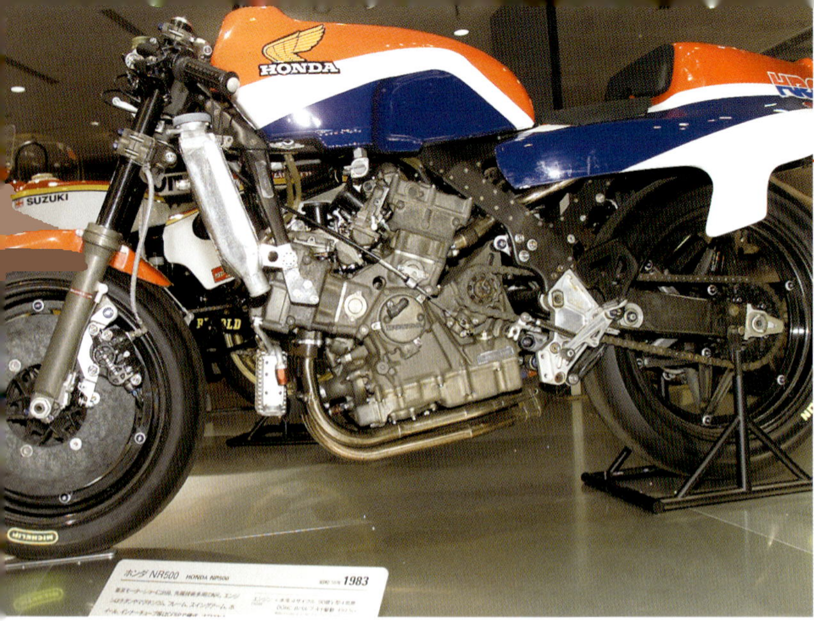

Die Schöne und das Biest: Freddies alte NR 500, Action auf der neuen RC 211 V

waltiges Erlebnis«, berichtete Freddie mit leuchtenden Augen. »Dieses Bike passt mir auf Anhieb. Ich würde am liebsten mit diesem Motorrad Rennen fahren – lieber als mit einer 500er, obwohl sich die RCV gar nicht viel anders als eine 500er anfühlt. Am meisten hat mich überzeugt, wie die Maschine auf alle Befehle reagiert. Nachdem ich die halbe Gerade auf dem Hinterrad zugebracht habe, bin ich nämlich vor lauter Begeisterung zu schnell an der ersten Kurve angekommen, habe das Motorrad aber trotz des verpassten Bremspunkts mühelos wieder unter Kontrolle gebracht. Das Motorrad hat lammfromm auf meine späten Korrekturversuche reagiert.«

Träume von Freddies Karriere - und Ärger im Team: Elias (mit Pedrosa, Olivé, Jara)

Dabei erinnerte ihn die Viertakt-RCV weniger an die infame Viertakt-NR 500, mit der Honda zwischen 1978 und 1982 vergeblich versucht hatte, die Zweitakt-Konkurrenz herauszufordern, sondern an jenes Motorrad, mit dem der 21jährige Freddie Spencer 1983 sechs GP-Siege erbeutete und im zarten Alter von 21 Jahren als jüngster Halbliter-Weltmeister aller Zeiten gefeiert wurde. »Die NR 500 war schlicht unvergleichlich. Der Motor war wegen der Materialien jener Zeit zu schwer geraten und steckte zu weit hinten im Chassis, außerdem war das Drehzahlband bei 22000/min derart schmal, dass der Motor beim Hochschalten zum Beispiel in Silverstone schon beim kleinsten Fehler verhungerte, weil einfach nicht genügend Drehmoment vorhanden war. Die heutige RCV hat dagegen Kraft in allen Lebenslagen und ist eine Freude, wirklich kinderleicht zu fahren. Sie vermittelt dir ein schönes Gefühl von Fahrstabilität, gepaart mit Handlichkeit bei schnellen Richtungswechseln. Deshalb erinnert sie mich mehr an meine Honda-Dreizylinder NS 500 – ein Motorrad, von dem ich auf Anhieb wusste, dass es für Siege gut sein würde. Ich behaupte: Ein guter Fahrer hat dieses Gefühl bereits nach den ersten Kilometern. Mit der ersten Vierzylinder-NSR 500, die 1984 präsentiert wurde, hatte ich dieses Gefühl zum Beispiel nicht – und danach verstrich denn auch ein Jahr an intensiver Weiterentwicklung, bis wir auch mit diesem Motorrad vorne waren. Doch die RCV ist ein Juwel – und ich bleibe bei der Meinung, die schon bei der Präsentation des Motors in Barcelona geäußert habe: Es würde mich nicht überraschen, wenn Honda bereits im ersten Jahr die Weltmeisterschaft damit gewinnt!«

Die Würfel sind gefallen: Dorna-Chef Ezpeleta gab die MotoGP-Teams bekannt

Freilich war auch die RC 211 V kein auf Anhieb gelungener Wurf, sondern präsentierte sich in Motegi bereits in ihrer dritten Version. Vor allem reagierte das Werk auf die Kritik von Valentino Rossi, der nach ersten Tests in Suzuka von mangelnder Traktion und einer zu weit nach vorn gerückten Sitzposition berichtet hatte. »Von außen sieht man keine großen Unterschiede. Doch wir haben die Sitzposition des Fahrers und die Balance des gesamten Motorrads verschoben, was Konsequenzen für die Form des Kraftstofftanks unter dem Sitz hatte. Auch der Anlenkpunkt der Hinterradfederung hat sich geändert, um mehr Traktion und ein besseres Feedback für den Fahrer zu erzielen«, verriet Projektleiter Heijiro Yoshimura. »Die mechanische Rutschkupplung fürs Hinterrad gegen die hohe Bremswirkung des Viertaktmotors funkioniert mittlerweile prächtig. Freddie und Mick als eingefleischte Zweitaktpiloten wollten zum Beispiel sowenig Motorbremse wie möglich – das können wir nach Belieben einstellen.«

In diesem Detail hatte Honda gegenüber Yamaha die Nase vorn: Yamaha kämpfte trotz Rutschkupplung mit penetrantem Hinterradstempeln an der M1 und experimentierte mit einer zweiten Hydraulik fürs hintere Federbein, die das Hinterrad beim harten Anbremsen auf den Asphalt drücken sollte. »Ein solches System haben wir nicht«, winkte Yoshimura ab.

Tohru Ukawa war bei Tests mit dem modifizierten Honda-Prototypen in Suzuka nur um 0,3 Sekunden langsamer als bei der eigenen Qualifikationszeit für den Grand Prix im April, und über 15 Runden hinweg im Schnitt sogar um 0,2 Sekunden schneller, was wie schon bei den Tests der Yamaha M1 in Brünn auf einen reifenschonenenden Einsatz des Viertaktmotors hindeutete. »Die Reifentechnologie sollte nicht das Problem sein. Wir sind auch überzeugt, dass Yamaha die Leistung nur vorläufig und zu Testzwecken auf unter 200 PS drosselte. Unser Entwicklungsziel ist, die Leistung schrittweise zu erhöhen, aber auch auf den Boden zu bringen, also nichts von der Fahrbarkeit, von der idealen Charakteristik eines Rennmotorrads zu verlieren.«

Im Motor selbst schlummerten enorme Reserven, auch wenn sich Yoshimura über den genauen Stand der Entwicklung – Höchstleistung rund 230 PS, Höchstdrehzahl rund 15500/min – sowie über Konstruktionsdetails wie die Anzahl der Kurbelwellenlager vornehm ausschwieg. »Beim Motor konnten wir uns im Gegensatz zum Fahrwerk auf kleinere Detailmodifikationen beschränken. Zum Beispiel haben wir die Zündfolge mittlerweile endgültig festgelegt. Wie sie ist, kann ich leider nicht verraten!«

Doch nicht nur technisch, auch bei der politischen Weichenstellung für die Zukunft der GP1- oder neuerdings schlicht MotoGP genannten Kategorie waren die meisten Würfel gefallen. So gaben Dorna-Direktor Carmelo Ezpeleta und IRTA-Sekretär Mike Trimby die endgültige Startaufstellung der für 2002 akzeptierten Teams bekannt. Neben den sechs privaten Teams von Tech 3 (Gauloises-Yamaha), World Championship Motorsports (Red Bull-Yamaha), Luis d'Antin (Antena 3-Yamaha), Sito Pons (West-Honda), Jeff Hardwick (Shell-Honda) und Kenny Roberts (Proton KR), wurden weitere sechs Team-Plätze für jeweils zwei Fahrern an insgesamt fünf Werke vergeben. Honda HRC erhielt zwei Plätze, einen für das offizielle Werksteam mit Valentino Rossi und Tohru Ukawa, der

Comeback von Jarno Müller: Im Training keine Traute, im Rennen auf Platz 19

Heimsieg für Youichi Ui: Harald Bartol hauchte den Derbi-Rennern Feuer ein

andere wurde für die kleineren Teams von Fausto Gresini mit Daijiro Katoh und jenes von Erv Kanemoto mit Jürgen vd. Goorbergh aufgeteilt.

Kanemoto hatte schon das ganze Jahr über erfolgreiche Reifentests für Bridgestone absolviert, scheiterte aber beim Versuch, Honda seinen Testfahrer Nobuatsu Aoki auch für die Grand Prix-Saison 2002 schmackhaft zu machen. Deshalb wich er auf den »Fliegenden Holländer« vd. Goorbergh aus, der froh war, nach Jahren auf der MZ-Weber 500 mit Swissauto-Motor, einer privaten V 2-Honda und der Dreizylinder-Proton KR des Roberts-Teams endlich einen konkurrenzfähigen japanischen Vierzylinder zur Verfügung zu haben.

Neben Marlboro Yamaha, Telefonica-MoviStar Suzuki und Aprilia mit dem neuen Viertakt-Dreizylinder war auch das sächsische MZ-Werk mit zwei Fahrern nominiert. »Wir haben unser V4-Projekt ja bereits vor Monaten angekündigt. Die Finanzierung steht, bis zum Saisonbeginn 2002 werden auch die Motorräder fertig sein. Derzeit verhandeln wir mit vier verschiedenen Fahrern«, behauptete MZ-Geschäftsführer Petr-Karel Korous. »Allerdings gilt das Arrangement für MZ vorläufig nur für ein Jahr«, hielt Carmelo Ezpeleta fest. »Was danach passiert, ist vollkommen offen.«

Denn neben Ducati hatte sich beim Pariser Salon zwei Wochen zuvor auch Kawasaki für ein Comeback bei der MotoGP-Weltmeisterschaft im Jahr 2003 angesagt, um gemeinsam mit dem bisherigen Superbike-Teamchef Harald Eckl einen Viertakt-Prototypen auf die Räder zu stellen. »So viele Teams können wir uns nicht leisten«, seufzte Ezpeleta angesichts der auf rund zwei Millionen Dollar verdoppelten Zuwendungen für jedes einzelne Team pro Jahr.

Mit Zahnspangen auf dem Podest: Der 15jährige Daniel Pedrosa vertrat Elias

Neben dem Ansturm neuer Teams war auch ein spannender Wettkampf der Reifenwerke zu erwarten. Denn von dem bevorstehenden Angriff von Bridgestone auf die Vormachtstellung von Michelin in der GP1-Klasse ließ sich auch das Dunlop-Werk inspirieren: Nach zweijähriger Abstinenz plante der japanisch-britische Hersteller ein Comeback in der GP1-Klasse und plante, neben Aprilia auch das Gresini-Team mit Daijiro Katoh mit Reifen für die Honda NSR 500 auszurüsten.

Das bei den Superbikes überlegene Dunlop-Werk sah wegen der fragwürdigen Zukunft dieser Kategorie eine klare Verpflichtung zu einem GP1-Comeback. »Wegen der Fusion mit Goodyear verstrich einige Zeit, um die Strategien für die Zukunft festzulegen. Doch als weltgrößter Hersteller von Motorradreifen

Wenn Bartol den Most holt: Der PS-Zauberer jubelt mit Poggiali und Ui

müssen wir auch in der bedeutsamsten Rennkategorie auf zwei Rädern vertreten sein«, erklärte Dunlop-Sprecher Jeremy Ferguson.

Denn bis dato war Michelin Alleinausrüster bei den 500ern und Dunlop Alleinausrüster bei den 250ern. Nur bei den 125ern gab es neben dem Wettbewerb der Motorradfabrikate auch einen Wettbewerb der Reifenhersteller.

125 ccm: Krach im Elias-Team

Dass Herausforderer Bridgestone nach gutem Saisonstart klar hinter die überzähligen Dunlop-Teams zurück fiel, hing freilich weniger mit mangelndem Reifengrip als mit den technischen Sorgen der kooperierenden Teams zusammen.

So war das Italjet-Team ab Saisonmitte dramatisch zurückgefallen, und Konstrukteur Jörg Möller raufte sich die Haare, weil es für den plötzlichen Leistungsmangel der weiß-blauen Maschinen keine Erklärung gab.

Bis sich herausstellte, dass Kraftstofflieferant Agip ohne das Team zu informieren eine andere Spritsorte geliefert hatte. In Japan besorgte sich das Italjet-Team versuchshalber ein Fass des bewährten Konkurrenzprodukts von elf, und schon rannten die empfindlichen Einzylinder-Motoren wieder einwandfrei.

Gianluigi Scalvini wurde im Rennen Neunter und verlor nur deshalb Zeit, weil er seinem gestürzten und mitten auf der Fahrbahn liegenden Landsmann Max Sabbatani ausweichen musste.

Scalvinis Teamkollege Stefano Perugini scheiterte wegen eines schlagartig blockierenden Hinterrads. Unklar blieb, ob ein Ermüdungsbruch die hintere Bremsscheibe abgerissen und verkeilt hatte, oder ob dieser Schaden vom Rammstoß eines Kollegen verursacht wurde. »Fest steht nur: Ich habe mächtiges Kopfweh«, brummte Perugini, der schon im Training einen heftigen Sturz hatte wegstecken müssen.

Auf ähnlich profane Weise wie bei Italjet gab es auch Besserung für die hartnäckigen Motorprobleme von Bridgestones Nummer eins-Pilot Masao Azuma. Monatelang hatte Azumas belgischer Teamchef Olivier Liegois vergeblich nach der alten, gewohnten Leistung im neuen Spezialkit des Honda-Werks gesucht,

Erst Führung, dann Sturz: Toni Elias versuchte zu ehrgeizig, an Ui dran zu bleiben

Die Mühen des Nöhles-Nachfolgers: Diego Giugovaz hinter Katja Poensgen

Azuma war von Grand Prix zu Grand Prix immer dramatischer hinter die prosperierende Konkurrenz zurückgefallen.

Vor dem Motegi-Grand Prix ergriff Azuma die günstige Gelegenheit deshalb beim Schopf und ließ seine Maschine ins Honda-Werk verfrachten, wo nicht nur die Höchstleistung, sondern auch die Beschleunigung der Maschine auf Spezialprüfständen gemessen wurde.

Dabei machten die Techniker die Vergasereinstellung als Ursache allen Übels aus: Während die Maschine bei Höchstdrehzahl fast an die geforderte Leistung herankam, floß im mittleren und unteren Drehzahlbereich zuviel Sprit in den Zylinder. »Endlich kann ich wieder normal aus der Kurve beschleunigen und mit den anderen mithalten«, seufzte Azuma auf, als das Problem beseitigt war, und stellte seine Maschine auch prompt als Dritter in die erste Startreihe.

An eine Wiederholung seines Heimsiegs zum Saisonauftakt in Suzuka war trotzdem nicht zu denken – Azuma wurde im Rennen einsamer Fünfter, nachdem er den Aprilia-Werkspiloten Lucio Cecchinello schon früh hatte passieren lassen.

Damit war er klüger als Toni Elias, der nach kurzer Führung Youichi Ui und Manuel Poggiali weichen musste, aber eigensinnig am Hinterrad des Italieners kleben blieb und seinen Ehrgeiz in Runde fünf mit einem Sturz bezahlte. »Ich habe noch gedacht: Hoffentlich versucht er nicht mit Gewalt, an Poggiali dran zu bleiben. Ich hatte kaum ausgedacht - und bumm, schon lag er da«, beobachtete Derbi-Konstrukteur Harald Bartol.

Ein bißchen hatte der Sturz des sonst so sattelfesten jungen Spaniers auch mit der Mißstimmung im Team zu tun. Sein Vater war nämlich heimlich vorgeprescht und hatte ausgerechnet beim großen WM-Rivalen, Derbi-Teammanager Giampiero Sacchi, nach einem Job für Elias nachgefragt. Der schlaue Sacchi ließ durchsickern, dass man in Verhandlungen stand, und säte dadurch Zwietracht bei den Spaniern. »Eine solche Art von Fahnenflucht begeht man nicht im WM-Kampf«, ereiferte sich Teammanager Alberto Puig. »Ich bin bitter enttäuscht!«

Zu dem ganzen Schlamassel verspielte Elias nun auch noch die WM-Führung, denn Poggiali brachte einen ungefährdeten zweiten Platz nach Hause und übernahm wieder die Tabellenspitze. Youichi Ui auf der baugleichen Derbi raste nach der Pole Position einem überlegenen Sieg entgegen – auch dank der neuen Zylinderköpfe und der verbesserten Zündung, mit denen Bartol den roten Rennern noch

Harada führt - und bleibt nach dem Sturz von Melandri (5) und Katoh unbedrängt

mehr Feuer einhauchte. »Ich rechnete damit, dass Honda nachlegen und neue Leistungsteile bringen würde. Deshalb haben wir vorgesorgt«, verriet Bartol. »In den Schachteln, die die Honda-Ingenieure durchs Fahrerlager schleppten, steckte sicher kein Christbaumschmuck.«

Während Steve Jenkner schon in der ersten Runde übers Vorderrad stürzte, kam Jarno Müller bei seinem Comeback nach fünf Rennen Verletzungspause als 19. ins Ziel und fühlte sich besser als im Training, das er als »grausam« abhakte. »Ich habe mich gefühlt wie nach einer monatelangen Winterpause. Mir fehlte einfach die Traute«, berichtete der Sachse.

Alzamora tat nur ein Auge zu - und fuhr trotzdem als Zweiter aufs Podest

250 ccm: Katoh k.o.

Das 250er Rennen sorgte für gemischte Gefühle bei den japanischen Fans. Daijiro Katoh bog zwar als Spitzenreiter in die erste Kurve ein, wurde aber noch in der ersten Runde von Tetsuya Harada und Marco Melandri an die dritte Stelle verdrängt.

In der sechsten Runde entpuppte sich diese Position als verhängnisvoll für den WM-Leader. Denn als Marco Melandri stürzte, konnte Katoh nicht mehr auswei-

Kampf um Platz zwei: Emilio Alzamora (7) greift Jeremy McWilliams (99) an

Dritter Rennsturz im vierten Rennen: Max Biaggi überlastete wieder das Vorderrad

chen, bohrte sich in die gestrandete Aprilia und landete selbst im Gras. »Die Aprilia waren auf der Geraden unglaublich schnell, deshalb suchte ich nach einer Kurve, in der ich attackieren konnte. Doch plötzlich rutschte Melandris Hinterrad weg. Es passierte alles so schnell, dass ich keine Chance zu einer Reaktion hatte«, schilderte Katoh, der bis auf ein verstauchtes linkes Handgelenk unversehrt davon stapfte.

Melandris Zustand schien zunächst schlimmer zu sein. Nach seinem schweren Aufprall völlig verwirrt, wurde er mit dem Helikopter zu einer Computertomographie ins nächste Krankenhaus geflogen. Die Sorgen entpuppten sich allerdings als unbegründet, mit nichts als einem gebrochenen Mittelhandknochen kam auch Melandri glimpflich davon.

Sein Teamkollege Tetsuya Harada feierte dank des Unfalls einen unbedrängten Sieg und verkürzte den Rückstand auf Katoh auf 24 Punkte. »Bei drei ausstehenden Rennen ist das eine ganze Menge. Doch ich will diesen Titel unbedingt – und kämpfe bis zuletzt«, ließ der Japaner wissen.

Statt Melandri und Katoh rückten Emilio Alzamora und Jeremy McWilliams auf die Podestplätze nach und feierten einen unerwarteten Erfolg. Alzamora hatte die Nächte vor dem Rennen mit einer Augenklappe zugebracht, weil er wegen einer Nervenstörung das rechte Lid nicht mehr schliessen konnte, und kämpfte im Rennen gegen Schmerz, den das austrocknende Auge verursachte.

Im deutschen Aprilia-Team von Jeremy McWilliams herrschte Grabesstimmung, weil den Technikern nach dem Rausschmiß von Klaus Nöhles tatsächlich der untalentierte frühere Yamaha-Privatfahrer Diego Giugovaz als Ersatzfahrer eingebrockt wurde. Der Italiener, der sich für die letzten Grands Prix bei Aprilia eingekauft hatte, qualifizierte sich als Drittletzter, fiel nach einem Ausritt im Rennen an den Schluß des Feldes zurück und schaffte es mit Mühe, Katja Poensgen dingfest zu machen.

Die hatte seit dem Valencia-Grand Prix mit solchen Magenschmerzen gekämpft, dass sie sich zur Untersuchung in ein Krankenhaus begeben hatte, wo der Arzt eine beginnende Magenschleimhautentzündung feststellte. Dank Tabletten und dem Verzicht auf Kaffee, Obst und Milchprodukte war sie im Rennen wieder halbwegs fit.

Valentino Rossi: Fast am Ziel der WM

Biaggi hat Reifensorgen - Rossi wartet ab

Roberts, Gibernau: Platz sieben und acht

Das Racing Factory-Team hatte Magendrücken ganz anderer Art. Denn während Alex Hofmann im Rennen 17. wurde, grübelte sein Teamchef Dieter Theis über die Zukunftsperspektiven nach. »West hat uns für 2002 eine Absage erteilt und mir empfohlen, für die Saison 2003 wieder vorzusprechen«, berichtete Theis. »Damit stehen wir fürs nächste Jahr ohne großen Sponsor da. Wenn kein Wunder geschieht, hören wir auf.«

500 ccm: Biaggis Generalabrechnung

Über fünf Runden fuhr Valentino Rossi an zweiter Stelle hinterher, hatte seinen Erzrivalen aber trotzdem in der Tasche. »Ich habe am Startplatz gesehen, dass Max einen 17-Zoll-Hinterreifen montieren ließ. Im Training hatten wir herausgefunden, dass dieser Reifen frühzeitig nachließ. Weil ich vom Start weg mit Biaggi mithalten konnte, brauchte ich mir nicht die geringsten Sorgen zu machen. Ich wusste, dass ich nur abzuwarten brauchte«, verriet der Beinahe-Weltmeister nach dem achten Sieg der Saison.

Biaggi wusste um seine Nachteile, verhielt sich aber trotzdem wie ein Spieler am Roulettetisch, der den Einsatz auf rot mit jeder Runde rücksichtslos verdoppelt. Am Schluß hatte der Römer nicht nur sein Kleingeld, sondern Haus und Hof verzockt: Sein dritter Rennsturz im vierten Rennen setzte nicht nur der Spannung beim Pazifik-Grand Prix in Motegi, sondern auch dem Kampf um die Weltmeisterschaft ein vorzeitiges Ende.

Krönungsfeierlichkeiten vorzuziehen scheuten die meist abergläubischen Rennfahrer wie der Teufel das Weihwasser, doch dass es Valentino Rossi bei drei ausstehenden Rennen missglücken könnte, die fehlenden acht Punkte zusammenzukratzen, hielt nicht einmal er selbst für möglich. »Ich will den Titel in Phillip Island standesgemäß mit einem Sieg feiern. Schließlich sind die Jungs in meinem Team fast alle Australier«, erklärte Rossi denn auch gerade heraus. »Ich gratuliere Rossi: Er war gut, intelligent und hat das, was ihm zur Verfügung steht, geschickt genutzt«, nahm auch der geschlagene Biaggi den Titelgewinn vorweg.

Dann setzte er zu einer Generalabrechnung an mit dem, was ihm selbst für den Titelkampf zur Verfügung stand. »Mir ist wie in Brünn und Estoril schlagartig das Vorderrad weggerutscht. Für mich ist das unerklärlich, auch wenn die Risiken stark ansteigen, wenn man auf einer Position fährt, an die man nicht hingehört. Doch so bin ich halt: Solange ich eine Chance habe, zu kämpfen , kämpfe ich, denn wenn man sich mit dem Machbaren zufrieden gibt, ist nicht einmal das Podium in Reichweite, wie das Beispiel meiner Markengefährten zeigt«, deklamierte er. »Abe hat 14 Sekunden, Nakano 21, Checa 27 Sekunden verloren, und das sind alles keine Nasenbohrer, sondern Siegfahrer. Es ist auch nicht normal, dass die jüngsten Yamaha-Neuzugänge Jacque und Nakano von den gleichen Problemen berichten wie wir. Die Topmanager des Yamaha Racing Departments haben mich in ein Meeting bestellt, um mir zu sagen, dass ihr Motorrad ein strukturelles Limit hat, über das man mit fahrerischem Einsatz nicht hinaus kommt. Sie dachten, man könne den Problemen mit dem Set-Up beikommen, doch der Verlust der Weltmeisterschaft hat sie eines Besseren belehrt. Jetzt ist ihnen klar geworden, dass die Änderung radikal sein muss. Die Entwicklung des Viertakt-Prototypen bietet eine willkommene Chance, frische Ideen umzusetzen, auch für die Zweitaktmaschinen.«

Freilich lag die Schuld für die Niederlagen nicht beim Hersteller allein. Alle drei Rennstürze Max Biaggis passierten im Scheitelpunkt der Kurve, bei maximaler Schräglage und maximaler Vorderradlast. »Max fährt immer noch rund und schräg wie mit einer 250er. Für die ersten zwei, drei Runden ist dieser Stil unschlagbar. Doch dann lassen die Reifen nach, und der ohnehin schon schmale

Der lachende Zweite: Auch Alex Barros profitierte von Max Biaggis Sturz

Grenzbereich bei dieser Fahrweise wird noch enger – wenn es rutscht, fängst du es nicht mehr ab. Hast du Biaggi jemals driften sehen?« wusste Beobachter Randy Mamola. »Valentino Rossi hatte diese Fahrweise Anfang letzten Jahres, beim Einstieg in die Halbliterklasse, und baute jede Menge Stürze. Doch er hat dazu gelernt – und seinen Fahrstil umgestellt.«

QANTAS

14.10.2001: GP Australien auf Phillip Island

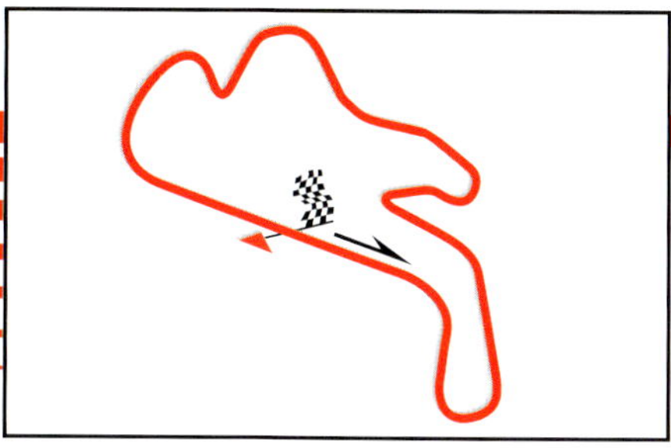

Nur Fliegen ist schöner

Während Sternchen Katja Poensgen zu einem Flug mit der australischen Kunstflugstaffel abhob, ließ Superstar Valentino Rossi für seine Fans aus Tavullia eine gewaltige Party steigen - und krönte seinen Titelgewinn mit dem Sieg in einem atemberaubenden Rennen.

Das Royal Australian Air Force Roulettes Team lud Garry McCoy und Katja Poensgen vor dem Phillip Island-Grand Prix zum Mitflug ein und stellte die Mägen der Motorrad-Stars mit einem 45-minütigen Kunstflugprogramm auf die Probe.

»Der Flieger war cool«, berichtete Katja von der 980 km/h schnellen Turbo-Prop Air Force PC 9, die die im Auto anderthalbstündige Reise von Melbourne nach Phillip Island in elf Minuten bewältigte. »Wir waren in einer Vierer-Staffel unterwegs, McCoy saß in der ersten Maschine, ich rechts versetzt hinter ihm. Das war schon heftig – der, der links von mir flog, war zum Greifen nahe. Ich habe immer wieder rübergeschielt und gedacht: Um Gotteswillen, hoffentlich berührt der uns nicht. Bleib bloß weg!«

Hatte Katja Poensgen ihr größtes Abenteuer in Australien schon mit der glücklichen Landung überstanden, so fieberte Valentino Rossi dem größten Tag seiner Karriere mit Spannung entgegen. Daß es dem 22jährigen Superstar gelingen würde, downunder seinen WM-Titel zu feiern und eine zünftige Party steigen zu lassen, stand nur für wenige Sekunden im Zweifel. Bei ungemütlicher Kälte und schneidenden Windböen, die von der Tasmanischen See heraufbliesen, verlor er im ersten Zeittraining die Kontrolle über seine Honda, und den Technikern, die den Sturz am Monitor beobachteten, blieb für einen Moment das Herz stehen. Ein gebrochenes Handgelenk, irgendeine andere, selbst harmlose Verletzung, hätte die Feier verderben können.

Herzlichen Glückwunsch: Randy Mamola kredenzt dem neuen Champion eine Torte

Katja, die Kunstfliegerin: Bleib bloß weg!

Doch bis auf eine harmlose Hautabschürfung kam Rossi unversehrt davon. »Ich habe wegen des kalten Wetters einen besonders weichen Reifen gewählt, und auf einer Bodenwelle knickte plötzlich das Vorderrad weg. Fast hätte ich das Motorrad wieder eingefangen, aber eben nur fast. Doch es war ein harmloser Ausrutscher – ich selbst habe keine Sekunde daran gedacht, dass ich mich verletzten könnte«, beruhigte er seine Leute, bevor er mit der Ersatzmaschine noch mal schnell die fünftbeste Zeit hinlegte.

Auch die Welt um Valentino Rossi ging wieder zur Tagesordnung über, und die bestand an jenem Wochenende vor allem darin, Stellungnahmen zum Talent

Verkehrte, schöne Welt: Garry McCoy genießt ganz neue Perspektiven

Schrecksekunde im ersten Zeittraining: Rossi rutscht aus, bleibt aber unverletzt

des jungen Helden abzugeben. »Mir gefällt die Art und Weise, in der Valentino auf alle seine Titel losging. Schon 1999, im Kampf um die 250er WM, hatte er die Chance, den Titel frühzeitig sicher zu stellen, fackelte nicht lange und eroberte ihn mit dem Sieg in Rio de Janeiro. Das zeigt, dass er vor allem ein Fahrer ist, der Rennen gewinnen will. Ich habe schon immer gesagt: Wenn du Rennen gewinnst, erledigt sich das Thema Weltmeisterschaft von alleine«, erklärte sein Cheftechniker Jerry Burgess. »Das war so mit allen großen Stars, mit denen ich gearbeitet habe, Mick Doohan, Wayne Gardner, Freddie Spencer - sie wussten, wie man kämpft. Eine Weltmeisterschaft nur durchs Herumkreisen für ein paar fehlende Punkte zu holen, ist nicht der richtige Weg.«

Im Abschlusstraining steigerte sich Rossi bei etwas besseren Bedingungen denn auch auf den zweiten Platz. »Dafür, dass ich normalerweise nicht so gut bin im Training, ist das exzellent«, hielt er fest. »Noch passt das Set-Up nicht richtig, mein Vorderrad rattert in manchen Kurven und verliert beim Beschleunigen viel zu oft Bodenkontakt, was wegen des Windes sehr gefährlich ist. Doch ich vertraue ganz auf mein Team – an Samstagabenden hat es schon oft Wunder vollbracht«, strahlte er.

Für Marco Melandri war das Hoffen auf ein Wunder allerdings vergebens. Trotz schmerzstillender Spritzen bewältigte er wegen seines in Japan gebrochenen Mittelhandknochens nur wenige Runden und warf dann das Handtuch. »Es hat keinen Sinn. Ich bin auf eine Bodenwelle geraten, und der Ruck am Lenker versetzte mir einen solchen Stich, dass ich sofort das Gas zurückdrehen musste. Die Hand ist danach auch gleich stark angeschwollen«, berichtete er.

Statt sich weiter zu quälen, verzichtete er auf den Einsatz in Phillip Island, ließ sich einen neuen, größeren Gips verpassen und hoffte, eine Woche später in Malaysia wieder starten zu können.

Sein Teamkollege Tetsuya Harada war im Kampf gegen Daijiro Katoh damit auf sich selbst gestellt, hängte den Honda-Star dank neuer Auspuffanlagen, Zylinder und Zündboxen im Abschlusstraining jedoch um 0,7 Sekunden ab und war guter Hoffnung, den Rückstand in der WM-Tabelle mit einem weiteren Sieg verkürzen zu können.

Noch schlimmer als der drittplatzierte Daijro Katoh wurde freilich Hondas 125 ccm-Hoffnung Toni Elias im Abschlusstraining gerupft: Nur der 17. Platz blieb dem in Japan gestürzten Spanier, wohingegen sich WM-Rivale Manuel Poggiali sich in einer souveränen Pole Position sonnte.

Während Beobachter wie Jarno Müller argwöhnten, dem 18jährigen GP-Rookie sei der Motegi-Unfall, der erste schwere Sturz seiner GP-Karriere, an die Nieren gegangen, beschuldigte Elias selbst sei-

Motegi-Sturz verdaut: Elias ließ dem Trainingsdebakel ein starkes Rennen folgen

nen Motor. »Aus welchem Grund auch immer geht mein Motor ausgerechnet auf dieser schnellen Strecke hier nicht, wo man das Gas länger als auf den meisten anderen Pisten in Vollgasstellung hält. Mir fehlen mindestens zehn km/h auf die Werksmaschinen von Derbi, Gilera und Aprilia, ich kann mich nicht einmal im Windschatten halten«, rätselte er.

125 ccm: Uis Pinguine

Im Rennen strafte er alle Kritiker Lügen, tauchte schon in der ersten Runde aus dem Nichts in der Spitzengruppe auf und kämpfte sich immer wieder mit wilder Entschlossenheit an die zweite Stelle – mal hinter Manuel Poggiali und Youichi Ui, dann wieder hinter Lucio Cecchinello oder seinem ebenfalls insbrünstig attackierenden Landsmann Angel Rodriguez, wer es eben in dem zehnköpfigen Schwarm gleichwertiger Piloten gerade schaffte, für ein, zwei Runden nach vorn zu kommen.

Stets im Windschatten eines schnelleren Rivalen, gelang Elias ein unter den Umständen phänomenaler dritten Platz. »Das war eines der härtesten Wochenenden meiner Laufbahn«, keuchte er im Ziel. »Nach dem katastrophalen Abschlusstraining haben wir beschlossen, das Motorrad drastisch umzubauen, und

Die zweite Runde: Ui geht an Poggiali und Elias vorbei in Führung

obwohl es heute immer noch bei weitem nicht an das Niveau der anderen heranreichte, war es zumindest schon einmal deutlich besser. Ich erwischte einen perfekten Start, deshalb war ich von Anfang an mit vorn dabei.«

Gegen die von Harald Bartol gebauten roten Renner Youichi Uis und Manuel Poggialis war er allerdings machtlos. Poggiali stürmte aus der Pole Position in Führung und wurde in der zweiten Runde von Ui abgelöst. In einer dichten Traube von Fahrern, in der ständig die Positionen wechselten, schob sich Lucio Cecchinello eine Weile nach vorn, für zwei Runden übernahm sogar der junge Spanier Angel Rodriguez aus dem Aprilia-Team von Jorge Martínez das Kommando, bevor Youichi Ui wieder aufdrehte.

Eine Runde vor Schluß noch Fünfter, fühlte sich Simone Sanna im Endspurt plötzlich veranlasst, in den Kampf um die Podestplätze einzugreifen, stürzte aber an zweiter Positon und löste ein Tohuwabohu aus. Am meisten Pech hatte Rodriguez, der nach dem besten Rennen seines Lebens ausweichen musste, im Gras landete und am Schluss noch enttäuscht als 16. über die Ziellinie kroch.

Cecchinello, eine Runde zuvor noch Zweiter, fiel durch den Zwischenfall an die fünfte Position zurück, während Elias nur etwas Tempo einbüßte, sich aber vorläufig auf dem zweiten Platz halten konnte. Am meisten Glück hatte WM-Leader Manuel Poggiali: Der Gilera-Star, in der vorletzten Runde an die siebte Stelle abgedrängt, sauste von hinten ungebremst an allen Hindernissen an die dritte Stelle

Die roten Teufel: Manuel Poggiali, Youichi Ui mit Teammanager Giampiero Sacchi

und schnappte sich in der schnellen Zielkurve auch noch Elias, wodurch er seinen WM-Vorsprung in der WM auf 16 Punkte vergrößerte. »Das war ein Happy-End, vor allem, weil ich ab Rennmitte ernsthafte Kupplungsprobleme hatte«, atmete Poggiali auf. »Ich konnte nur noch mit Schalthebel und der Hinterradbremse zurückschalten, wobei der Motor immer arg überdrehte, ich fürchtete schon, er gehe kaputt. Ich war angenehm überrascht, dass er hielt und auch am Ende noch so kräftig zog, dass ich mühelos an Elias vorbeiflitzen konnte. Trotzdem bin ich auch ein bisschen enttäuscht, denn ohne den Kupplungsärger hätte ich Ui den Sieg streitig machen können«.

Der hatte sich in den letzten Runden mit drückender Überlegenheit aus dem Staub gemacht und mit 4,7 Sekunden Vorsprung den zweiten Sieg hintereinander eingestrichen. »Mir behagen dubiose Verhältnisse mit soviel Wind nicht«, verwies Ui. »Am Anfang ist es mir deshalb auch nicht geglückt, den anderen wegzufahren, weshalb ich mich für eine Weile in

Kein Trostpreis für Biaggi: Doktor Rossi holt neben dem Titel auch den Rennsieg

träge Valentino Rossi in Front, wurde aber in der zweiten Runde von Alex Barros abgelöst. Außenseiter Noriyuki Haga mischte sich ab Runde drei in den Kampf um die Spitze und setzte Barros derart zu, dass die Hinterherfahrenden jeden Moment mit einem Unfall rechneten.

Rossi empfand es zu Halbzeit des Rennens deshalb auch als sicherer, nach vorn zu preschen, wurde dort aber sorgfältig von Capirossi und Biaggi bewacht, der alles daran setzte, Rossi wenn schon nicht den Titel, dann aber wenigstens den Rennsieg streitig zu machen.

Doch obwohl Biaggi mit dem Messer zwischen den Zähnen zur Sache ging und auf der mit allerhand Vollgas-Mutkurven gespickten Phillip Island-Strecke schon die Pole Position erobert hatte, reichte es am Ende wieder nicht: In der letzten Runde zog Rossi genüsslich an Biaggi vorbei und feierte seinen Titelgewinn standesgemäß mit dem neunten Sieg der Saison. »Mir war klar, dass die Weltmeisterschaft zur Debatte stand und ich viel riskierte. Aber in einem solchen Rennen Erster zu sein, ist eben doch eine andere Sache. Deshalb habe ich mir Biaggi für eine langsame 75 km/h-Rechtskurve zurechtgelegt«, lachte sich der Doktor ins Fäustchen. »Ich hatte einen phantastischen Start, wurde aber alsbald in einen Kampf mit Haga und Barros verwickelt. Einmal haben Barros und ich uns bei 300 km/h berührt, ein beängstigender Moment. Deshalb dachte ich, es sei weniger gefährlich, nach vorn zu gehen und zu versuchen, mein eigenes Rennen zu fahren. Doch Biaggi war auf der Hut, antwortete mit einem neuen Streckenrekord und ging selbst in Führung. Ich habe lange gebraucht, bis ich diese Stelle zum Überholen gefunden habe, und ich bin begeistert, dass es geklappt hat.«

Die Fans aus Tavullia warteten nach dem Sieg des Volkshelden bereits mit dem Meister-T-Shirt und einer provisorischen Nummer 1 für die Verkleidung am

Paarlauf der West-Piloten: Loris Capirossi wurde Dritter, Alex Barros Vierter

Streckenrand, die versehentlich verkehrt herum montiert wurde, die der neue Champion aber ohnehin nur für wenige hundert Meter spazieren fuhr: Als erster Pilot seit Barry Sheene mit der Nummer 7 entschied sich Rossi, seiner gewohnten 46 treu zu bleiben, die ihm einst bei einem wilden japanischen Wild Card-Fahrer aufgefallen war und die auch sein Vater Graziano bei seinem ersten GP-Sieg auf der Verkleidung hatte.

Aus Sicht Rossis stand auch keine Titelverteidigung, sondern ein erneuter Klassenwechsel an. »Die Viertakter nächstes Jahr sind ein Aufbruch ins Ungewisse, eine völlig neue Herausforderung«, erklärte der Champion mit leuchtenden Augen und wischte sich Sahnespuren aus dem Gesicht, die eine von Randy Mamola verabreichte Torte hinterlassen hatte.

Stargast Mick Doohan traute ihm den ersten Titel mit dem neuen Honda-Fünfzylinder-Viertakter, aber auch noch ganz andere Heldentaten zu. »Schon jetzt ist Valentino einer der ganz Großen in diesem Sport«, hielt der fünffache Weltmeister fest. »Er ist erst 22 Jahre alt. Er kann noch zehn Jahre so weiter machen und sämtliche Rekorde hinwegfegen, wenn er nur will.«

Während seine Fans darauf hofften, dass Rossi dereinst auch Giacomo Agostinis Fabelwert von 122 Siegen und 15 Titeln in Angriff nehmen würde, schmiedete Valentino Rossi für die Zukunft nach dem Titelgewinn in der neuen Viertakt-GP1-Klasse freilich ganz andere Pläne: Denn seine eigentliche Leidenschaft galt Auto-Rallyes.

Im großen Rummel um den neuen Weltmeister stand der gedemütigte Lokalmatador im Abseits. Garry McCoy fuhr aus siebter Position an die Box, weil sein Kupplungskabel in Teile zerfleddert vom Lenker hing. »Schon vom Start weg hatte ich keine Kupplung mehr und musste den Schalthebel beim Herunterschalten kicken, worauf das Hinterrad immer wild umhersprang. Auf den Geraden habe ich versucht, die Verstellschraube am Kupplungsgriff nachzustellen, bis der ganze Mechanismus herausfiel. Ich glaube, ich war noch nie so enttäuscht!«

Das Provisorium: Rossi bleibt der 46 treu

Sieg und Titel: Ganz Tavullia fieberte mit

Krönung des Champions: Uncini, Doohan

74
Fortuna
Movistar
Telefonica
HONDA
SHOEI
REPSOL YPF
DUNLOP
Fortuna RACING
31
7

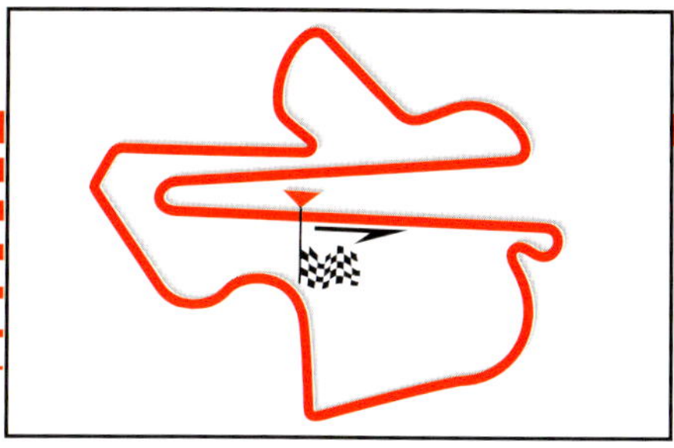

21. 10. 2001: Grand Prix Malaysia in Sepang

Der gestiefelte Kater

Daijiro Katoh, laut seinem Team wie eine Katze, die aus völliger Ruhe plötzlich zuschlagen kann, fuhr seinem Rivalen Tetsuya Harada zum zehntenSaisonsieg davon – und mauste seinen ersten WM-Titel.

Am Donnerstag widerhallten die gewaltigen, überdachten Tribünen der kühnen Sepang-Rennstrecke vom Gebrüll eines offenen Viertaktmotors, doch diesmal ging keine Honda oder Yamaha, sondern ein europäischer Prototyp auf Probefahrt für die Zukunft der GP 1-Klasse. Auf der »Petronas GP 1«, finanziert vom malaiischen Ölgiganten, aber gebaut von der Sauber-Petronas-Gruppe in der Schweiz und von den britischen Fahrwerkskonstrukteuren Steve und Leister Harris, gab sich der Schotte Niall Mackenzie für zwei eher langsame Proberunden die Ehre, konnte zum Fahrverhalten der Maschine aber trotzdem profunde Aussagen machen.

Wegen seiner Erfahrung auf nahezu allen Arten von Rennmotorrädern als Testfahrer für das Projekt verpflichtet, hatte der langjährige Halbliter-GP-Pilot und dreifache britische Superbike-Meister bereits zweitägige Vorbereitungsfahrten auf der alten, eine halbe Autostunde entfernten Shah Alam-Strecke hinter sich. »Die erste Ausfahrt war ein seltsames Gefühl, weil das Motorrad mit seinen 138 kg – die restlichen drei bis zum Mindestgewicht von 135 kg sind mit einer anderen Auspuffanlage spielend einzusparen - leicht ist wie eine 500er, aber vom Motor her einen ganz anderen Charakter hat. Das Triebwerk zieht kräftig ab 8000/min, entwickelt richtig Leistung ab 10500/min, und weil die Drehzahl derzeit noch auf 13000/min begrenzt ist, bin ich derzeit noch die ganze Zeit am Schalten. Bei den nächsten vier Test-Tagen, wenn volle 15000/min freigegeben werden, sollte sich das ändern: Dann habe ich ein breites Leistungsband von 4000 bis 5000 Umdrehungen zur Verfügung, das jeder 500er mit einem Leistungsband von rund 2000 Umdrehungen klar überlegen ist.«

Auch vom Ansprechverhalten war der 40jährige überzeugt. »Wie jede Einspritzmaschine reagiert auch die Petronas im Drehzahlkeller mit Verzögerung auf die Befehle vom Gasgriff, doch im entscheidenden Bereich, ab 8000/min, macht sich diese Verzögerung nicht mehr bemerkbar. Ab dieser Drehzahl hängt der Motor wunderbar weich und gleichmäßig am Gas«, schwärmte er. »Bislang mussten wir auch von den vielen Verstellmöglichkeiten des Fahrwerks noch keinen Gebrauch machen. In der Kurvenmitte verhält sich das Motorrad sehr neutral, der Schwerpunkt stimmt.«

Daß der beim Japan-Grand Prix in Suzuka erstmals gezeigte, wuchtige 56 Zentimeter aufragende Dreizylinder-Reihen-

Spiel, Satz und Sieg: Daijiro Katoh nahm auch die letzte Hürde zum Titel souverän

Osamu Goto und sein renovierter Dreizylinder: Teurer als Honda oder Yamaha

Wie eine 500er - aber mit ganz anderem Charakter: Niall Mackenzie auf Probefahrt

motor mittlerweile so gut in einen Motorradrahmen passte, lag an den Modifikationen für die zweite, gefälligere Modellgeneration, die parallel zum Harris-Fahrwerk Anfang Mai in Angriff genommen wurde. Der Motorblock schrumpfte um 55 Millimeter, die zu einer Hälfte am Motorgehäuse und dem stattlichen Ölsumpf, zur anderen an den von jeweils vier konventionell betätigten Ventilen pro Zylinder beatmeten Zylinderköpfen eingespart wurden.

Außerdem wurden die einst kerzengerade aufragenden Zylinder um etliche Grad nach hinten gekippt. Diese Stellung ermöglichte es, den Lufteinlass für das elektronische Einspritzung schräg nach oben direkt in den Luftstrom des nach Honda-Vorbild unter dem Verkleidungsbug untergebrachten Haifischmauls für die Airbox zu rücken.

Weil die Auspuffrohre hinter dem Motor geradlinig unter der Sitzbank in eine Drei-in-Eins-Anlage geführt wurden, blieb vorne jede Menge Platz für großzügige Kühler und für horizontale Verstellmöglichkeiten für das 50 kg schwere Aggregat. »Spontan, schon bei der ersten Proberunde, war ich überzeugt von dem Potential des Konzepts«, erklärte Niall Mackenzie unisono mit den Sauber-Petronas-Ingenieuren, die das Motorrad Stufe für Stufe ganz nach Formel 1-Vorbild mit einem Drive by Wire-Gasgriff, mit einer elektronisch gesteuerten Halbautomatik und einer Traktionskontrolle ausrüsten wollten. »Es gibt keinen Zweifel daran, dass unser Dreizylindermotor das beste Konzept für die GP1-Klasse ist«, setzte Projektmanager Osamu Goto nach. »Er ist leistungsfähiger als ein V2, entwickelt mit konventioneller Ventilsteuerung deutlich über 200 PS und kann mit pneumatisch betätigten Ventilen bei Bedarf locker auf 250 PS gekitzelt werden, baut aber viel kompakter als die japanischen Vier- und Fünfzylindern und darf als fertiges Motorrad zehn Kilogramm weniger wiegen«, rechnete er vor.

Ein Kunde für das ehrgeizige Projekt fand sich freilich noch nicht: Weiterhin waren die auf rund zehn Millionen Dollar pro Zwei-Mann-Team pro Saison veranschlagten Kosten für die Formel 1-Technologie im Weg. »Unsere Motoren werden sehr

Rennfahrer als Foto-Modell: Mackenzie war umschwärmt wie Jahre nicht mehr

Das mißglückte Grand Prix-Debüt: Kurtis Roberts schockte seinen Dad mit Stürzen

Mission erfüllt: Ui mit Bartol, Poggiali mit Sacchi, Verna, Cheftechniker Galeotti

viel teurer sein als die gängigen Leasingraten für japanische Halbliter-Zweitakter. Denn wir müssen anders kalkulieren als große Motorradhersteller, die für solche Projekte aus zwei Töpfen, einem Entwicklungs- und einem Marketingbudget, schöpfen können«, räumte Goto ein, der für ein Zwei-Mann-Team je nach Anzahl der Testkilometer mit einem Bedarf von mindestens 40 bis 50 Motoren pro Saison kalkulierte.

War ein erster Kampfeinsatz des Petronas-Dreizylinders deshalb noch in weiter Ferne, so machte Valentino Rossi aus seiner Ablehnung gegen seinen bevorstehenden Umstieg auf die Honda-Fünfzylinder-Viertaktmaschine keinen Hehl. Hatte er im Siegestaumel seines Titelgewinns in Australien noch geschwärmt, die GP1-Viertakter seien wie eine vierte Kategorie, wie ein erneuter Aufstieg und damit auch jene neue Herausforderung, die er brauche, um seine Motivation zu bewahren, so hatte das nüchterne Kalkül des intelligenten Superstars mittlerweile wieder Oberhand gewonnen.

Rossi wusste trotz seiner Erfolge, wie gefährlich schmal der Grat zum Gipfel war, und wie jäh andere Helden wie Alex Crivillé oder Kenny Roberts wieder abgestürzt waren. Oberstes Gebot für Rossi war deshalb, in der Saison 2002 abermals auf der schlagkräftigsten Maschine zu sitzen und die Entwicklung der RC 211 V erst einmal vorsichtig abzuwarten.

Doch seine Vorschlag, auf dem Zweitakter in die Saison zu starten und irgendwann während des Jahres auf den Viertakter umzusteigen, hatte Honda bereits kategorisch abgelehnt und statt dessen ausführliche Probefahrten für den 22jährigen Publikumsliebling anberaumt. »Jetzt, wo wir ein siegfähiges Paket beieinander haben und eigentlich einen längeren Erholungsurlaub verdient hätten, sollen wir von vorne anfangen – wieder ein Scheiß-Winter mit jeder Menge Tests, und ein Saisonstart 2002, zu dem wir genauso müde eintreffen werden wie zu den letzten Rennen dieses Jahres«, schimpfte Rossi. Alles, was er tun könne, sei, die »letzten beiden Rennen auf einem richtigen Motorrad« nach Herzenslust zu genießen.

125 ccm: Mission erfüllt

Konnte sich Rossi mit dem WM-Titel in der Tasche beruhigt zurück lehnen, so war der Kampf in den kleineren Klassen noch in vollem Gang. Der 18jährige Senkrechtstarter Toni Elias erbeutete mit sei-

Toni Elias: Titel verpaßt - und trotzdem glänzende Zukunftsperspektiven

Starker Auftritt: Locatelli (15) holte Platz vier, Alex Hofmann (66) wurde Achter

ner Bestzeit am Freitag die vierte Pole Position der Saison, warnte sein Team aber vor allzu übertriebenen Erwartungen, weil er seine Zeit am Samstag nicht mehr verbessern konnte. »Mir ist eine einzige, wirklich schnelle Runde geglückt. Doch wir haben immer noch die gleichen Probleme mit dem Topspeed, die wir in Australien schon hatten«, erklärte Elias, während sein Teamkollege Dani Pedrosa nach der viertbesten Zeit auf Wolke sieben schwebte. »In einer Startaufstellung der Weltmeisterschaft zu stehen, ohne irgend jemanden vor mir zu haben, wird ein unglaubliches Gefühl sein«, freute sich der mittlerweile 16 Jahre alt gewordene Knirps.

Youichi Ui, hinter Toni Elias an zweiter Stelle qualifiziert, zerstörte die Sieghoffnungen des MoviStar-Junior-Teams im Rennen freilich schon nach wenigen Runden. Zu Beginn noch von seinen Rivalen umkreist, machte sich der japanische Derbi-Star allein auf und davon und holte mit über zwei Sekunden Vorsprung den dritten Sieg hintereinander. »Wir haben im Training gute Arbeit geleistet, ich war meiner Sache sicher«, frohlockte Ui.

Sein verkappter Teamkollege Manuel Poggiali auf der baugleichen Gilera hatte größere Schwierigkeiten, in Schwung zu kommen. Beim Angriff auf die Trainingsbestzeit von einem langsameren Fahrer aufgehalten, war der Italiener nur für die zweite Startreihe qualifiziert und würgte beim Losfahren fast noch den Motor ab. Elfter nach einer Runde, machte er sich auf eine lange, aber unaufhaltsame Aufholjagd und lag für die letzten sechs Runden vor Lucio Cecchinello an zweiter Stelle.

Nur noch drei Punkte fehlten dem Teenager nach dieser Leistung und dem dritten zweiten Platz in Folge zum Gewinn der Weltmeisterschaft, doch in Sicherheit wog er sich deshalb noch lange nicht. »Was zählt, ist die Mathematik. Ich bin noch nicht Weltmeister. Zuerst muß ich in Brasilien das Rennen beenden«, wehrte er die Gratulanten ab. Daß Youichi Ui mit seiner Erfolgssträhne theoretische Titelaussichten bewahrt hatte, kümmerte die Strategen im Hintergrund nicht im Geringsten: Sowohl Teammanager Giampiero Sacchi als auch Konstrukteur Harald Bartol waren für beide Projekte verantwortlich und konnten sich bereits jetzt als Meister fühlen. »Mission erfüllt«, lächelte Sacchi.

Der der wahre Gegner, das Telefonica MoviStar Junior Honda-Team, wurde noch klarer geschlagen als bei den Rennen zuvor und büßte die letzten Chancen ein, den Titelkampf bis zum Ende offen zu halten. Elias rettete sich am Ende nur

Sturz und gut: Roberto Rolfo sprang wieder auf und kam vor Melandri ins Ziel

dank Windschattens zwei Ränge hinter seinem Teamkollegen Pedrosa auf den sechsten Platz. »Ich wollte zusammen mit Ui abhauen, doch es war unmöglich. Ich bin voll am Limit gefahren und habe alles versucht«, seufzte Elias, der sich nach dem Verlust seiner Titelchancen mit rosigen Zukunftsaussichten trösten durfte: Telefonica MoviStar und Repsol bezahlten 4,5 Millionen Dollar ans Aprilia-Werk, um Elias an der Site von Fonsi Nieto in der Saison 2002 mit 250er Werksmaschinen und jeweils sieben Mechanikern ins Gefecht schicken zu können. »Ich hätte zu Derbi gehen und in der 125er Klasse bleiben können. Doch dort kann ich mich fahrerisch nicht mehr weiterentwickeln«, erklärte Elias. »Ich hatte auch ein Angebot von Luis d'Antin für die Halbliterklasse. Eine Yamaha 500 ist jedoch eindeutig noch eine Kragenweite zu groß für mich.«

Während Jarno Müllers Malaysia-Einsatz immer noch von den teaminternen Querelen in Australien überschattet war und mit einem diskreten 21. Platz endete, kam Steve Jenkner nur eine halbe Runde weit. »Dann ging Brannettis Motorrad vor mir fest, und ich bin ihm ins Genick gesprungen«, schilderte der tapfere Sachse.

250 ccm: Melandri bremst Hofmann

Daijiro Katoh brauchte nur um nicht mehr als vier WM-Punkte hinter seinem Titelrivalen Tetsuya Harada ins Ziel zu kommen, um seinen ersten WM-Titel sicherzustellen, doch der 25jährige Japaner dachte überhaupt nicht an irgendwelche Rechenspiele.

»Natürlich weiss ich, dass ich Champion bin, wenn ich am Sonntag den Sieg einstreiche, doch ich will beide verbleibenden Rennen gewinnen«, versicherte der Honda-Star. »Wenn ich mein Bestes gebe und gute Ergebnisse hole, kommt der Titel ganz von selbst.«

Anders als beim dritten Platz im Vorjahr, hatte Katoh mittlerweile Erfahrung auf der 5,5 Kilometer langen Sepang-Piste, außerdem hatte sich sein Team mit privaten Tests in der Vorsaison auf den Einsatz in der Waschküchenhitze vorbereitet, so dass Katoh an beiden Tagen die Trainingsbestzeit hinknallte.

Tetsuya Harada war ohne Vorsaisontests nach Sepang angereist und fuhr das erste Mal mit einer 250er auf dieser Piste, und entsprechend waren seine Rundenzeiten. »Nach viel, viel Arbeit haben wir ein halbwegs taugliches Set-Up gefunden. Doch dann hat mir ein langsamer Privatfahrer die beste Runde ruiniert«, seufzte er nach dem sechsten Platz im Abschlusstraining.

Auch Marco Melandri war keine Hilfe, denn der Italiener litt immer noch unter den Nachwirkungen seines in Japan gebrochenen Mittelhandknochens. »Der Asphalt hier ist nicht so eben, wie er aussieht. Er ist mit Bodenwellen gespickt, und beim Drüberfahren gibt es mir jedes Mal einen Stich in die Hand«, grübelte er.

Entsprechend vorsichtig ging er tags darauf denn auch zur Sache, versperrte zunächst Alex Hofmann den Weg, der am Schluss einen feinen achten Platz hinzauberte, und landete am Ende abgeschlagen auf dem elften Platz – hinter Privatfahrer Roberto Rolfo, der nach einem frühen Sturz wieder in den Sattel gesprungen war und nach dem zehnten Rang alle Chancen hatte, Melandri den dritten WM-Rang streitig zu machen.

Katoh feiert mit Teamchef Gresini und den Fans – Teamkollege Alzamora stürzt

Der entgangene Podestplatz: Roberts wurde von Biaggi umgerissen

An der Spitze hatte sich das Feld schon früh gelichtet. Katoh schüttelte seine Verfolger schon in der ersten Runde ab, machte sich zu einer Alleinfahrt aus dem Staub und feierte nicht nur die schnellste Rennrunde, einen neuen Rundenrekord und den zehnten Sieg der Saison, sondern auch seinen ersten WM-Titel. »Ein optimales Ergebnis. Vielen Dank an mein Team – jetzt kann ich es gar nicht erwarten, mit den gleichen großartigen Leuten in die GP 1-Klasse umzusteigen und dort auf einer Honda NSR 500 Gas zu geben«, strahlte Katoh.

Viel mehr ließ sich der drollige kleine Japaner nicht entlocken, dem man die Worte buchstäblich entreißen musste. Deshalb war das Wissen um das Supertalent auch eher statistischer Natur: Katoh wurde am 4. Juli 1976 in Saitama geboren wurde, bewegte mit drei Jahren sein erstes Pocket Bike, holte als Neunjähriger den japanischen Meistertitel und hatte mit 18 bereits den Status eines Honda-Werksfahrers erreicht.

Zu den Streckenhotels in Japan fuhr er mit einem cremefarbigen Porsche vor, zu den Fahrerlagern in Europa tingelte er mit einem Motorhome und seiner Frau Maikiko und Söhnchen Ikko, der viel selbstverständlicher in die offenherzige italienische Mentalität der neuen europäischen Umgebung hineinwuchs als der streng japanisch erzogene, stets höfliche, aber auch nach zwei Jahren in Europa immer noch introvertierte Vater.

Cheftechniker Fabrizio Cecchini verglich Katoh mit einem scheuen Reh, das seine Umgebung stets vorsichtig auskundschaftet und blitzschnell die Flucht ergreift. Mechaniker Ivan Brandi sah in ihm einen Kater, der immer weiss, wie und wohin er gehen muss. Ausserdem, fügte er hinzu, sei er ebenso wasserscheu – eine Anspielung auf Katohs einzige beiden schweren Niederlagen der Saison, die Regenrennen in Mugello und Assen.

Eine von Daijiros Lieblingsbeschäftigungen war der Schlaf, und wie eine Raubkatze konnte auch er aus völliger Entspannung plötzlich die Krallen ausfahren und zum Angriff übergehen. »Letztes Jahr in Suzuka war er eine Viertelstunde vor der Besichtigungsrunde noch nicht in der Box. Ich begann ihn zu suchen und fand ihn im Tiefschlaf«, erinnerte sich Cecchini. »Dann klappte er die Augen auf, stieg aufs Motorrad und gewann das Rennen. Eine solche Ruhe habe ich bei einem Fahrer noch nie gesehen.«

Das war der dritte von vier Suzuka-Siegen hintereinander, und dass Katoh nach nur einem Jahr Eingewöhnung auch die restlichen Strecken rund um den Globus beherrschte, machte ihn zu einem würdigen Weltmeister. »Herzlichen Glückwunsch«, rang sich selbst Tetsuya Harada ab.

Katja Poensgen verfolgte das Geschehen in der Box: Sturz übers Vorderrad. »Mittlerweile bremse ich so hart, dass wir bei der Gabelabstimmung an unsere Grenzen geraten«, gewann sie dem Ausrutscher positive Seiten ab.

500 ccm: Kurtis k.o.

Kenny Roberts senior hatte zum Heimspiel seines Sponsors Proton eine kleine Sensation präsentiert und ließ seinen jüngsten Sohn Kurtis in der Halbliterklasse debütieren.

Doch statt zum Triumph kam es zum Waterloo: Der 22jährige Honda-Amerika-

West-Star Loris Capirossi: Nach Biaggis Ausfall setzte er alles auf eine Karte

Star, schon in seiner allerersten Trainingsrunde wegen eines blockierten Vorderrads zu Boden gegangen, überlastete den Vorderreifen eingangs der dritten Rennrunde erneut.

Sein Teamkollege Jürgen vd. Goorbergh verfolgte das Elend vom Streckenrand: Er hatte wegen einer schweren Ge-

Abermals unschlagbar: Valentino Rossi vor McCoy, Capirossi, Nakano

hirnerschütterung bei einem Trainingssturz auf den Start verzichtet.

Zu den betretenen Mienen passte das Gesicht von Kenny junior. Max Biaggi hatte seinen Ruf als Sturzkönig nämlich dadurch verteidigt, dass er in eine Lücke stach, die keine war, und King Kenny mit aus dem Sattel riß. Weil ein Lenkerstummel fehlte, musste Biaggi auf eine Fortsetzung seines wilden Ritts verzichten. »Einmal mehr versuchte ich im Rennen, das Unmögliche möglich zu machen. Beim Reinbremsen in die Kurve war ich etwas zu schnell und berührte Roberts. Es tut mir leid, ihn trifft keinerlei Schuld«, erklärte der Römer.

Der gestrandete Roberts phantasierte indes von einem entgangenen Podestplatz. »Es war eine Riesen-Enttäuschung. Ich fühlte mich auf dem Motorrad und mit den Reifen so wohl wie schon lange nicht mehr. Ich hatte keine Probleme, das Tempo mitzugehen und hätte unter die ersten drei kommen können«, versuchte er die Öffentlichkeit glauben zu machen.

Viel wichtiger als die Teampropaganda war freilich, was sich hinter den Kulissen anbahnte: Parallel zu einer Kooperation bei der Entwicklung, beim Teileeinkauf, der Produktion und beim Marketing von Serienmodellen hatten sich Suzuki und Kawasaki als die beiden kleinsten japanischen Motorradhersteller auch auf ein Joint venture beim Bau eines V4-GP1-Viertakters geeinigt und beschlossen, 2003 mit den gleichen Motoren an den Start gehen. Es gab sogar Pläne, das Debüt der Suzuki XREO V4 auf 2002 vorzuziehen - die Tendenz ging nun eher dahin, den neuen Viertakter im Rennbetrieb zu entwickeln als ein weiteres Jahr auf der hoffnungslosen Zweitakt-RGV 500 hinterher zu fahren.

Biaggi machte sich derweil die ersten ernsthaften Sorgen um seine sicher geglaubte Vizeweltmeisterschaft. Denn Loris Capirossi, der zwei Runden vor Schluß an Garry McCoy auf Platz zwei huschte, verkürzte seinen Rückstand in der WM-Wertung auf nur noch vier Punkte. »Als mir signalisiert wurde, dass Biaggi fehlte, habe ich alles auf eine Karte gesetzt. McCoy hat mich lange aufgehalten, doch am Schluß habe ich ihn erwischt. Für mich ein optimales Rennen«, zeigte sich der West-Honda-Pilot begeistert. Die gute Stimmung herrschte im gesamten Team, denn zu Beginn des Wochenendes hatte der im Rennen siebtplatzierte Alex Barros nicht nur den 31. Geburtstag gefeiert, sondern auch eine Vertragsverlängerung

Rossi feiert den Sieg - und Capirossi träumt von der Vizeweltmeisterschaft

mit Sito Pons für weitere zwei Jahre besiegelt. Auch Sponsor West sagte für ein weiteres Jahr zu.

Unangreifbar zeigte sich freilich ein weiteres Mal Valentino Rossi. »Die erste Runde war ein Alptraum, denn am Start kriegte ich den zweiten Gang nicht rein«, schilderte Rossi. »Es war auch ein hartes Finale – bei der Hitze rutschen die Reifen gewaltig, Drifts waren die einzige Art und Weise, flott um die Kurven zu kommen!«

Yamaha-Fahrer unter sich: McCoy findet eine Lücke und schlüpft an Nakano vorbei

54
GILERA
GILERA
agv
agv
DEL CONCA
GILERA

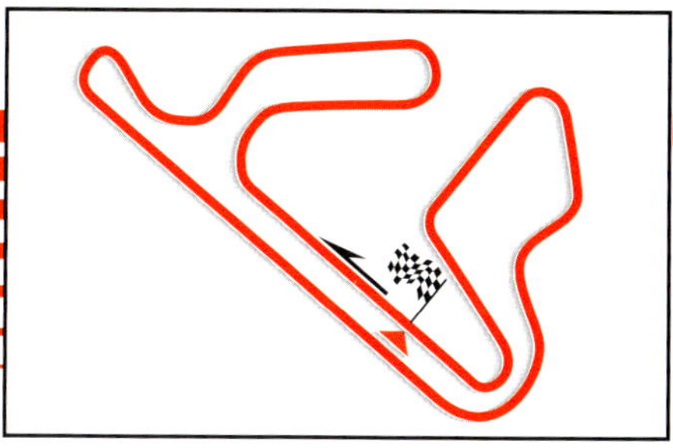

3.11.2001: Rio Grand Prix in Jacarepagua

Freie Künste

Manuel Poggiali holte nach 44 Jahren wieder einen WM-Titel für Gilera – auf einer 55 PS starken Superwaffe, für die Konstrukteur Harald Bartol alle technischen Freiheiten hatte.

Dieter Stappert, Manager des Aprilia Germany-Teams, musste vor dem Rio-Grand Prix einen geplatzten Termin mit einem vermeintlichen neuen, italienischen Hauptsponsor wegstecken, worauf die Hoffnung, den Iren Jeremy McWilliams für die nächste Saison halten zu können, weiter sank.

Eines der wichtigsten Teammitglieder hatte Stappert bereits vorher verloren: Cheftechniker Sepp Schlögl unterschrieb einen Drei-Jahres-Vertrag als Technischer Leiter der am Sachsenring vorgestellten Dark Dog-Challenge für junge Nachwuchspiloten. »Mit Jeremy McWilliams war's angenehm zu arbeiten. Doch ich habe so viel gemacht im deutschen Motorradsport, dass ich nicht einsehe, warum ich in Zukunft für Ausländer arbeiten soll«, erklärte Schlögl vor allem auch wegen der Art, in der Klaus Nöhles abserviert und durch Diego Giugovaz ersetzt wurde.

Damit nahm ein Mann, der seinen Fahrern drei Jahrzehnte lang stets konkurrenzfähige, meist sogar überlegen schnelle Maschinen hingestellt und so gut wie keinen technischen Ausfall zu beklagen hatte, seinen vorläufigen Àbschied. Die Renn-Geschichte des mittlerweile 54jährige Bayerm begann 1969, als Schlögl sich selbst auf einem 125 ccm-Eigenbau versuchte. »Toni Mang fing zu der Zeit auch gerade zu fahren an«, erinnerte sich Schlögl. »Er fuhr eine 50er, ich die 125er. Doch wir fanden bald heraus, dass ich zwar im Gelände, er aber auf der Straße besser war. Dann beschlossen wir, gemeinsame Sache zu machen, so dass wenigstens einer von uns Erfolg haben konnte.«

Kalkulierte Fahrt im Nieselregen: Poggiali balancierte vorsichtig zum Titel

Was dann kam, ist Legende. Vier seiner fünf Weltmeistertitel, zwei bei den 250ern in 1980 und 1981, weitere zwei bei den 350ern 1981 und 1982, hatte Toni Mang der technischen Expertise von Sepp Schlögl zu verdanken, der längst ausgediente Werks-Kawasaki in wahre Raketen verwandelte.

Damals waren Rennmaschinen noch so simpel aufgebaut, dass begabte Techniker den Werken durchaus zeigen konnten, was eine Harke ist. »Ende der 60er, Anfang der 70er Jahre gab's sogar noch Unterbrecherzündungen. Als die ersten Transistorzündungen auf den Markt kamen, fingen alle an, ihre Motorräder umzubauen«, erinnerte sich Schlögl.

Auch waren die meisten Maschinen noch luftgekühlt. »Ein echtes Problem. Denn im Verlauf eines Rennens ging viel Spitzenleistung verloren, weil sich die Hitze aufstaute.« Schlögl wusste Abhilfe: Eine seiner ersten spektakulären Großtaten war, die Yamaha 250 von Dieter Braun in seiner Werkstatt im bayerischen Inning auf Wasserkühlung umzubauen. Weil er gleich dabei war, rüstete er den Standardmotor mit quadratischem Bohrung-Hub-Verhältnis auch noch zum Kurzhuber um, um noch mehr Leistung durch noch höhere Drehzahlen zu erzielen. »Dieser Motor war einer der besten, den ich je gebaut habe. Wir hatten nicht einen einigen technischen Ausfall, obwohl die Wasserkühlung keine einfache

Abschied einer Rennsportlegende: Sepp Schlögl entschied sich für den Nachwuchs

Aufgabe war. Das Budget für das gesamte Motorrad betrug 8000 Mark. Dieter gewann 1973 den WM-Titel damit, danach wurden uns 16000 Mark für das Motorrad angeboten, weil die Kaufinteressenten Schlange standen. Die, die es schließlich

Paradelauf für Alex Barros: Beim Finale hatte der Brasilianer endlich Heimvorteil

kauften, hatten nie wieder Erfolg damit – sie wussten halt nicht, wie man die Maschine warten und abstimmen mußte!«

Nach einem schweren Unfall auf dem Salzburgring 1977 war Brauns Karriere zu Ende, und die eigentlich gedachten Kawasaki-Werksmaschinen landeten in den Händen von Toni Mang. 1978 und 1979 waren die Motorräder allerdings derart langsam, dass Kawasaki sich zurückzog. Dank Sponsorgelder des bayerischen Koffer-Herstellers Mike Krauser setzten Mang und Schlögl ihr Abenteuer 1980 freilich auf eigene Faust fort. »Wir wussten, wie wir die 79er Maschine verbessern konnten. Ich machte eigene Zylinder für die 250er, und in Misano war der Toni sofort schneller als mit der 350er.« Es dauerte etwas länger, bis auch die 350er nach Schlögl-Rezept verfeinert war, doch ab Saisonmitte hieß es freie Fahrt. »Toni probierte sie aus und fuhr wie ein geölter Blitz zur Trainingsbestzeit. Diese Zylinder habe ich immer noch zuhause!«

Nach Mangs grossen Erfolgen wandte sich Schlögl Fahrwerksverbesserungen zu und erkannte als einer der ersten Techniker, dass einfache Stahlrahmen mit zwei Federbeinen links und rechts sowie breiten Reifen auf lächerlich schmalen Felgen keine Zukunft hatten. »Wir benutzten damals schon den besten Stahl, fingen aber auch an, die Geometrie zu verändern und über Monoshock-Systeme mit einem Zentralfederbein nachzudenken. Erster Schritt war allerdings, die Räder in die Flucht zu bringen – die normalen Fahrwerke waren von Haus aus so ungenau gefertigt, dass wir sie erst einmal komplett zerlegten, vermassen, nachbearbeiteten und dann wieder zusammen setzten.«

Alles klar für die Zukunft: Roberto Rolfo unterschrieb als Katoh-Nachfolger

1983 griff Mang in der Halbliterklasse an, fuhr aber wegen eines beim Skifahren verdrehten Knies und wegen lahmer Standard-Motoren seiner Square Four-Suzuki hinterher. Unbeachtet blieb deshalb der nur 7,5 kg leichte Spezialrahmen, mit dem Schlögl das 11 kg schwere Original ersetzt hatte. »Er war viel leichter, aber trotzdem steifer. Ich verwendete die besten Stahlrohre, die es gab. Leider konnten wir die Qualitäten des Motorrads nie richtig beweisen – selbst Ende der Saison konnte Toni sein Knie noch nicht richtig abwinkeln.«

1984 verwandelte Schlögl eine Yamaha 250 zum Eigenbau, bezeichnete das im Nachhinein aber als Fehler. »Die Zeiten waren vorbei, in denen man mit einer kleinen Werkstatt gegen die großen Werke bestehen konnte. In nur zwei Jahren hatte sich die Szene völlig geändert. Die Technik wurde komplizierter, Zeit und zusätzliche Mechaniker fehlten, und statt regelmäßiger Punkte häuften sich die Ausfälle.«

Immerhin waren einzelne Rennen Mangs so gut, dass er für 1985 ein Honda-Angebot erhielt und 1987 nochmals Weltmeister wurde. Ein Jahr zuvor hatte sich das Erfolgduo bereits getrennt, doch Schlögl war nie bitter über das Ende dieser Epoche. »Wenn ich beim Toni geblieben wäre, wäre ich längst aus dem Rennsport verschwunden. Statt dessen kam die Chance, das HB-Honda-Team aufzubauen«, schilderte er. »Meine neue Aufgabe war nun, das beste Set-Up zu suchen, statt in vielen schlaflosen

Tränen trotz Sieg: Youichi Ui trauert dem entgangenen WM-Titel nach

Nächten neue Motorräder zu bauen. In meinem Alter kam mir das sehr entgegen.«

Schlögl blieb trotzdem ein Pionier. So tauschte er die Vergaser an Reinhold Roths Honda NSR 250 gegen ein anderes Modell – und machte den unvergessenen Amtzeller 1989 zum Vizeweltmeister.

Für Helmut Bradl tüftelte er bessere Kanalformen und Auspuffanlagen aus – und machte ihn schnell genug für die Vize-WM 1990.

1996 und 1997 holte Schlögl abermals die Vize-WM, diesmal mit Ralf Waldmann, und in der Waldi-Ära bestand seine Leistung darin, aus dem Kaffesatz der Emotionen des begnadeten, aber mehr durch Instinkt als Analyse gesteuerten Ennepetalers die richtigen Fakten für die Abstimmung herauszulesen.

«Es ist der Erfolg, die Aufregung bei einem guten Resultat, das mich immer noch antreibt«, erklärte Schlögl, warum er auch im Alter von 54 die Reisestrapazen und die Auseinandersetzung mit immer wieder anderen Fahrern nicht scheute.

Denn auch der Umstieg zur Dark Dog-Challenge war keineswegs als Renn-Ruhestand gedacht, sondern eher als viel versprechender Neubeginn. »Mit den Jungen zu arbeiten, ist eine interessante Aufgabe, vor allem, weil Honda voll dahintersteht. Es ist auch kein Abschied von den Grand Prix: Im dritten Jahr kehre ich mit den besten Nachwuchsfahrern in die WM zurück!« kündigte Schlögl an.

125 ccm: Ui in Tränen

Der Italiener Romolo Ferri gewann noch lange vor Schlögls Zeiten, im Jahr 1956, den deutschen 125 ccm-Grand Prix auf Gilera, wobei ihn sein kleiner, langhubiger, 19 PS bei 12000/min kräftiger Viertakt-Twin auf dem 11,417 Kilometer langen Solitudering zu einer schnellsten Runde mit 138,855 km/h Durchschnittstempo trug. Gegen den übermächtigen Carlo Ubbiali auf MV Agusta reichte es am Saisonende freilich nur zur Vizeweltmeisterschaft.

Die Mission, die dem Italiener damals nur zur Hälfte glückte, wurde 45 Jahre später, beim Finale der Grand Prix-Saison 2001 in Rio de Janeiro, erfüllt: Manuel Poggiali holte endlich den ausstehenden 125er Titel für Gilera, wobei er es wegen widerlichen Nieselwetters und seines geringen Restbedarfs von nur noch drei WM-Punkten mit einem vorsichtigen fünften Rang bewenden ließ. »In dieser hart umkämpften Klasse kannst du nicht immer so auftreten wie Rossi bei den 500ern«, bedauerte er angesichts der phänomenalen Serie seines Landsmanns. »Ich fühle mich unwohl im Nassen, und als ich beim Aufwachen heute morgen aus dem Fenster schaute, habe ich geflucht. Wegen des Regens war ich auch beim Start nervöser als sonst. Und als mir in der fünften Runde bei einem Vorderradrutscher der Lenker einklappte, gefror mir das Blut in den Adern. Außerdem hatte ich eine Schrecksekunde, als Lucio Cecchinello vor mir zu Boden ging.«

Erstaunlich abgebrüht für einen 18jährigen, brachte er sein Motorrad dann doch heil über die Distanz, bevor er mit seiner Mutter Antonella und den aus San Marino angereisten Freunden eine kräftige Party steigen ließ. »Als ich die karierte Flagge sah, konnte ich endlich durchatmen. Eine ganze Reihe von Dingen ging mir gleichzeitig durch den Kopf, schöne, aber auch die weniger schönen

Frühe Führung - und dann ein Sturz: Andrea Ballerini vertrat Gaspare Caffiero

Welt- und Vizeweltmeister: Bei Gilera und Derbi wurde gemeinsam gejubelt

Dinge des Lebens. Gottseidank bin ich erst 18 und habe noch nicht so viel, über was ich nachdenken muß«, lächelte er. »Ich widme diesen Titel meinem armen Vater, der vor zwei Jahren gestorben ist. Er hat mich zum ersten Mal auf ein Motorrad gesetzt, und ohne ihn hätte ich nie die Chance zu einer solchen Karriere gehabt. Alles, was ich erreicht habe, ist ihm zu verdanken.«

Daß er in diesem Jahr sehr erwachsen geworden sei, fügte er hinzu, und dass er sich glücklich fühle, der beste Fahrer dieser Klasse zu sein – besser auch als Youichi Ui, der zwar doppelt so viele Rennen gewonnen hatte, wegen Ausfällen und fahrerischer Durchhänger zu Saisonmitte aber trotzdem weniger Punkte auf dem Konto hatte.

»Ich könnte noch drei Rennen gebrauchen«, ließ Ui wissen und wischte sich trotz dem vierten Sieg hintereinander ein paar Tränen aus den Augen. »Anfangs der Saison wurden die Motoren nach dem Zufallsprinzip vergeben, und dabei stellte sich heraus, dass ich nicht die schnellsten Maschinen erwischt hatte. Deshalb hatte ich meine liebe Not – bis Harald Bartol nach der Sommerpause mit der neuen Motorengeneration ankam, die ganz wunderbar funktioniert«, fand er für seine jüngste Siegesserie, aber auch für seine Niederlage im Titelkampf eine schlüssige Erklärung.

«Stimmt, es gab leichte Unterschiede bei der Leistung. Das ist vermeidbar, wenn du genügend Zeit hast, jede einzelne Baukomponente sorgfältig zu überprüfen. Diese Zeit gibt es im Rennsport leider nicht immer«, bedauerte Konstrukteur Harald Bartol. »Allerdings waren die Unterschiede minimal verglichen damit, dass Youichi zu Saisonmitte einige Fehler machte und in ein Leistungsloch fiel. Trotzdem ist der Youichi in meinem Herzen Champion. Er arbeitet seit sechs Jahren mit mir und hat sehr viel zum Erfolg beigetragen.«

Zunächst gemeinsam im Yamaha 125-Team des Schwaben Hermann Kurz, wurden Bartol und Ui zu den Schlüsselfiguren beim Derbi-Comeback 1999. Bartol brachte einen ursprünglich für Yamaha gedachten Membranmotor in das Projekt ein, der die Konkurrenz seit dem ersten Einsatz eines neuen Motorgehäuses und eines neuen Spezialgetriebes beim Brünn-Grand Prix endgültig in Grund und Boden fuhr. Über 55 PS bei 12600/min, eine über 1000 Umdrehungen hinweg konstant

Poggialis Triumph weckte Erinnerungen: Liberati, Duke auf der 500er, Viertakt-125er

Ein nachdenklicher Glückspilz: Poggiali widmete den Titel dem verstorbenen Vater

bleibende Höchstleistung und eine Überdrehfähigkeit bis 14000/min waren die neue Meßlatte für Honda und Aprilia. »Alles nur, weil ich die völlige Freiheit hatte, das zu verwirklichen, was ich für richtig hielt«, rieb sich Bartol die Hände.

Freilich waren die ersten beiden Plätze in der WM auch für das Gilera-Derbi-Doppelteam eine kam zu übertreffende Bilanz. Neben der Ausrüstung eines Juniorenteams in Italien gab es deshalb bereits ein neues, noch höheres Ziel: Die Teilnahme an der GP1-WM. »In den nächsten Wochen mache ich den Businessplan. Danach brauchen wir zwei Jahre, um das Projekt auf die Beine zu stellen«, verriet Harald Bartol.

1950 und 1952 holten der Italiener Umberto Masetti, 1953, 1954 und 1955 der Brite Geoff Duke die ersten Halbliter-Titel für Gilera. 1957 schafften Libero Liberati und Bob McIntyre sogar ein ähnliches Double wie Poggiali und Ui, wobei McIntyre mit dem 70 PS starken Reihenvierzylinder in Hockenheim eine schnellste Runde mit 208,627 km/h Schnitt hinzauberte. Gilera-Fans zweifelten nicht, dass Bartols GP1-Maschinen auch diesem langen Schatten davonfahren würden – womöglich sogar mit Manuel Poggiali im Sattel, der seinen Vertrag mit Gilera schon beim Valencia-Grand Prix um zwei Jahre verlängert hatte.

Waren bei der Zukunft des ADAC Sachsen-Teams mit Jarno Müller wegen des Streits zwischen Müller und Cheftechniker Stefan Kurfiss noch einige Fragen offen, so gelang dem Sachsen wenigstens aus sportlicher Sicht ein versöhnlicher Saisonabschluss: Mit dem überraschenden zwölften Platz im Rennen lief Müller als bester Deutscher klar vor Steve Jenkner ein, der wegen eines beschlagenen Visiers auf Platz 17 herumkurvte und in der WM-Endwertung auf Rang elf abrutschte. »Das war mehr Glück als Verstand – der Regen hat uns nach dem 24. Startplatz gerettet«, freute sich Müller über sein Husarenstück.

250 ccm: Werksfahrer Rolfo

Neben Dieter Stappert kämpfte auch Racing Factory-Teammanager Dieter Theis verzweifelt ums Überleben seines Aprilia-Rennstalls, suchte bislang aber vergeblich nach neuen Geldgebern für Alex Hofmann, der die Saison wegen zu weicher, geschnittener Slicks mit einem dürftigen 17. Platz im Rennen und Gesamtrang 12 in der 250 ccm-Klasse abschloss.

Theis zog gleichzeitig die letzten Register und wandte sich mit einer Werbebroschüre in vier Sprachen und einem flammenden Brief an die uneinsichtige Öffentlichkeit. »Endet nach sieben Jahren harter Aufbauarbeit mit vielen Höhen und Tiefen ein Traum? Das einzige deutsche Grand Prix Team mit einem deutschen Piloten findet keinen Sponsorpartner für die Saison 2002 und muss aufgeben«, schrieb Theis, fügte aber noch ein Fragezeichen an: IRTA-Sekretär Mike

Absprung in die neue Saison: Stefano Perugini trennt sich von seiner Italjet

Die geschlagene Aprilia-Meute: Katoh gewann als Krönung auch noch im Regen

Trimby garantierte ihm vorab einen Teamplatz für 2002, Dorna-Chef Carmelo Ezpeleta sicherte ihm außerdem zusätzliche Fernsehpräsenz im Rahmen der von den dritten ARD-Programmen für 2002 geplanten MotoGP-Sondersendungen zu. »Alle helfen uns. Mit vereinten Kräften könnten wir doch noch die Wende zum Guten schaffen«, hoffte Theis, der »trotz aller verzweifelten Anstrengungen« bereits einen Bankkredit bemüht hatte, um die Saison überhaupt zu Ende bringen zu können.

Die Zukunft zweier Ex-Racing Factory-Piloten war dagegen gesichert. Katja Poensgen wurde auf der abtrocknenden Strecke mit ihren Regenreifen zwar zweimal überrundet und wurde Letzte, konnte sich wegen ihres bis Ende 2002 laufenden Vertrages aber bereits sorglos auf die kommenden sportlichen Aufgaben konzentrieren.

Roberto Rolfo, im Vorjahr für einige Rennen Ersatzfahrer des verletzten Alex Hofmann, kaum auch nicht wie gewohnt in Schwung, wurde Achter und scheiterte bei seinem Versuch, Marco Melandri von seinem dritten WM-Rang zu verdrängen. Gesamtrang vier war für den Privatfahrer aus Turin aber trotzdem eine so bemerkenswerte Leistung, dass er von Movi-Star-Honda-Teamchef Fausto Gresini als Nachfolger von Daijiro Katoh verpflichtet wurde.

Der in die Halbliterklasse wechselnde Champion krönte seine fabelhafte Saison mit dem elften Sieg und stockte sein Konto auf 322 Punkte auf. »Ein schwieriges Rennen, weil die Streckenbedingungen von Runde zu Runde wechselten«, berichtete er. »Zu Rennmitte fing es wieder an zu nieseln, worauf ich ein paar gefährliche Rutscher hatte. Dann aber trocknete es auf, ich konnte zügig fahren und gewann. Jetzt bin ich froh, dass ich auch einmal ein Regenrennen gewonnen habe«, ergänzte der wasserscheue kleine Japaner.

Waren seine Intermediates die richtige Wahl, so hatte sich Marco Melandri in letzter Minute für einen Hinterradslick entschieden und rückte mit der Ersatzmaschine aus, weil die Zeit nicht reichte, um das mit Intermediates vorbereitete Nummer eins-Motorrad umzubauen. »Diese Entscheidung war zu keiner Sekunde vorteilhaft, nicht einmal, als es am Schluß trocken wurde«, wunderte er sich, kam aber immerhin als bester Aprilia-Pilot an zweiter Stelle ins Ziel – vor dem alten 125 ccm-Weltmeister Roberto Locatelli, der zum Ende seines ersten Jahres in der 250 ccm-Klasse einen ermutigenden dritten Platz ablieferte.

Nur Tetsuya Harada war mit seinem sechsten Platz nicht einverstanden. »Es ist unglaublich: Ich hatte mich für die bestmögliche Reifenkombination mit einem geschnittenen Slick vorn und einem reinrassigen Slick hinten entschieden, doch das Hinterrad vibrierte und ratterte fürchterlich. Ich hatte keine Chance!«

500 ccm: West im Weg

Das große Duell zwischen Valentino Rossi und Max Biaggi fiel abermals aus, weil der Römer auf der Holperpiste von Jacarepagua nicht seinen typischen Kurvenspeed erreichte, auf dem zehnten Startplatz steckenblieb und sich im Rennen nur allmählich auf den dritten Platz nach vorn tastete. Das reichte immerhin knapp für die Vizeweltmeisterschaft: Loris Capirossi, der Biaggi die Nummer zwei hätte streitig machen können, rutschte wegen seiner Intermediate-Reifen auf Rang

Ein guter Schluß krönt alles: Locatelli erbeutete den ermutigenden dritten Platz

Biaggi (3) stellte die Vizeweltmeisterschaft sicher - Checa (7) scheitert knapp am Sieg

fünf zurück und raufte sich wegen des dubiosen Wetters ebenso die Haare wie sein viertplatzierter Teamkollege Alex Barros, der seinen Fans beim Heimspiel gern einen Podestplatz serviert hätte.

Doch Marlboro-Yamaha-Teamkollege Carlos Checa sprang für Biaggi erfolgreich in die Bresche. Ein Regenschauer hatte nach den ersten vier Runden für eine Unterbrechung gesorgt, und bei der

Am Zielstrich ist Checa vorn – doch in der Addition setzt Rossi zum Überholen an

anschließenden Reifenlotterie entpuppten sich die handgeschnittenen Slicks des Spaniers als beste Wahl. Nach drei eher verkorksten Jahren zog Checa auf abtrocknender Piste triumphal an Valentino Rossi vorbei, verteidigte rundenlang die Spitze und hatte noch eingangs der letzten Kurve den lang ersehnten ersten Sieg auf Yamaha in der Hand.

Dort jedoch versperrte Nachzügler Anthony West mit seiner Zweizylinder-Honda den Weg, worauf Checas hart erarbeiteter kleiner Vorsprung auf 0,143 Sekunden zusammenschrumpfte – zu wenig, um seinen Rückstand von 0,195 Sekunden aus dem ersten Teil des Rennens auszugleichen. »Ich sah die karierte Flagge und dachte, ich hätte gewonnen. Als ich das wahre Resultat sah, fühlte ich mich so schlecht wie noch nie in meinem Leben«, war Checa vor Wut geradezu grün im Gesicht. »Auf frustrierendere Weise kann man nicht verlieren. Schon am Freitag habe ich mich beklagt, dass keine blauen Flaggen geschwenkt wurden, um Nachzügler zum Ausweichen zu ermuntern – offensichtlich vergebens.«

Und deshalb war abermals Valentino Rossi vorn, der dank seiner Tüchtigkeit auch das Glück gepachtet hatte. »Mein Vorderrad-Intermediate war die schlechtere Wahl, deshalb überholte Checa. Ich konnte mich aber im Windschatten halten«, erklärte er und rechnete zufrieden vor, dass er mit seinen elf Siegen und 325 Punkten – elf Siege und 321 Punkte bei seinem 125er Titel, neun Siege und 309 Punkte bei den 250ern – einmal mehr sich selbst übertroffen hatte.

Damit ging Rossi nicht nur als letzter Halbliter-Weltmeister, sondern auch als letzter Sieger eines Halbliter-Grand Prix in die Geschichte ein. Manche der Piloten und Mechaniker am Startplatz trugen schwarze Armbinden – um sich mit gebührender Trauer von einer faszinierenden Ära zu verabschieden.

Letzter Start der alten 500er-Klasse - und Trauer-Armbinden mancher Mechaniker

ERGEBNISSE GRAND PRIX JAPAN IN SUZUKA

RENNEN 125 cm³

Fahrer (Nation)	Maschine	Zeit (Min)
1. Masao Azuma (J)	Honda	40.59.192
2. Youichi Ui (J)	Derbi	- 0,067
3. Simone Sanna (I)	Aprilia	- 0,604
4. Gino Borsoi (I)	Aprilia	- 0,898
5. Manuel Poggiali (I)	Gilera	- 1,151
6. Lucio Cecchinello (I)	Aprilia	- 1,376
7. Steve Jenkner (D)	Aprilia	- 14,173
8. Mirko Giansanti (I)	Honda	- 14,632
9. Arnaud Vincent (F)	Honda	- 15,732
10. Pablo Nieto (E)	Derbi	- 16,333
11. Angel Nieto jr. (E)	Honda	- 17,384
12. Max Sabbatani (I)	Aprilia	- 17,992
13. Gianluigi Scalvini (I)	Italjet	- 18,621
24. Jarno Müller (D)	Honda	- 1.21,581
25. Philipp Hafeneger (D)	Honda	- 1.49,589

Trainingsbestzeit: Ui in 2.14,686 min = 156,604 km/h
Schnellste Rennrunde: Azuma in 2.15,353 min = 155,832 km/h (Rek.)
Schnitt des Siegers: 154,385 km/h

RENNEN 250 cm³

Fahrer (Nation)	Maschine	Zeit (Min)
1. Daijiro Katoh (J)	Honda	41.03.596
2. Tetsuya Harada (J)	Aprilia	- 18,763
3. Roberto Locatelli (I)	Aprilia	- 18,835
4. Naoki Matsudo (J)	Yamaha	- 23,135
5. Roberto Rolfo (I)	Aprilia	- 24,423
6. Marco Melandri (I)	Aprilia	- 26,595
7. Franco Battaini (I)	Aprilia	- 31,142
8. Jeremy McWilliams (GB)	Aprilia	- 43,953
9. Sebastian Porto (RA)	Yamaha	- 45,887
10. Taro Sekiguchi (J)	Yamaha	- 48,496
11. Fonsi Nieto (E)	Aprilia	- 53,583
12. Alex Hofmann (D)	Aprilia	- 1.05,172
13. Hiroshi Aoyama (J)	Honda	- 1.05,267
14. Klaus Nöhles (D)	Aprilia	- 1.17,422
22. Katja Poensgen (D)	Aprilia	1 Runde zur.

Trainingsbestzeit: Katoh in 2.07,414 min = 165,542 km/h
Schnellste Rennrunde: Katoh in 2.08,658 min = 163,941 km/h
Schnitt des Siegers: 162,670 km/h

RENNEN 500 cm³

Fahrer (Nation)	Maschine	Zeit (Min)
1. Valentino Rossi (I)	Honda	44.51.501
2. Garry McCoy (AUS)	Yamaha	- 0,724
3. Max Biaggi (I)	Yamaha	- 0,956
4. Norick Abe (J)	Yamaha	- 1,176
5. Shinya Nakano (J)	Yamaha	- 3,256
6. Alex Barros (BR)	Honda	- 14,515
7. Kenny Roberts (USA)	Suzuki	- 22,876
8. Loris Capirossi (I)	Honda	- 28,732
9. Alex Crivillé (E)	Honda	- 34,478
10. Carlos Checa (E)	Yamaha	- 53,765
11. Jürgen vd. Goorbergh (NL)	Proton KR	- 58,688
12. Haruchika Aoki (J)	Honda	- 1.17,338
13. Leon Haslam (GB)	Honda	- 1.17,681

Trainingsbestzeit: Capirossi in 2.04,777 min = 169,040 km/h
Schnellste Rennrunde: Ukawa in 2.06,805 min = 166,337 km/h
Schnitt des Siegers: 164,570 km/h

ERGEBNISSE AFRIKA GRAND PRIX IN WELKOM

RENNEN 125 cm³ / STAND

Fahrer (Nation)	Maschine	Zeit (Min)	Fahrer	Punkte
1. Youichi Ui (J)	Derbi	41.27,323	Ui	45
2. Manuel Poggiali (RSM)	Gilera	- 1,288	Azuma	31
3. Noboru Ueda (J)	Honda	- 7,149	Poggiali	31
4. Gino Borsoi (I)	Aprilia	- 7,365	Borsoi	26
5. Angel Nieto jr. (E)	Honda	- 7,731	Vincent	17
6. Arnaud Vincent (F)	Honda	- 7,989	Jenkner	17
7. Max Sabbatani (I)	Aprilia	- 8,114	Sanna	16
8. Steve Jenkner (D)	Aprilia	- 15,140	Ueda	16
9. Alex de Angelis (RSM)	Honda	- 24,741	Nieto jr.	16
10. Masao Azuma (J)	Honda	- 30,750	Sabbatani	13
11. Stefano Perugini (I)	Italjet	- 30,833	Giansanti	12
12. Mirko Giansanti (I)	Honda	- 31,005	Cecchinello	10
13. Daniel Pedrosa	Honda	- 31,190	de Angelis	9
14. Gianluigi Scalvini (I)	Italjet	- 31,818	Nieto	7
23. Jarno Müller (D)	Honda	- 1 Runde		

Trainingsbestzeit: Ui in 1.42.059 min = 149,631 km/h
Schnellste Rennrunde: Ui in 1.42, 611 min = 148,826 km/h (Rekord)
Schnitt des Siegers: 147,350 km/h

RENNEN 250 cm³ / STAND

Fahrer (Nation)	Maschine	Zeit (Min)	Fahrer	Punkte
1. Daijiro Katoh (J)	Honda	42.31,371	Katoh	50
2. Marco Melandri (I)	Aprilia	- 0,083	Harada	36
3. Tetsuya Harada (J)	Aprilia	- 15,806	Melandri	30
4. Roberto Locatelli (I)	Aprilia	- 17,666	Locatelli	29
5. Fonsi Nieto (E)	Aprilia	- 34,031	Matsudo	20
6. J. McWilliams (GB)	Aprilia	- 34,233	Rolfo	19
7. Sebastian Porto (RA)	Yamaha	- 34,312	McWilliams	18
8. Roberto Rolfo (I)	Aprilia	- 35,074	Nieto	16
9. Naoki Matsudo (J)	Yamaha	- 35,185	Porto	16
10. Alex Hofmann (D)	Aprilia	- 51,599	Hofmann	10
11. Sharol Yuzy (MAL)	Yamaha	- 53,805	Battaini	9
12. Sylvain Guintoli (F)	Honda	- 54,066	Sekiguchi	6
13. David Checa (E)	Aprilia	- 54,475	Yuzy	5
14. Klaus Nöhles (D)	Aprilia	- 55,285	Guintoli	5
24. Katja Poensgen (D)	Aprilia	- 1 Runde		

Trainingsbestzeit: Katoh in 1.36,937 min = 157,537 km/h
Schnellste Rennrunde: Melandri in 1.36,828 = 157,714 km/h (Rekord)
Schnitt des Siegers: 155,622 km/h

RENNEN 500 cm³ / STAND

Fahrer (Nation)	Maschine	Zeit (Min)	Fahrer	Punkte
1. Valentino Rossi (I)	Honda	45.03,414	Rossi	50
2. Loris Capirossi (I)	Honda	- 0,660	Capirossi	28
3. Tohru Ukawa (J)	Honda	- 7,530	Biaggi	24
4. Shinya Nakano (J)	Yamaha	- 8,653	Abe	24
5. Norick Abe (J)	Yamaha	- 9,224	Nakano	24
6. Alex Crivillé (E)	Honda	- 13,211	McCoy	20
7. Kenny Roberts (USA)	Suzuki	- 13,305	Roberts	18
8. Max Biaggi (I)	Yamaha	- 13,663	Barros	17
9. Alex Barros (BR)	Honda	- 17,357	Crivillé	17
10. Sete Gibernau (E)	Suzuki	- 21,697	Ukawa	16
11. J. vd. Goorbergh (NL)	Proton KR	- 37,649	Goorbergh	10
12. Haruchika Aoki (J)	Honda	- 48,587	Aoki	8
13. Jose Luis Cardoso (E)	Yamaha	- 1.01,110	Checa	6
14. Anthony West (AUS)	Honda	- 1.06,173	Gibernau	6
15. Chris Walker (GB)	Honda	- 1.08,255	Haslam	3

Trainingsbestzeit: Rossi in 1.34,629 min = 161,379 km/h
Schnellste Rennrunde: Rossi in 1.35,508 = 159,894 km/h (Rekord)
Schnitt des Siegers: 158,168 km/h

ERGEBNISSE GRAND PRIX SPANIEN IN JEREZ

RENNEN 125 cm³ – STAND

Fahrer (Nation)	Maschine	Zeit (Min)	Fahrer	Punkte
1. Masao Azuma (J)	Honda	42.09,849	Azuma	56
2. Lucio Cecchinello (I)	Aprilia	- 4,623	Ui	45
3. Gino Borsoi (I)	Aprilia	- 5,753	Borsoi	42
4. Noboru Ueda (J)	Honda	- 10,197	Poggiali	31
5. Angel Nieto jr. (E)	Honda	- 10,384	Cecchinello	30
6. Angel Rodriguez (E)	Aprilia	- 10,604	Ueda	29
7. Alex de Angelis (RSM)	Honda	- 10,747	Nieto jr.	27
8. Max Sabbatani (I)	Aprilia	- 15,231	Vincent	22
9. Jaroslav Hules (CZ)	Honda	- 15,798	Sabbatani	21
10. Daniel Pedrosa (E)	Honda	- 19,497	de Angelis	18
11. Arnaud Vincent (F)	Honda	- 24,705	Jenkner	17
12. Stefano Perugini (I)	Italjet	- 27,712	Sanna	16
13. Toni Elias (E)	Honda	- 28,109	Giansanti	12
14. Joan Olive (E)	Honda	- 28,221	Rodriguez	10
18. Jarno Müller (D)	Honda	- 38,247		

Trainingsbestzeit: Ui in 1.48,002 min = 147,430 km/h
Schnellste Rennrunde: Azuma in 1.48,385 = 146,909 km/h (Rekord)
Schnitt des Siegers: 144,761 km/h

RENNEN 250 cm³ – STAND

Fahrer (Nation)	Maschine	Zeit (Min)	Fahrer	Punkte
1. Daijiro Katoh (J)	Honda	43.49.748	Katoh	75
2. Tetsuya Harada (J)	Aprilia	- 11,789	Harada	56
3. Marco Melandri (I)	Aprilia	- 17,335	Melandri	46
4. Marcellino Lucchi (I)	Aprilia	- 17,870	Locatelli	37
5. Fonsi Nieto (E)	Aprilia	- 23,696	Rolfo	28
6. Emilio Alzamora (E)	Honda	- 24,979	Nieto	27
7. Roberto Rolfo (I)	Aprilia	- 25,757	Matsudo	24
8. Roberto Locatelli (I)	Aprilia	- 32,201	McWilliams	24
9. Franco Battaini (I)	Aprilia	- 39,404	Battaini	16
10. J. McWilliams (GB)	Aprilia	- 39,510	Porto	16
11. Alex Hofmann (D)	Aprilia	- 53,435	Hofmann	15
12. Naoki Matsudo (J)	Yamaha	- 53,471	Lucchi	13
13. Alex Debon (E)	Aprilia	- 1.02,113	Alzamora	10
14. Klaus Nöhles (D)	Aprilia	- 1.02,437	Sekiguchi	6
23. Katja Poensgen (D)	Aprilia	- 1 Runde		

Trainingsbestzeit: Katoh in 1.43,959 min = 153,164 km/h
Schnellste Rennrunde: Katoh in 1.44,444 = 152,452 km/h (Rekord)
Schnitt des Siegers: 151,371 km/h

RENNEN 500 cm³ – STAND

Fahrer (Nation)	Maschine	Zeit (Min)	Fahrer	Punkte
1. Valentino Rossi (I)	Honda	47.15,126	Rossi	75
2. Norick Abe (J)	Yamaha	- 2,307	Abe	44
3. Alex Crivillé (E)	Honda	- 2,845	Nakano	37
4. Shinya Nakano (J)	Yamaha	- 4,157	Capirossi	36
5. Tohru Ukawa (J)	Honda	- 5,932	Crivillé	33
6. Alex Barros (BR)	Honda	- 7,577	Biaggi	29
7. Kenny Roberts (USA)	Suzuki	- 14,459	McCoy	27
8. Loris Capirossi (I)	Honda	- 18,970	Ukawa	27
9. Garry McCoy (AUS)	Yamaha	- 19,725	Barros	27
10. Sete Gibernau (E)	Suzuki	- 20,239	Roberts	27
11. Max Biaggi (I)	Yamaha	- 20,621	Goorbergh	13
12. Noriyuki Haga (J)	Yamaha	- 29,891	Gibernau	12
13. J. v.d. Goorbergh (NL)	Proton	- 42,838	Checa	8
14. Carlos Checa (E)	Yamaha	- 45,530	Aoki	8
15. Anthony West (AUS)	Honda	- 45,848	Haga	4

Trainingsbestzeit: Rossi in 1.42,739 min = 154,983 km/h
Schnellste Rennrunde: Rossi in 1.43,779 = 153,429 km/h (Rekord)
Schnitt des Siegers: 151,638 km/h

ERGEBNISSE GRAND PRIX FRANKREICH IN LE MANS

RENNEN 125 cm³ – STAND

Fahrer (Nation)	Maschine	Zeit (Min)	Fahrer	Punkte
1. Manuel Poggiali (I)	Gilera	43'33.372	Azuma	64
2. Mirko Giansanti (I)	Honda	- 0.218	Poggiali	56
3. Toni Elias (E)	Honda	- 0.298	Borsoi	55
4. Gino Borsoi (I)	Aprilia	- 0.515	Youichi Ui	50
5. Lucio Cecchinello (I)	Aprilia	- 0.969	Cecchinello	41
6. Arnaud Vincent (F)	Honda	- 7.357	Ueda	38
7. Noboru Ueda (J)	Honda	- 7.940	Nieto jr.	33
8. Masao Azuma (J)	Honda	- 8.464	Giansanti	32
9. Jaroslav Hules (CZ)	Honda	- 8.751	Vincent	32
10. Angel Nieto jr. (E)	Honda	- 11.523	Sabbatani	22
11. Youichi Ui (J)	Derbi	- 11.962	Jenkner	21
12. Steve Jenkner (D)	Aprilia	- 12.496	de Angelis	20
13. Simone Sanna (I)	Aprilia	- 12.514	Sanna	19
14. Alex de Angelis (RSM)	Honda	- 20.667	Elias	19
19. Jarno Müller (D)	Honda	- 45.597		

Trainingsbestzeit: Ui in 1.47,494 Minuten = 144,175 km/h
Schnellste Rennrunde: Cecchinello in 1.47,766 = 143,811 km/h (Rekord)
Schnitt des Siegers: 142,326 km/h

RENNEN 250 cm³ – STAND

Fahrer (Nation)	Maschine	Zeit (Min)	Fahrer	Punkte
1. Daijiro Katoh (J)	Honda	44'29.546	Katoh	100
2. Tetsuya Harada (J)	Aprilia	- 0.204	Harada	76
3. Marco Melandri (I)	Aprilia	- 13.599	Melandri	62
4. Emilio Alzamora (E)	Aprilia	- 16.813	Locatelli	47
5. Fonsi Nieto (E)	Aprilia	- 18.429	Nieto	38
6. Roberto Locatelli (I)	Honda	- 29.025	Rolfo	35
7. J. McWilliams (GB)	Aprilia	- 42.813	McWilliams	33
8. Sebastian Porto (RA)	Aprilia	- 44.429	Matsudo	24
9. Roberto Rolfo (I)	Aprilia	- 45.077	Porto	16
10. Alex Debon (E)	Aprilia	- 45.351	Alzamora	10
11. Alex Hofmann (D)	Aprilia	- 47.253	Hofmann	15
12. Klaus Nöhles (D)	Aprilia	- 55.500	Lucchi	13
13. Franco Battaini (I)	Aprilia	- 56.474	Battaini	16
14. Sylvain Guintoli (FR)	Aprilia	- 57.653	Lucchi	13
15. Shahrol Yuzy (MAL)	Aprilia	-1'04.735	Debon	10

Trainingsbestzeit: Katoh in 1.41,065 Minuten = 153,346 km/h
Schnellste Rennrunde: Katoh in 1.41,473 = 152,730 km/h (Rekord)
Schnitt des Siegers: 150,942 km/h

RENNEN 500 cm³ – STAND

Fahrer (Nation)	Maschine	Zeit (Min)	Fahrer	Punkte
1. Max Biaggi (I)	Yamaha	46'59.346	Rossi	91
2. Carlos Checa (E)	Yamaha	- 3.266	Abe	57
3. Valentino Rossi (I)	Honda	- 4.830	Biaggi	54
4. Norick Abe (J)	Yamaha	- 14.561	Capirossi	45
5. Alex Crivillé (E)	Honda	- 14.977	Criville	44
6. Kenny Roberts (USA)	Suzuki	- 23.180	Nakano	42
7. Loris Capirossi (I)	Honda	- 29.597	Roberts	37
8. Alex Barros (BR)	Honda	- 31.205	Barros	35
9. Sete Gibernau (E)	Suzuki	- 32.499	Checa	28
10. J. v. d. Goorbergh (NL)	Proton	- 33.019	McCoy	27
11. Shinya Nakano (J)	Yamaha	- 36.476	Ukawa	27
12. Chris Walker (GB)	Honda	-1'15.798	Gibernau	19
13. Jose Luis Cardoso (E)	Yamaha	-1'19.446	v.d.Goorbergh	19
14. Barry Veneman (NL)	Honda	- 1 Runde	Aoki	8
15. Jarno Janssen (NL)	Honda	- 1 Runde	Cardoso	6

Trainingsbestzeit: Biaggi in 1.38,421 Minuten = 157,466 km/h
Schnellste Rennrunde: Biaggi in 1.39,954 = 155.051 km/h (Rekord)
Schnitt des Siegers: 153,916 km/h

ERGEBNISSE GRAND PRIX ITALIEN IN MUGELLO

RENNEN 125 cm³ / STAND

Fahrer (Nation)	Maschine	Zeit (Min)	Fahrer	Punkte
1. Noboru Ueda (J)	Honda	45.15,046	Borsoi	75
2. Gino Borsoi (I)	Aprilia	- 3,810	Azuma	72
3. Manuel Poggiali (I)	Gilera	- 6,917	Poggiali	72
4. Toni Elias (E)	Honda	- 12,917	Ueda	63
5. Simone Sanna (I)	Aprilia	- 13,280	Ui	50
6. Angel Nieto jr. (E)	Honda	- 14,127	Nieto Jr.	43
7. Arnaud Vincent (F)	Honda	- 21,103	Cecchinello	41
8. Masao Azuma (J)	Honda	- 21,250	Vincent	41
9. Jarno Müller (D)	Honda	- 21,263	Giansanti	32
10. Alex de Angelis (RSM)	Honda	- 25,424	Elias	32
11. Andrea Ballerini (I)	Aprilia	- 27,084	Sanna	30
12. Steve Jenkner (D)	Aprilia	- 34,483	De Angelis	26
13. A. Brannetti (I)	Aprilia	- 1.01,136	Jenkner	25
14. Gabor Talmacsi (H)	Honda	- 1.01,892	Sabbatani	22
15. Jaroslav Hules (CZ)	Honda	- 1.38,445	Hules	15

Trainingsbestzeit: Youichi Ui in 1.59,246 min = 158,344 km/h
Schnellste Rennrunde: Ueda in 2.12,363 min = 142,653 km/h
Schnitt des Siegers: 139,091 km/h

RENNEN 250 cm³ / STAND

Fahrer (Nation)	Maschine	Zeit (Min)	Fahrer	Punkte
1. Tetsuya Harada (J)	Aprilia	46.11,129	Katoh	106
2. Roberto Rolfo (I)	Aprilia	- 12,729	Harada	101
3. Marco Melandri (I)	Aprilia	- 37,673	Melandri	78
4. Roberto Locatelli (I)	Honda	- 43,860	Locatelli	60
5. Fonsi Nieto (E)	Aprilia	- 47,149	Rolfo	55
6. Emilio Alzamora (E)	Aprilia	- 54,884	Nieto	49
7. David Checa (E)	Honda	- 57,903	Alzamora	33
8. Alex Debon (E)	Aprilia	- 59,092	McWilliams	33
9. Shahrol Yuzy (MAL)	Yamaha	- 1.00,763	Matsudo	28
10. Daijiro Katoh (J)	Honda	- 1.11,795	Porto	24
11. Lorenzo Lanzi (I)	Aprilia	- 1.13,110	Hofmann	20
12. Naoki Matsudo (J)	Yamaha	- 1.40,274	Battaini	19
13. David De Gea (E)	Yamaha	- 1.42.351	Debon	18
14. Katja Poensgen (D)	Aprilia	- 1.42,515	Lucchi	13
16. Klaus Nöhles (D)	Aprilia	- 1.43.602		
18. Alex Hofmann (D)	Aprilia	- 1.51.411		

Trainingsbestzeit: Harada in 1.53,922 min = 165,744 km/h
Schnellste Rennrunde: Locatelli in 2.07,403 min = 148,206 km/h
Schnitt des Siegers: 143,090 km/h

RENNEN 500 cm³ / STAND

Fahrer (Nation)	Maschine	Zeit (Min)	Fahrer	Punkte
1. Alex Barros (BR)	Honda	49.26,006	Rossi	91
2. Loris Capirossi (I)	Honda	- 8,359	Biaggi	70
3. Max Biaggi (I)	Yamaha	- 8,509	Capirossi	65
4. Alex Crivillé (E)	Honda	- 8,996	Abe	64
5. Haruchika Aoki (J)	Honda	- 20,651	Barros	60
6. Sete Gibernau (E)	Suzuki	- 24,723	Crivillé	57
7. Tohru Ukawa (J)	Honda	- 27,745	Nakano	50
8. Shinya Nakano (J)	Yamaha	- 32,768	Roberts	37
9. Norick Abe (J)	Yamaha	- 51,357	Ukawa	36
10. Noriyuki Haga (J)	Yamaha	- 1.08,505	Gibernau	29
11. Jose Luis Cardoso (E)	Yamaha	- 1.18,026	Checa	28
12. J. v.d. Goorbergh (NL)	Proton KR	- 1.49,333	McCoy	27
13. Mark Willis (AUS)	Pulse GP	- 1 Runde	Goorbergh	23

Trainingsbestzeit: Rossi (I) Honda in 1.52,554 min = 167,759 km/h
Schnellste Rennrunde: Rossi in 1.54,994 min = 164,199 km/h
Schnitt des Siegers: 146,421 km/h

ERGEBNISSE CATALUNYA IN BARCELONA

RENNEN 125 cm³ / STAND

Fahrer (Nation)	Maschine	Zeit (Min)	Fahrer	Punkte
1. Lucio Cecchinello (I)	Aprilia	41:31.696	Poggiali	88
2. Toni Elias (E)	Honda	- 0.573	Borsoi	75
3. Manuel Poggiali (RSM)	Gilera	- 6.764	Azuma	72
4. Steve Jenkner (D)	Aprilia	- 6.854	Cecchinello	66
5. Youichi Ui (J)	Derbi	- 7.029	Ueda	63
6. Pablo Nieto (E)	Derbi	- 7.558	Ui	61
7. Daniel Pedrosa (E)	Honda	- 7.788	Elias	52
8. Joan Olive (E)	Honda	- 18.438	Nieto Jr.	47
9. Alex de Angelis (I)	Honda	- 18.602	Vincent	43
10. Simone Sanna (I)	Aprilia	- 23.109	Jenkner	38
11. Stefano Perugini (I)	Italjet	- 23.232	Sanna	36
12. Angel Nieto Jr. (E)	Honda	- 23.291	de Angelis	33
13. Gianluigi Scalvini (I)	Italjet	- 23.652	Giansanti	32
14. Arnaud Vincent (F)	Honda	- 24.308	Sabbatani	22
15. Jarno Müller (D)	Honda	- 24.465	Pedrosa	18

Trainingsbestzeit: Cecchinello in 1.51,368 min = 152,801 km/h
Schnellste Rennrunde: Perugini in 1.51,811 min = 152,196 km/h (Rekord)
Schnitt des Siegers: 150,250 km/h

RENNEN 250 cm³ / STAND

Fahrer (Nation)	Maschine	Zeit (Min)	Fahrer	Punkte
1. Daijiro Katoh (J)	Honda	41:40.347	Katoh	131
2. Tetsuya Harada (J)	Aprilia	- 0.114	Harada	121
3. Roberto Rolfo (I)	Aprilia	- 12.573	Melandri	78
4. Roberto Locatelli (I)	Aprilia	- 19.077	Locatelli	73
5. Fonsi Nieto (E)	Aprilia	- 22.776	Rolfo	71
6. J. McWilliams (GB)	Aprilia	- 22.853	Nieto	60
7. Emilio Alzamora (E)	Honda	- 22.876	McWilliams	43
8. Randy de Puniet (F)	Aprilia	- 31.224	Alzamora	42
9. Alex Hofmann (D)	Aprilia	- 33.567	Matsudo	34
10. Naoki Matsudo (J)	Yamaha	- 37.754	Hofmann	27
11. Alex Debon (E)	Aprilia	- 38.039	Porto	26
12. Shahrol Yuzy (MAL)	Yamaha	- 38.100	Debon	23
13. Taro Sekiguchi (J)	Yamaha	- 38.182	Battaini	19
14. Sebastian Porto (RA)	Yamaha	- 38.312	Yuzy	17
15. Klaus Nöhles (D)	Aprilia	- 38.701	Lucchi	13
26. Katja Poensgen (D)	Aprilia	- 1 Rde.		

Trainingsbestzeit: Katoh in 1.47,261 min = 158,652 km/h
Schnellste Rennrunde: Katoh in 1.48,014 min = 157,546 km/h
Schnitt des Siegers: 156,536 km/h

RENNEN 500 cm³ / STAND

Fahrer (Nation)	Maschine	Zeit (Min)	Fahrer	Punkte
1. Valentino Rossi (I)	Honda	44:57.142	Rossi	116
2. Max Biaggi (I)	Yamaha	- 2.579	Biaggi	90
3. Loris Capirossi (I)	Honda	- 3.216	Capirossi	81
4. Shinya Nakano (J)	Yamaha	- 3.257	Abe	74
5. Sete Gibernau (E)	Suzuki	- 3.989	Nakano	63
6. Norick Abe (J)	Yamaha	- 4.705	Crivillé	62
7. Tohru Ukawa (J)	Honda	- 4.769	Barros	60
8. Carlos Checa (E)	Yamaha	- 13.459	Ukawa	45
9. J. v.d. Goorbergh (NL)	Proton KR	- 13.903	Gibernau	40
10. Noriyuki Haga (J)	Yamaha	- 19.616	Roberts	37
11. Alex Crivillé (E)	Honda	- 26.378	Checa	36
12. Olivier Jacque (F)	Yamaha	- 37.301	Goorbergh	30
13. Chris Walker (GB)	Honda	- 1:01.010	McCoy	27
14. Jose Luis Cardoso (E)	Yamaha	- 1:13.371	Aoki	20
15. Haruchika Aoki (J)	Honda	- 1:19.363	Haga	16

Trainingsbestzeit: Rossi in 1.45,507 min = 161,289 km/h
Schnellste Rennrunde: Biaggi in 1.46,619 min = 159,607 km/h (Rekord)
Schnitt des Siegers: 157,733 km/h

ERGEBNISSE GRAND PRIX HOLLAND IN ASSEN

RENNEN 125 cm³ – STAND

Fahrer (Nation)	Maschine	Zeit (Min)	Fahrer	Punkte
1. Toni Elias (E)	Honda	41.34,738	Poggiali	88
2. Arnaud Vincent (F)	Honda	- 0,607	Borsoi	85
3. Steve Jenkner (D)	Aprilia	- 23,253	Elias	77
4. Noboru Ueda (J)	Honda	- 33,979	Ueda	76
5. Jakob Smrz (CZ)	Honda	- 40,196	Azuma	72
6. Gino Borsoi (I)	Aprilia	- 48,556	Cecchinello	66
7. Mirko Giansanti (I)	Honda	- 48,892	Vincent	63
8. JaroslavHules (CZ)	Honda	- 57,998	Ui	61
9. Alessandro Brannetti (I)	Aprilia	- 1.14,063	Jenkner	54
10. Jarno Müller (D)	Honda	- 1.15,060	Nieto jr.	47
11. Simone Sanna (I)	Aprilia	- 1.26,168	Giansanti	41
12. Stefano Perugini (I)	Italjet	- 1.44,150	Sanna	41
13. Adrian Araujo (E)	Honda	- 1.49,270	de Angelis	33
14. Raul Jara (E)	Aprilia	- 1.51,773	Sabbatani	23
15. Max Sabbatani (I)	Honda	- 1.52,151	Hules	23

Trainingsbestzeit: Borsoi in 2.12,212 min = 164,708 km/h
Schnellste Rennrunde: Elias in 2.23,889 min = 151,341 km/h
Schnitt des Siegers: 148,391 km/h

RENNEN 250 cm³ – STAND

Fahrer (Nation)	Maschine	Zeit (Min)	Fahrer	Punkte
1. J. McWilliams (GB)	Aprilia	39.28,516	Katoh	136
2. Emilio Alzamora (E)	Honda	- 16,371	Harada	121
3. David de Gea (E)	Yamaha	- 38,409	Melandri	88
4. Sylvain Guintoli (F)	Aprilia	- 39,214	Locatelli	73
5. Franco Battaini (I)	Aprilia	- 1.09,461	Rolfo	71
6. Marco Melandri (I)	Aprilia	- 1.29,468	McWilliams	68
7. Luca Boscoscuro (I)	Aprilia	- 1.37,463	Alzamora	62
8. Riccardo Chiarello (I)	Aprilia	- 1.41,959	Nieto	60
9. Jeronimo Vidal (E)	Aprilia	- 1.42,287	Matsudo	34
10. David Tomas (E)	Honda	- 1.44,715	Hofmann	31
11. Daijiro Katoh (J)	Honda	- 2.08,641	Battaini	30
12. Alex Hofmann (D)	Aprilia	- 1 Rde.	Porto	28
13. Randy de Puniet (F)	Aprilia	- 1 Rde.	Debon	23
14. Sebastian Porto (RA)	Yamaha	- 1 Rde.	Guintoli	20
15. Jarno Boesveld (NL)	Yamaha	- 1 Rde.	De Gea	19
26. Klaus Nöhles (D)	Aprilia	- 1 Rde.		

Trainingsbestzeit: Harada in 2.04,363 min = 175,103 km/h
Schnellste Rennrunde: Harada in 2.06,988 min = 171,483 km/h
Schnitt des Siegers: 165,494 km/h

RENNEN 500 cm³ – STAND

Fahrer (Nation)	Maschine	Zeit (Min)	Fahrer	Punkte
1. Max Biaggi (I)	Yamaha	30.56,346	Rossi	136
2. Valentino Rossi (I)	Honda	- 0,126	Biaggi	115
3. Loris Capirossi (I)	Honda	- 0,732	Capirossi	97
4. Alex Barros (BR)	Honda	- 1,231	Abe	74
5. Shinya Nakano (J)	Yamaha	- 9,844	Nakano	74
6. Kenny Roberts (USA)	Suzuki	- 10,622	Barros	73
7. Sete Gibernau (E)	Suzuki	- 14,259	Crivillé	62
8. Tohru Ukawa (J)	Honda	- 18,620	Ukawa	53
9. J. v.d Goorbergh (NL)	Proton KR	- 18,857	Gibernau	49
10. Noriyuki Haga (J)	Yamaha	- 22,557	Roberts	47
11. Olivier Jacque (F)	Yamaha	- 32,629	Goorbergh	37
12. Jose Luis Cardoso (E)	Yamaha	- 1.00,316	Checa	36
13. Leon Haslam (GB)	Honda	- 1.00,461	McCoy	27
14. Haruchika Aoki (J)	Honda	- 1.00,686	Aoki	22
15. Anthony West (AUS)	Honda	- 1.07,276	Haga	22

Trainingsbestzeit: Capirossi in 2.00,743 min = 180,353 km/h
Schnellste Rennrunde: Rossi in 2.02,662 min = 177,531 km/h
Schnitt des Siegers: 175,961 km/h

ERGEBNISSE GRAND PRIX ENGLAND IN DONINGTON PARK

RENNEN 125 cm³ – STAND

Fahrer (Nation)	Maschine	Zeit (Min)	Fahrer	Punkte
1. Youichi Ui (J)	Derbi	43.17,675	Poggiali	104
2. Toni Elias (E)	Honda	- 3,129	Elias	97
3. Manuel Poggiali (RSM)	Gilera	- 3,869	Borsoi	93
4. Masao Azuma (J)	Honda	- 3,966	Ui	86
5. Lucio Cecchinello (I)	Aprilia	- 17,386	Azuma	85
6. Simone Sanna (I)	Apriia	- 23,647	Cecchinello	77
7. Steve Jenkner (D)	Aprilia	- 24,201	Ueda	76
8. Gino Borsoi (I)	Aprilia	- 24,422	Vincent	63
9. Angel Rodriguez (E)	Aprilia	- 28,039	Jenkner	63
10. Gabor Talmacsi (H)	Honda	- 28,612	Sanna	51
11. Mirko Giansanti (I)	Honda	- 28,620	Nieto Jr.	47
12. Daniel Pedrosa (E)	Honda	- 33,089	Giansanti	46
13. Jakub Smrz (CZ)	Honda	- 36,125	De Angelis	33
14. Joan Olivé (E)	Honda	- 36,583	Sabbatani	24
15. Max Sabbatani (I)	Aprilia	- 36,948	Hules	23

Trainingsbestzeit: Elias in 1.38,844 min = 146,521 km/h
Schnellste Rennrunde: Ui in 1.38,626 min = 146,845 km/h (Rekord)
Schnitt des Siegers: 144,957 km/h

RENNEN 250 cm³ – STAND

Fahrer (Nation)	Maschine	Zeit (Min)	Fahrer	Punkte
1. Daijiro Katoh (J)	Honda	- 42.46,466	Katoh	161
2. Roberto Rolfo (I)	Aprilia	- 10,173	Harada	121
3. Marco Melandri (I)	Aprilia	- 10,401	Melandri	104
4. Emilio Alzamora (E)	Honda	- 25,100	Rolfo	91
5. Naoki Matsudo (J)	Yamaha	- 46,668	Alzamora	75
6. Fonsi Nieto (E)	Aprilia	- 51,130	Locatelli	73
7. Sylvain Guintoli (F)	Aprilia	- 51,926	Nieto	70
8. Alex Debon (E)	Aprilia	- 52,491	McWilliams	68
9. Alex Hofmann (D)	Aprilia	- 53,797	Matsudo	45
10. Shahrol Yuzy (MAL)	Yamaha	- 57,984	Hofmann	38
11. David Checa (I)	Honda	- 58,117	Battaini	33
12. Klaus Nöhles (D)	Aprilia	- 1.02,663	Debon	31
13. Franco Battaini (I)	Aprilia	- 1.06,628	Guintoli	29
14. Lorenzo Lanzi (I)	Aprilia	- 1.14,493	Porto	28
15. Luca Boscoscuro (I)	Aprilia	- 1.16,335	Yuzy	23
23. Katja Poensgen (D)	Aprilia	- 1 Rde.		

Trainingsbestzeit: Harada in 1.33,651 min = 154,646 km/h
Schnellste Rennrunde: Katoh in 1.34,096 min = 153,915 km/h (Rekord)
Schnitt des Siegers: 152,363 km/h

RENNEN 500 cm³ – STAND

Fahrer (Nation)	Maschine	Zeit (Min)	Fahrer	Punkte
1. Valentino Rossi (I)	Honda	- 46.53,349	Rossi	161
2. Max Biaggi (I)	Yamaha	- 1,794	Biaggi	135
3. Alex Barros (B)	Honda	- 2,011	Capirossi	103
4. Noriyuki Haga (J)	Yamaha	- 7,610	Barros	89
5. Carlos Checa (E)	Yamaha	- 12,526	Nakano	84
6. Shinya Nakano (J)	Yamaha	- 12,766	Abe	74
7. Alex Crivillé (E)	Honda	- 16,225	Criville	71
8. Kenny Roberts (USA)	Suzuki	- 16,699	Roberts	55
9. Olivier Jacque (F)	Yamaha	- 16,780	Gibernau	54
10. Loris Capirossi (I)	Honda	- 24,781	Ukawa	53
11. Sete Gibernau (E)	Suzuki	- 29,205	Checa	47
12. J. v.d. Goorbergh (NL)	Pronton KR	- 44,984	Goorbergh	41
13. Jason Vincent (B)	Yamaha	- 49,907	Haga	35
14. Anthony West (AUS)	Honda	- 50,033	McCoy	27
15. Chris Walker (GB)	Honda	- 59,116	Aoki	22

Trainingsbestzeit: Biaggi in 1.31,964 min = 157,483 km/h
Schnellste Rennrunde: Rossi in 1.33,056 min = 155,635 km/h
Schnitt des Siegers: 154,436 km/h

ERGEBNISSE GRAND PRIX DEUTSCHLAND AUF DEM SACHSENRING

RENNEN 125 cm³ / STAND

Fahrer (Nation)	Maschine	Zeit (Min)	Fahrer	Punkte
1. Simone Sanna (I)	Aprilia	41:09.327	Poggiali	120
2. Toni Elias (E)	Honda	- 0.247	Elias	117
3. Manuel Poggiali (I)	Gilera	- 0.701	Azuma	98
4. Masao Azuma (J)	Honda	- 0.734	Borsoi	93
5. Lucio Cecchinello (I)	Aprilia	- 1.370	Cecchinello	88
6. Jaroslav Hules (CZ)	Honda	- 2.202	Ui	86
7. Max Sabbatani (I)	Aprilia	- 2.326	Ueda	76
8. Angel Rodriguez (E)	Aprilia	- 5.877	Sanna	76
9. Jakub Smrz (CZ)	Honda	- 6.132	Jenkner	69
10. Steve Jenkner (D)	Aprilia	- 10.071	Vincent	63
11. Daniel Pedrosa (E)	Honda	- 23.066	Nieto Jr.	50
12. Alex de Angelis (RSM)	Honda	- 23.089	Giansanti	48
13. Angel Nieto Jr. (E)	Honda	- 23.309	De Angelis	37
14. Mirko Giansanti (I)	Honda	- 27.801	Hules	33
15. Joan Olivé (E)	Honda	- 28.065	Sabbatani	33

Trainingsbestzeit: Sabbatani in 1.30,186 min = 147,854 km/h
Schnellste Rennrunde: Cecchinello in 1.30,371 min = 147,551 km/h (Rekord); **Schnitt des Siegers:** 145,800 km/h

RENNEN 250 cm³ / STAND

Fahrer (Nation)	Maschine	Zeit (Min)	Fahrer	Punkte
1. Marco Melandri (I)	Aprilia	42:37.696	Katoh	181
2. Daijiro Katoh (J)	Honda	- 0.052	Harada	137
3. Tetsuya Harada (J)	Aprilia	- 0.203	Melandri	129
4. Roberto Rolfo (I)	Aprilia	- 18.310	Rolfo	104
5. Randy de Puniet (F)	Aprilia	- 28.108	Nieto	76
6. Alex Debon (E)	Aprilia	- 36.566	Alzamora	75
7. Alex Hofmann (D)	Aprilia	- 36.764	Locatelli	73
8. Naoki Matsudo (J)	Yamaha	- 36.918	McWilliams	68
9. Franco Battaini (I)	Aprilia	- 40.466	Matsudo	53
10. Fonsi Nieto (E)	Aprilia	- 43.174	Hofmann	47
11. Shahrol Yuzy (MAL)	Yamaha	- 43.256	Debon	41
12. Lorenzo Lanzi (I)	Aprilia	- 57.398	Battaini	40
13. Jeronimo Vidal (E)	Aprilia	- 1:11.662	Guintoli	29
14. Riccardo Chiarello (I)	Aprilia	- 1:25.507	Porto	28
15. David Tomas (E)	Honda	- 1:25.614	Yuzy	28

Trainingsbestzeit: Harada in 1.26,906 min = 153,434 km/h
Schnellste Rennrunde: Melandri in 1.27,233 min = 152,859 km/h (Rekord); **Schnitt des Siegers:** 151,189 km/h

RENNEN 500 cm³ / STAND

Fahrer (Nation)	Maschine	Zeit (Min)	Fahrer	Punkte
1. Max Biaggi (I)	Yamaha	- 43:36.983	Rossi	170
2. Carlos Checa (E)	Yamaha	- 3.249	Biaggi	160
3. Shinya Nakano (J)	Yamaha	- 3.642	Capirossi	111
4. Norick Abe (J)	Yamaha	- 4.784	Barros	100
5. Alex Barros (BR)	Honda	- 21.164	Nakano	100
6. Olivier Jacque (F)	Yamaha	- 21.385	Abe	87
7. Valentino Rossi (I)	Honda	- 21.945	Crivillé	71
8. Loris Capirossi (I)	Honda	- 22.485	Checa	67
9. Kenny Roberts (USA)	Suzuki	- 23.331	Roberts	62
10. Sete Gibernau (E)	Suzuki	- 24.404	Gibernau	60
11. Garry McCoy (AUS)	Yamaha	- 24.410	Ukawa	53
12. Noriyuki Haga (J)	Yamaha	- 43.996	Goorbergh	43
13. Jose Luis Cardoso (E)	Yamaha	- 44.216	Haga	39
14. J. v. d. Goorbergh (NL)	Proton KR	- 44.329	McCoy	32
15. Anthony West (AUS)	Honda	- 1:22.533	Jacque	26

Trainingsbestzeit: Biaggi in 1.26,097 min = 154,876 km/h
Schnellste Rennrunde: Nakano in 1.26,808 min = 153,607 km/h
Schnitt des Siegers: 152,859 km/h

ERGEBNISSE GRAND PRIX TSCHECHIEN IN BRÜNN

RENNEN 125 cm³ / STAND

Fahrer (Nation)	Maschine	Zeit (Min)	Fahrer	Punkte
1. Tony Elias (E)	Honda	41.27,703	Elias	142
2. Lucio Cecchinello (I)	Aprilia	- 0,689	Poggiali	120
3. Steve Jenkner (D)	Aprilia	- 1,086	Cecchinello	108
4. Youichi Ui (J)	Derbi	- 1,156	Azuma	101
5. Max Sabbatani (I)	Aprilia	- 3,668	Youichi Ui	99
6. Jakub Smrz (CZ)	Honda	- 7,804	Borsoi	93
7. Jaroslav Hules (CZ)	Honda	- 7,817	Jenkner	85
8. Daniel Pedrosa (E)	Honda	- 7,985	Sanna	82
9. Gabor Talmacsi (H)	Honda	- 8,528	Ueda	81
10. Simone Sanna (I)	Aprilia	- 13,875	Vincent	63
11. Noboru Ueda (J)	Honda	- 20,490	Nieto jr.	50
12. Alex de Angelis (E)	Honda	- 25,982	Giansanti	48
13. Masao Azuma (J)	Honda	- 26,127	Sabbatani	44
14. Joan Olive (E)	Honda	- 30,135	Hules	42
15. Eric Bataille (AND)	Honda	- 30,593	De Angelis	41

Trainingsbestzeit: Elias in 2.09,062 min = 150,708 km/h
Schnellste Rennrunde: Hules in 2.09,648 min = 150,027 km/h
Schnitt des Siegers: 148,556 km/h

RENNEN 250 cm³ / STAND

Fahrer (Nation)	Maschine	Zeit (Min)	Fahrer	Punkte
1. Tetsuya Harada (J)	Aprilia	- 41.32,599	Katoh	197
2. Marco Melandri (I)	Aprilia	- 2,743	Harada	162
3. Daijiro Katoh (J)	Honda	- 2,797	Melandri	149
4. Fonsi Nieto (E)	Aprilia	- 31,315	Rolfo	115
5. Roberto Rolfo (I)	Aprilia	- 32,569	Nieto	89
6. Randy de Puniet (F)	Aprilia	- 33,823	Alzamora	84
7. Emilio Alzamora (E)	Honda	- 35,171	Locatelli	77
8. Sebastian Porto (ARG)	Yamaha	- 35,386	McWilliams	68
9. Naoki Matsudo (J)	Yamaha	- 35,663	Matsudo	60
10. Alex Debon (E)	Aprilia	- 41,559	Debon	47
11. Klaus Nöhles (D)	Aprilia	- 46,303	Hofmann	47
12. Roberto Locatelli (I)	Aprilia	- 46,613	Battaini	42
13. Sylvain Guintoli (F)	Aprilia	- 49,736	Porto	36
14. Franco Battaini (I)	Aprilia	- 50,375	Guintoli	32
15. Lorenzo Lanzi (I)	Aprilia	- 51,492	de Puniet	32

Trainingsbestzeit: Harada in 2.02,953 min = 158,197 km/h
Schnellste Rennrunde: Melandri in 2.03,836 min = 157,069 km/h (Rekord)
Schnitt des Siegers: 156,068km/h

RENNEN 500 cm³ / STAND

Fahrer (Nation)	Maschine	Zeit (Min)	Fahrer	Punkte
1. Valentino Rossi (I)	Honda	- 45.01,044	Rossi	195
2. Alex Crivillé (E)	Honda	- 3,374	Biaggi	166
3. Loris Capirossi (I)	Honda	- 3,767	Capirossi	127
4. Norick Abe (J)	Yamaha	- 4,057	Barros	107
5. Tohru Ukawa (J)	Honda	- 6,574	Abe	100
6. Garry McCoy (AUS)	Yamaha	- 7,344	Nakano	100
7. Carlos Checa (E)	Yamaha	- 10,689	Crivillé	91
8. Sete Gibernau (E)	Suzuki	- 15,201	Checa	76
9. Alex Barros (BR)	Honda	- 24,732	Gibernau	68
10. Max Biaggi (I)	Yamaha	- 29,758	Ukawa	64
11. Noriyuki Haga (J)	Yamaha	- 42,667	Roberts	62
12. Olivier Jacque (F)	Yamaha	- 43,063	Haga	44
13. Jose Luis Cardoso (E)	Yamaha	- 56,432	v.d.Goorbergh	43
14. Haruchika Aoki (J)	Honda	- 1.13,315	McCoy	42
15. Johan Stigefelt (S)	Sabre V4	- 2.03,200	Jacque	30

Trainingsbestzeit: Biaggi in 2.00,347 min = 161,622 km/h
Schnellste Rennrunde: Rossi in 2.01,461 min = 160,140 km/h (Rekord)
Schnitt des Siegers: 158,426 km/h

ERGEBNISSE GRAND PRIX PORTUGAL IN ESTORIL

RENNEN 125 cm³ / STAND

Fahrer (Nation)	Maschine	Zeit (Min)	Fahrer	Punkte
1. Manuel Poggiali (RSM)	Gilera	42.55,454	Elias	158
2. Youichi Ui (J)	Derbi	- 0,011	Poggiali	145
3. Toni Elias (E)	Honda	- 8,306	Ui	119
4. Simone Sanna (I)	Aprilia	- 8,473	Cecchinello	108
5. Daniel Pedrosa (E)	Honda	- 26,230	Azuma	101
6. Jakub Smrz (CZ)	Honda	- 30,439	Sanna	95
7. Jaroslav Hules (CZ)	Honda	- 30,513	Borsoi	94
8. Mirko Giansanti (I)	Honda	- 31,500	Jenkner	85
9. Max Sabbatani (I)	Aprilia	- 33,982	Ueda	81
10. Arnaud Vincent (F)	Honda	- 35,553	Vincent	69
11. A. Brannetti (I)	Aprilia	- 36,820	Giansanti	56
12. Gabor Talmacsi (H)	Honda	- 37,344	Sabbatani	51
13. Gaspare Caffiero (I)	Aprilia	- 50,138	Hules	51
14. Raul Jara (E)	Aprilia	- 57,302	Nieto jr.	50
15. Gino Borsoi (I)	Aprilia	- 57,409	Pedrosa	46

Trainingsbestzeit: Poggiali in 1.45,923 min = 142,133 km/h
Schnellste Rennrunde: Ui in 1.46,329 min = 141,590 km/h (Rekord)
Schnitt des Siegers: 140,295 km/h

RENNEN 250 cm³ / STAND

Fahrer (Nation)	Maschine	Zeit (Min)	Fahrer	Punkte
1. Daijiro Katoh (J)	Honda	44.38,464	Katoh	222
2. Marco Melandri (I)	Aprilia	- 16,993	Harada	178
3. Tetsuya Harada (J)	Aprilia	- 27,360	Melandri	169
4. Roberto Rolfo (I)	Aprilia	- 34,207	Rolfo	128
5. J. McWilliams (GB)	Aprilia	- 36,916	Nieto	98
6. Naoki Matsudo (J)	Yamaha	- 37,101	Alzamora	84
7. Fonsi Nieto (E)	Aprilia	- 44,441	McWilliams	79
8. David Checa (E)	Honda	- 45,404	Locatelli	77
9. Franco Battaini (I)	Aprilia	- 49,202	Matsudo	70
10. Shahrol Yuzy (MAL)	Yamaha	- 51,072	Debon	51
11. Klaus Nöhles (D)	Aprilia	- 55,776	Battaini	49
12. Alex Debon (E)	Aprilia	- 59,663	Hofmann	47
13. David de Gea (E)	Yamaha	- 1.19,420	Porto	36
14. Jay Vincent (GB)	Yamaha	- 1.19,835	Yuzy	34
15. Jeronimo Vidal (E)	Aprilia	- 1.20,435	Guintoli	32

Trainingsbestzeit: Harada in 1.41,993 min = 147,610 km/h
Schnellste Rennrunde: Katoh in 1.42,285 min = 147,188 km/h (Rekord)
Schnitt des Siegers: 146,141 km/h

RENNEN 500 cm³ / STAND

Fahrer (Nation)	Maschine	Zeit (Min)	Fahrer	Punkte
1. Valentino Rossi (I)	Honda	47.25,357	Rossi	220
2. Loris Capirossi (I)	Honda	- 1,756	Biaggi	177
3. Garry McCoy (AUS)	Yamaha	- 14,030	Capirossi	147
4. Carlos Checa (E)	Yamaha	- 24,337	Barros	107
5. Max Biaggi (I)	Yamaha	- 31,348	Nakano	107
6. Kenny Roberts (USA)	Suzuki	- 31,925	Abe	100
7. J. vd. Goorbergh (NL)	Proton KR	- 37,140	Criville	91
8. Olivier Jacque (F)	Yamaha	- 41,043	Checa	89
9. Shinya Nakano (J)	Yamaha	- 50,273	Roberts	72
10. Jose Luis Cardoso (E)	Yamaha	- 58,227	Gibernau	68
11. Haruchika Aoki (J)	Honda	- 1.27,139	Ukawa	64
12. Anthony West (AUS)	Honda	- 1.27.459	McCoy	58
13. Johan Stigefelt (S)	Sabre	- 1 Runde	Goorbergh	52
14. Brendan Clarke (AUS)	Honda	- 1 Runde	Haga	44
15. Barry Veneman (NL)	Honda	- 1 Runde	Jacque	38

Trainingsbestzeit: Biaggi in 1.40,076 min = 150,437 km/h
Schnellste Rennrunde: Capirossi in 1.40,683 min = 149,530 km/h (Rekord)
Schnitt des Siegers: 148,152 km/h

ERGEBNISSE GRAND PRIX VALENCIA/SPANIEN

RENNEN 125 cm³ / STAND

Fahrer (Nation)	Maschine	Zeit (Min)	Fahrer	Punkte
1. Manuel Poggiali (I)	Gilera	42.45,422	Elias	178
2. Toni Elias (E)	Honda	- 0,022	Poggiali	170
3. Daniel Pedrosa (E)	Honda	- 0,263	Ui	132
4. Youichi Ui (J)	Derbi	- 0,305	Cecchinello	116
5. Gino Borsoi (I)	Aprilia	- 0,561	Sanna	105
6. Simone Sanna (I)	Aprilia	- 0,586	Borsoi	105
7. Steve Jenkner (D)	Aprilia	- 0,654	Azuma	101
8. Lucio Cecchinello (I)	Aprilia	- 1,596	Jenkner	94
9. Max Sabbatani (I)	Aprilia	- 2,005	Ueda	81
10. Joan Olive (E)	Honda	- 2,078	Vincent	69
11. Gabor Talmacsi (H)	Honda	-15,746	Pedrosa	62
12. Stefano Perugini (I)	Italjet	-17,225	Giansanti	59
13. Masao Azuma (J)	Honda	-17,369	Sabbatani	58
14. Pablo Nieto (E)	Derbi	-17,456	Hules	51
15. Angel Rodriguez (E)	Aprilia	-17,709	Nieto Jr.	50

Trainingsbestzeit: Elias in 1.40,481 min = 142,489 km/h
Schnellste Rennrunde: Borsoi in 1.41,464 min = 142,099 km/h
Schnitt des Siegers: 140,503 km/h

RENNEN 250 cm³ / STAND

Fahrer (Nation)	Maschine	Zeit (Min)	Fahrer	Punkte
1. Daijiro Katoh (J)	Honda	44.01,853	Katoh	247
2. Tetsuya Harada (J)	Aprilia	- 4,943	Harada	198
3. Fonsi Nieto (E)	Aprilia	- 12,371	Melandri	169
4. Emilio Alzamora (E)	Honda	- 14,972	Rolfo	136
5. J. McWilliams (GB)	Aprilia	- 21,045	Nieto	114
6. Naoki Matsudo (J)	Yamaha	- 25,817	Alzamora	97
7. Roberto Locatelli (I)	Aprilia	- 26,623	McWilliams	90
8. Roberto Rolfo (I)	Aprilia	- 26,776	Locatelli	86
9. Alex Debon (E)	Aprilia	- 35,372	Matsudo	80
10. Randy de Puniet (F)	Aprilia	- 46,273	Debon	58
11. David Checa (E)	Honda	- 47,766	Battaini	51
12. Shahrol Yuzy (MAL)	Yamaha	- 47,887	Hofmann	47
13. Sebastian Porto (RA)	Yamaha	- 49,132	Porto	39
14. Franco Battaini (I)	Aprilia	- 51,582	de Puniet	38
15. David de Gea (E)	Yamaha	- 52,052	Yuzy	38

Trainingsbestzeit: Nieto 1.36,379 min = 149,596 km/h
Schnellste Rennrunde: Katoh in 1.36,701 min = 149,098 km/h
Schnitt des Siegers: 147,353km/h

RENNEN 500 cm³ / STAND

Fahrer (Nation)	Maschine	Zeit (Min)	Fahrer	Punkte
1. Sete Gibernau (E)	Suzuki	54.39,391	Rossi	225
2. Alex Barros (BR)	Honda	- 0,293	Biaggi	183
3. Kenny Roberts (USA)	Suzuki	- 1,241	Capirossi	147
4. Carlos Checa (E)	Yamaha	- 7,052	Barros	127
5. Olivier Jacque (F)	Yamaha	- 29,809	Nakano	116
6. Tohru Ukawa (J)	Honda	- 29,863	Abe	108
7. Shinya Nakano (J)	Yamaha	- 31,093	Checa	102
8. Norick Abe (J)	Yamaha	- 31,609	Gibernau	93
9. J. vd. Goorbergh (NL)	Proton KR	- 32,783	Crivillé	91
10. Max Biaggi (I)	Yamaha	- 37,774	Roberts	88
11. Valentino Rossi (I)	Honda	- 40,512	Ukawa	74
12. Garry McCoy (AUS)	Yamaha	- 1.36,743	McCoy	62
13. Anthony West (AUS)	Honda	- 1 Runde	vd. Goorbergh	59
14. Johan Stigefelt (S)	Yamaha	- 1 Runde	Jacque	49
15. Barry Veneman (NL)	Honda	- 2 Runden	Haga	44

Trainingsbestzeit: Biaggi in 1.34,496 min = 152,577 km/h
Schnellste Rennrunde: Gibernau in 1.36,792 min = 148,958 km/h
Schnitt des Siegers: 131,896 km/h

ERGEBNISSE PAZIFIK GRAND PRIX IN MOTEGI/JAPAN

RENNEN 125 cm³ / STAND

Fahrer (Nation)	Maschine	Zeit (Min)	Fahrer	Punkte
1. Youichi Ui (J)	Derbi	42.01,711	Poggiali	190
2. Manuel Poggiali (I)	Gilera	- 1,004	Elias	178
3. Daniel Pedrosa (E)	Honda	- 1,129	Ui	157
4. Lucio Cecchinello (I)	Aprilia	- 12,109	Cecchinello	129
5. Masao Azuma (J)	Honda	- 23,147	Borsoi	113
6. Gabor Talmacsi (H)	Honda	- 28,345	Azuma	112
7. Mirko Giansanti (I)	Honda	- 28,387	Sanna	105
8. Gino Borsoi (I)	Aprilia	- 29,678	Jenkner	94
9. Gianluigi Scalvini (I)	Italjet	- 29,898	Ueda	81
10. Alessandro Brannetti (I)	Aprilia	- 30,026	Pedrosa	78
11. Raul Jara (E)	Aprilia	- 30,268	Vincent	69
12. Joan Olive (E)	Honda	- 35,692	Giansanti	68
13. Angel Nieto Jr. (E)	Honda	- 35,894	Sabbatani	58
14. Jaroslav Hules (CZ)	Honda	- 36,170	Nieto Jr.	53
15. Angel Rodriguez (E)	Aprilia	- 45,438	Hules	53
19. Jarno Müller (D)	Honda	1.14,335	Smrz	42

Trainingsbestzeit: Ui in 1.58,603 min = 145,726 km/h
Schnellste Rennrunde: Ui in 1.59,010 min = 145,228 km/h
Schnitt des Siegers: 143,932 km/h

RENNEN 250 cm³ / STAND

Fahrer (Nation)	Maschine	Zeit (Min)	Fahrer	Punkte
1. Tetsuya Harada (J)	Aprilia	43.59,587	Katoh	247
2. Emilio Alzamora (E)	Honda	- 7,559	Harada	223
3. J. McWilliams (GB)	Aprilia	- 8,024	Melandri	169
4. Fonsi Nieto (E)	Aprilia	- 11,462	Rolfo	147
5. Roberto Rolfo (I)	Aprilia	- 11,733	Nieto	127
6. Roberto Locatelli (I)	Aprilia	- 13,498	Alzamora	117
7. Naoki Matsudo (J)	Yamaha	- 19,937	McWilliams	106
8. Franco Battaini (I)	Aprilia	- 24,789	Locatelli	96
9. Taro Sekiguchi (J)	Yamaha	- 26,671	Matsudo	89
10. Nobuyuki Ohsaki (J)	Yamaha	- 33,671	Battaini	59
11. Randy De Puniet (F)	Aprilia	- 37,114	Debon	58
12. David Checa (E)	Honda	- 40,478	Hofmann	47
13. Osamu Miyazaki (J)	Yamaha	- 41,670	De Puniet	43
14. David Tomas (E)	Honda	- 42,139	Porto	39
17. Alex Hofmann (D)	Aprilia	- 43,379	Yuzy	38
26. Katja Poensgen (D)	Honda	- 1 Runde	Checa	34

Trainingsbestzeit: Harada in 1.52,789 min = 153,238 km/h
Schnellste Rennrunde: Harada in 1.53,767 min = 151,921 km/h
Schnitt des Siegers: 150,600 km/h

RENNEN 500 cm³ / STAND

Fahrer (Nation)	Maschine	Zeit (Min)	Fahrer	Punkte
1. Valentino Rossi (I)	Honda	- 46.32,600	Rossi	250
2. Alex Barros (BR)	Honda	- 2,607	Biaggi	183
3. Loris Capirossi (I)	Honda	- 9,765	Capirossi	163
4. Norick Abe (J)	Yamaha	- 13,951	Barros	147
5. Tohru Ukawa (J)	Honda	- 21,994	Nakano	126
6. Shinya Nakano (J)	Yamaha	- 22,279	Abe	121
7. Carlos Checa (E)	Yamaha	- 27,332	Checa	111
8. Kenny Roberts (USA)	Suzuki	- 27,607	Gibernau	100
9. Sete Gibernau (E)	Suzuki	- 33,822	Crivillé	96
10. Yukio Kagayama (J)	Suzuki	- 38,139	Roberts	96
11. Alex Crivillé (E)	Honda	- 41,866	Ukawa	85
12. Garry McCoy (AUS)	Yamaha	- 50,419	McCoy	66
13. Jose Luis Cardoso (E)	Yamaha	- 56,204	vd. Goorbergh	59
14. Anthony West (AUS)	Honda	- 1.04,286	Jacque	49
15. Leon Haslam (GB)	Honda	- 1 Runde	Haga	44

Trainingsbestzeit: Capirossi in 1.49,800 min = 157,409 km/h
Schnellste Rennrunde: Rossi in 1.51,030 min = 155,666 km/h
Schnitt des Siegers: 154,726 km/h

ERGEBNISSE GRAND PRIX AUSTRALIEN/PHILLIP ISLAND

RENNEN 125 cm³ / STAND

Fahrer (Nation)	Maschine	Zeit (Min)	Fahrer	Punkte
1. Youichi Ui (J)	Derbi	38.14,688	Poggiali	210
2. Manuel Poggiali (RSM)	Gilera	- 4,709	Elias	194
3. Toni Elias (E)	Honda	- 4,743	Ui	182
4. Masao Azuma (J)	Honda	- 4,938	Cecchinello	140
5. Lucio Cecchinello (I)	Aprilia	- 4,974	Azuma	125
6. Alex de Angelis (RSM)	Honda	- 5,053	Borsoi	119
7. Daniel Pedrosa (E)	Honda	- 5,562	Sanna	105
8. Max Sabbatani (I)	Aprilia	- 5,881	Jenkner	94
9. Eric Bataille (AND)	Honda	- 9,506	Pedrosa	87
10. Gino Borsoi (I)	Aprilia	- 17,165	Ueda	86
11. Noboru Ueda (J)	TSR-Honda	- 17,289	Vincent	69
12. Casey Stoner (AUS)	Honda	- 17,372	Giansanti	68
13. Angel Nieto jr. (E)	Italjet	- 18,361	Sabbatani	66
14. Jaroslav Hules (CZ)	Honda	- 18,375	Nieto jr.	56
15. Gaspare Caffiero (I)	Aprilia	- 18,447	Hules	55
25. Jarno Müller (D)	Honda	-1.11,823		

Trainingsbestzeit: Poggiali in 1.37,737 min = 163,835 km/h
Schnellste Rennrunde: Sabbatani in 1.43,499 min = 162,568 km/h
Schnitt des Siegers: 160,498 km/h

RENNEN 250 cm³ / STAND

Fahrer (Nation)	Maschine	Zeit (Min)	Fahrer	Punkte
1. Daijiro Katoh (J)	Honda	39.48,180	Katoh	272
2. Tetsuya Harada (J)	Aprilia	- 5,644	Harada	243
3. Roberto Rolfo (I)	Aprilia	- 8,518	Melandri	169
4. Jer. McWilliams (GB)	Aprilia	- 14,303	Rolfo	163
5. Fonsi Nieto (E)	Aprilia	- 14,389	Nieto	138
6. Emilio Alzamora (E)	Honda	- 14,749	Alzamora	127
7. Roberto Locatelli (I)	Aprilia	- 17,546	McWilliams	119
8. Luca Boscoscuro (I)	Aprilia	- 37,456	Locatelli	105
9. Naoki Matsudo (J)	Yamaha	- 50,872	Matsudo	96
10. Shahrol Yuzy (MAL)	Yamaha	- 53,951	Battaini	59
11. Lorenzo Lanzi (I)	Aprilia	- 1.00,113	Debon	58
12. Taro Sekiguchi (J)	Yamaha	- 1.10,314	Hofmann	47
13. Riccardo Chiarello (I)	Aprilia	- 1.34,981	Yuzy	44
14. David Tomas (E)	Honda	- 1.39,355	de Puniet	43
15. Jeronimo Vidal (E)	Aprilia	- 1 Runde	Porto	39
19. Katja Poensgen (D)	Honda	-1 Runde		

Trainingsbestzeit: Harada in 1.33,625 min = 171,031 km/h
Schnellste Rennrunde: Katoh in 1.34,560 min = 169,340 km/h
Schnitt des Siegers: 167,625 km/h

RENNEN 500 cm³ / STAND

Fahrer (Nation)	Maschine	Zeit (Min)	Fahrer	Punkte
1. Valentino Rossi (I)	Honda	42.22,383	Rossi	275
2. Max Biaggi (I)	Yamaha	- 0,013	Biaggi	203
3. Loris Capirossi (I)	Honda	- 0,581	Capirossi	179
4. Alex Barros (BR)	Honda	- 0,714	Barros	160
5. Tohru Ukawa (J)	Honda	- 1,288	Nakano	135
6. Olivier Jacque (F)	Yamaha	- 2,534	Abe	124
7. Shinya Nakano (J)	Yamaha	- 2,579	Checa	111
8. Noriyuki Haga (J)	Yamaha	- 2,582	Gibernau	107
9. Sete Gibernau (E)	Suzuki	- 2,832	Crivillé	101
10. J. vd. Goorbergh (NL)	Proton KR	- 19,443	Roberts	97
11. Alex Crivillé (E)	Honda	- 20,000	Ukawa	96
12. Anthony West (AUS)	Honda	- 20,303	McCoy	66
13. Norick Abe (J)	Yamaha	- 21,043	vd. Goorbergh	65
14. Haruchika Aoki (J)	Honda	- 21,360	Jacque	59
15. Kenny Roberts (USA)	Suzuki	- 29,738	Haga	52

Trainingsbestzeit: Biaggi in 1.31,984 min = 174,082 km/h
Schnellste Rennrunde: Biaggi in 1.32,993 min = 172,193 km/h
Schnitt des Siegers: 170,055 km/h

ERGEBNISSE GRAND PRIX MALAYSIA/SEPANG

RENNEN 125 cm³ / STAND

Fahrer (Nation)	Maschine	Zeit (Min)	Fahrer	Punkte
1. Youichi Ui (J)	Derbi	43.21,269	Poggiali	230
2. Manuel Poggiali (RSM)	Gilera	- 2,078	Ui	207
3. Lucio Cecchinello (I)	Aprilia	- 2,196	Elias	204
4. Daniel Pedrosa (E)	Honda	- 3,161	Cecchinello	156
5. Gino Borsoi (I)	Aprilia	- 3,987	Azuma	133
6. Toni Elias (E)	Honda	- 4,265	Borsoi	130
7. Arnaud Vincent (F)	Honda	- 4,468	Sanna	105
8. Masao Azuma (J)	Honda	- 5,123	Pedrosa	100
9. Mirko Giansanti (I)	Honda	- 30,026	Jenkner	94
10. Max Sabbatani (I)	Aprilia	- 30,292	Ueda	91
11. Noboru Ueda (J)	Honda	- 30,417	Vincent	78
12. Joan Olivé (E)	Honda	- 30,684	Giansanti	75
13. Stefano Perugini (I)	Italjet	- 30,860	Sabbatani	72
14. Alex de Angelis (RSM)	Honda	- 31,433	Nieto Jr.	56
15. Jaroslav Hules (CZ)	Honda	- 31,802	Hules	56
21. Jarno Müller (D)	Honda	-1.11,823	de Angelis	53

Trainingsbestzeit: Elias in 2.15,358 min = 147,555 km/h
Schnellste Rennrunde: Ui in 2.14,961 min = 147,989 km/h (Rekord)
Schnitt des Siegers: 145,883 km/h

RENNEN 250 cm³ / STAND

Fahrer (Nation)	Maschine	Zeit (Min)	Fahrer	Punkte
1. Daijiro Katoh (J)	Honda	43.22,487	Katoh	297
2. Tetsuya Harada (J)	Aprilia	- 14,893	Harada	263
3. Fonsi Nieto (E)	Aprilia	- 15,893	Melandri	174
4. Roberto Locatelli (I)	Aprilia	- 19,748	Rolfo	169
5. J. McWilliams (GB)	Aprilia	- 35,867	Nieto	154
6. Franco Battaini (I)	Aprilia	- 46,364	McWilliams	130
7. Naoki Matsudo (J)	Yamaha	- 46,408	Alzamora	127
8. Alex Hofmann (D)	Aprilia	- 46,731	Locatelli	118
9. Sylvain Guintoli (F)	Aprilia	- 56,513	Matsudo	105
10. Roberto Rolfo (I)	Aprilia	- 58,914	Battaini	69
11. Marco Melandri (I)	Aprilia	- 1.00,301	Debon	60
12. Randy de Puniet (F)	Aprilia	- 1.10,689	Hofmann	55
13. Luca Boscoscuro (I)	Aprilia	- 1.09,730	de Puniet	47
14. Alex Debon (E)	Aprilia	- 1.09,953	Yuzy	44
15. David Checa (E)	Honda	- 1.10,847	Guintoli	39

Trainingsbestzeit: Katoh in 2.08,151 min = 155,853 km/h
Schnellste Rennrunde: Katoh in 2.08,920 min = 154,923 km/h (Rekord)
Schnitt des Siegers: 153,490 km/h

RENNEN 500 cm³ / STAND

Fahrer (Nation)	Maschine	Zeit (Min)	Fahrer	Punkte
1. Valentino Rossi (I)	Honda	44.46,652	Rossi	300
2. Loris Capirossi (I)	Honda	- 3,551	Biaggi	203
3. Garry McCoy (AUS)	Yamaha	- 4,722	Capirossi	199
4. Shinya Nakano (J)	Yamaha	- 5,005	Barros	169
5. Tohru Ukawa (J)	Honda	- 8,807	Nakano	148
6. Alex Crivillé (E)	Honda	- 12,192	Abe	127
7. Alex Barros (BR)	Honda	- 15,682	Checa	117
8. Sete Gibernau (E)	Suzuki	- 18,772	Gibernau	115
9. Noriyuki Haga (J)	Yamaha	- 27,012	Crivillé	111
10. Carlos Checa (E)	Yamaha	- 28,829	Ukawa	107
11. Jose Luis Cardoso (E)	Yamaha	- 29,007	Roberts	97
12. Anthony West (AUS)	Honda	- 1.02,166	McCoy	82
13. Norick Abe (J)	Yamaha	- 1.20,535	vd.Goorbergh	65
14. Brendan Clarke (AUS)	Honda	- 2.04,455	Haga	59
15. Leon Haslam (GB)	Honda	- 2.04,500	Jacque	59

Trainingsbestzeit: Capirossi in 2.05,637 min = 158,972 km/h
Schnellste Rennrunde: Rossi in 2.06,618 min = 157,740 km/h (Rekord)
Schnitt des Siegers: 156,115 km/h

ERGEBNISSE GRAND PRIX RIO IN JACAREPAGUA

RENNEN 125 cm³ / STAND

Fahrer (Nation)	Maschine	Zeit (Min)	Fahrer	Punkte
1. Youichi Ui (J)	Derbi	46.47,181	Poggiali	241
2. Simone Sanna (I)	Aprilia	- 0,112	Ui	232
3. Arnaud Vincent (F)	Honda	- 27,647	Elias	217
4. Toni Elias (E)	Honda	- 32,325	Cecchinello	156
5. Manuel Poggiali (RSM)	Gilera	- 37,646	Azuma	142
6. Alex de Angelis (RSM)	Honda	- 42,052	Borsoi	130
7. Masao Azuma (J)	Honda	- 42,563	Sanna	125
8. Jakub Smrz (CZ)	Honda	- 42,642	Pedrosa	100
9. Gianluigi Scalvini (I)	Italjet	- 42,867	Ueda	94
10. Jaroslav Hules (CZ)	Honda	- 43,854	Vincent	94
11. Joan Olive (E)	Honda	- 1.11,667	Jenkner	94
12. Jarno Müller (D)	Honda	- 1.11,675	Giansanti	75
13. Noboru Ueda (J)	TSR-Honda	- 1.18,050	Sabbatani	72
14. Pablo Nieto (E)	Derbi	- 1.50,142	de Angelis	63
15. A. Brannetti (I)	Aprilia	- 1.56,893	Hules	62
17. Steve Jenkner (D)	Aprilia	- 2.05,356	Nieto jr.	56

Trainingsbestzeit: Ui in 1.58,676 min = 149,641 km/h
Schnellste Rennrunde: Sanna in 2.11,067 min = 135,494 km/h
Schnitt des Siegers: 132,850 km/h

RENNEN 250 cm³ / STAND

Fahrer (Nation)	Maschine	Zeit (Min)	Fahrer	Punkte
1. Daijiro Katoh (J)	Honda	43.38,212	Katoh	322
2. Marco Melandri (I)	Aprilia	- 0,508	Harada	273
3. Roberto Locatelli (I)	Aprilia	- 1,382	Melandri	194
4. Fonsi Nieto (E)	Aprilia	- 3,569	Rolfo	177
5. J. McWilliams (GB)	Aprilia	- 3,846	Nieto	167
6. Tetsuya Harada (J)	Aprilia	- 11,032	McWilliams	141
7. Emilio Alzamora (E)	Honda	- 14,786	Alzamora	136
8. Roberto Rolfo (I)	Aprilia	- 26,769	Locatelli	134
9. Naoki Matsudo (J)	Yamaha	- 42,705	Matsudo	112
10. Franco Battaini (I)	Aprilia	- 45,602	Battaini	75
11. Sylvain Guintoli (F)	Aprilia	- 46,659	Debon	60
12. Lorenzo Lanzi (I)	Aprilia	- 55,054	Hofmann	55
13. Randy de Puniet (F)	Aprilia	- 1.00,211	de Puniet	50
14. Riccardo Chiarello (I)	Aprilia	- 1.04,153	Guintoli	44
17. Alex Hofmann (D)	Aprilia	- 1.06,148	Yuzy	44
26. Katja Poensgen (D)	Honda	- 2 Runden	Porto	39

Trainingsbestzeit: Nieto in 1.53,819 min = 156,026 km/h
Schnellste Rennrunde: Melandri in 1.55,315 min = 154,002 km/h (Rekord)
Schnitt des Siegers: 149,221 km/h

RENNEN 500 cm³ / STAND

Fahrer (Nation)	Maschine	Zeit (Min)	Fahrer	Punkte
1. Valentino Rossi (I)	Honda	45.57,414	Rossi	325
2. Carlos Checa (E)	Yamaha	- 0,143	Biaggi	219
3. Max Biaggi (I)	Yamaha	- 6,980	Capirossi	210
4. Alex Barros (BR)	Honda	- 19,053	Barros	182
5. Loris Capirossi (I)	Honda	- 20,655	Nakano	155
6. Norick Abe (J)	Yamaha	- 20,829	Checa	137
7. Alex Crivillé (E)	Honda	- 27,894	Abe	137
8. Jose Luis Cardoso (E)	Yamaha	- 45,110	Crivillé	120
9. Shinya Nakano (J)	Yamaha	- 2.25,532	Gibernau	119
10. Garry McCoy (AUS)	Yamaha	- 1 Runde	Ukawa	107
11. Leon Haslam (GB)	Honda	- 1 Runde	Roberts	97
12. Sete Gibernau (E)	Suzuki	- 1 Runde	McCoy	88
13. Anthony West (AUS)	Honda	- 2 Runden	vd.Goorbergh	65
14. Haruchika Aoki (J)	Honda	- 2 Runden	Haga	59
15. Brendan Clarke (AUS)	Honda	- 2 Runden	Jacque	59

Trainingsbestzeit: Ukawa in 1.51,431 min = 159,370 km/h
Schnellste Rennrunde: Rossi in 1.53,258 min = 156,799 km/h
Schnitt des Siegers: 154,569 km/h

Endstand der WM-Punktewertung

125 ccm:

Fahrer	Punkte	J	SA	E	F	I	CAT	NL	GB	D	CZ	POR	VAL	MOT	AUS	MAL	BR
1. Manuel Poggiali (RSM) Gilera	241	11	20	–	25	16	16	–	16	16	–	25	25	20	20	20	11
2. Youichi Ui (J) Derbi	232	20	25	–	5	–	11	–	25	–	13	20	13	25	25	25	25
3. Toni Elias (E) Honda	217	–	–	3	16	13	20	25	20	20	25	16	20	–	16	10	13
4. Lucio Cecchinello (I) Aprilia	156	10	–	20	11	–	25	–	11	11	20	–	8	13	11	16	–
5. Masao Azuma (J) Honda	142	25	6	25	8	8	–	–	13	13	3	–	–	11	13	8	9
6. Gino Borsoi (I) Aprilia	130	13	13	16	13	20	–	10	8	–	–	1	11	8	6	11	–
7. Simone Sanna (I) Aprilia	125	16	–	–	3	11	6	5	10	25	6	13	10	–	–	–	20
8. Daniel Pedrosa (E) Honda	100	–	3	6	–	–	9	–	4	5	8	11	16	16	9	13	–
9. Noboru Ueda (J) Honda	94	–	16	13	9	25	–	13	–	–	5	–	–	–	5	5	3
10. Arnaud Vincent (F) Honda	94	7	10	5	10	9	2	20	–	–	–	6	–	–	–	9	16
11. Steve Jenkner (D) Aprilia	94	9	8	–	4	4	13	16	9	6	16	–	9	–	–	–	–
12. Mirko Giansanti (I) Honda	75	8	4	–	20	–	–	9	5	2	–	8	3	9	–	7	–
13. Max Sabbatani (I) Aprilia	72	4	9	8	1	–	–	1	1	9	11	7	7	–	8	6	–
14. Alex de Angelis (RSM) Honda	63	2	7	9	2	6	7	–	–	4	4	–	–	–	10	2	10
15. Jaroslav Hules (CZ) Honda	62	–	–	7	7	1	–	8	–	10	9	9	–	2	2	1	6

16. Angel Nieto jr. (E) Honda 56; 17. Jakub Smrz (CZ) Honda 50; 18. Gabor Talmacsi (HU) Honda 34; 19. JoanOlivé (E) Honda 34; 20. Angel Rodriguez (E) Aprilia 27; 21. Gianluigi Scalvini (I) Italjet 22; 23. Alessandro Brannetti (I) Aprilia 22; 24. Pablo Nieto (E) Honda21; 25. Jarno Müller (D) Honda 18; 26. RaulJara (E) Aprilia 9; 27. Eric Bataille (AND) Honda 8; 28. Andrea Ballerini (I) Aprilia 5; 29. Casey Stoner (AUS) Honda 4; 30. Gaspare Caffiero (I) Aprilia 4; 31. Adrian Araujo (E) Honda 3; 32. Hiroyuki Kikuchi (J) Honda 1

Konstrukteurs–WM:

	Punkte	J	SA	E	F	I	CAT	NL	GB	D	CZ	POR	VAL	MOT	AUS	MAL	BR
1. Honda	301	25	11	25	20	13	20	25	20	20	25	16	20	16	16	13	16
2. Aprilia	263	16	13	20	13	20	25	16	11	25	20	13	11	13	11	16	20
3. Gilera	241	11	20	–	25	16	16	–	16	16	–	25	25	20	20	20	11
4. Derbi	232	20	25	–	5	–	11	–	25	–	13	20	13	25	25	25	25
5. TSR–Honda	94	–	16	13	9	25	–	13	–	–	5	–	–	–	5	5	3
6. Italjet	42	3	5	4	–	–	5	4	–	–	–	–	4	7	–	3	7

250 ccm:

	Punkte	J	SA	E	F	I	CAT	NL	GB	D	CZ	POR	VAL	MOT	AUS	MAL	BR
1. Daijiro Katoh (J) Honda	322	25	25	25	25	6	25	5	25	20	16	25	25	–	25	25	25
2. Tetsuya Harada (J) Aprilia	273	20	16	20	20	25	20	–	–	16	25	16	20	25	20	20	10
3. Marco Melandri (I) Aprilia	194	10	20	16	16	16	–	10	16	25	20	20	–	–	–	5	20
4. Roberto Rolfo (I) Aprilia	177	11	8	9	7	20	16	–	20	13	11	13	8	11	16	6	8
5. Fonsi Nieto (E) Aprilia	167	5	11	11	11	11	11	–	10	6	13	9	16	13	11	16	13
6. Jeremy McWilliams (GB) Aprilia	141	8	10	6	9	–	10	25	–	–	–	11	11	16	13	11	11
7. Emilio Alzamora (E) Honda	136	–	–	10	13	10	9	20	13	–	9	–	13	20	10	–	9
8. Roberto Locatelli (I) Aprilia	134	16	13	8	10	13	13	–	–	–	4	–	9	10	9	13	16
9. Naoki Matsudo (J) Yamaha	112	13	7	4	–	4	6	–	11	8	7	10	10	9	7	9	7
10. Franco Battaini (I) Aprilia	75	9	–	7	3	–	–	11	3	7	2	7	2	8	–	10	6
11. Alex Debon (E) Aprilia	60	–	1	3	6	8	5	–	8	10	6	4	7	–	–	2	–
12. Alex Hofmann (D) Aprilia	55	4	6	5	5	–	7	4	7	9	–	–	–	–	–	8	–
13. Randy de Puniet (F) Aprilia	50	–	–	–	–	–	8	3	–	11	10	–	6	5	–	4	3
14. Sylvain Guintoli (F) Aprilia	44	1	4	–	2	–	–	13	9	–	3	–	–	–	–	7	5
15. Shahrol Yuzy (MAL) Yamaha	44	–	5	–	1	7	4	–	6	5	–	6	4	–	6	–	–

16. Sebastian Porto (RA) Yamaha 39; 17. David Checa (E) Honda 35; 18. Klaus Nöhles (D) Aprilia 25; 19. David de Gea (E) Yamaha 24; 20. Lorenzo Lanzi (I) Aprilia 23; 21. Luca Boscoscuro (I) Aprilia 21; 22. Taro Sekiguchi (J) Yamaha 20; 23. Riccardo Chiarello (I) Aprilia 15; 24. Marcellino Lucchi (I) Aprilia 13; 25. Jeronimo Vidal (E) Aprilia 13; 26. David Tomas (E) Honda 11; 27. Nobuyuki Ohsaki (J) Yamaha 6; 28. Hiroshi Aoyama (J) Honda 3; 29. Osamu Miyazaki (J) Yamaha 3; 30. Katja Poensgen (D) Aprilia 2; 31. Jay Vincent (GB) Yamaha 2; 32. Jarno Boesveld (NL) Yamaha 1;

Konstrukteurs-WM:

	Punkte	J	SA	E	F	I	CAT	NL	GB	D	CZ	POR	VAL	MOT	AUS	MAL	BR
1. Honda	361	25	25	25	25	10	25	20	25	20	16	25	25	20	25	25	25
2. Aprilia	345	20	20	20	20	25	20	25	20	25	25	20	20	25	20	20	20
3. Yamaha	142	13	9	4	8	7	6	16	11	8	8	10	10	9	7	9	7

500 ccm:

	Punkte	J	SA	E	F	I	CAT	NL	GB	D	CZ	POR	VAL	MOT	AUS	MAL	BR
1. Valentino Rossi (I) Honda	325	25	25	25	16	–	25	20	25	9	25	25	5	25	25	25	25
2. Max Biaggi (I) Yamaha	219	16	8	5	25	16	20	25	20	25	6	11	6	–	20	–	16
3. Loris Capirossi (I) Honda	210	8	20	8	9	20	16	16	6	8	16	20	–	16	16	20	11
4. Alex Barros (BR) Honda	182	10	7	10	8	25	–	13	16	11	7	–	20	20	13	9	13
5. Shinya Nakano (J) Yamaha	155	11	13	13	5	8	13	11	10	16	–	7	9	10	9	13	7
6. Carlos Checa (E) Yamaha	137	6	–	2	20	–	8	–	11	20	9	13	13	9	–	6	20
7. Norick Abe (J) Yamaha	137	13	11	20	13	7	10	–	–	13	13	–	8	13	3	3	10
8. Alex Crivillé (E) Honda	120	7	10	16	11	13	5	–	9	–	20	–	–	5	5	10	9
9. Sete Gibernau (E) Suzuki	119	–	6	6	7	10	11	9	5	6	8	–	25	7	7	8	4
10. Tohru Ukawa (J) Honda	107	–	16	11	–	9	9	8	–	–	11	–	10	11	11	11	–
11. Kenny Roberts (USA) Suzuki	97	9	9	9	10	–	–	10	8	7	–	10	16	8	1	–	–
12. Garry McCoy (AUS) Yamaha	88	20	–	7	–	–	–	–	–	5	10	16	4	4	–	16	6
13. J. vd.Goorbergh (NL) Proton KR	65	5	5	3	6	4	7	7	4	2	–	9	7	–	6	–	–
14. Noriyuki Haga (J) Yamaha	59	–	–	4	–	6	6	6	13	4	5	–	–	–	8	7	–
15. Olivier Jacque (F) Yamaha	59	–	–	–	–	–	4	5	7	10	4	8	11	–	10	–	–
16. Jose Luis Cardoso (E) Yamaha	45	–	3	–	3	5	2	4	–	3	3	6	–	3	–	5	8
17. Haruchika Aoki (J) Honda	33	4	4	–	–	11	1	2	–	–	2	5	–	–	2	–	2
18. Anthony West (AUS) Honda	27	–	2	1	–	–	–	1	2	1	–	4	3	2	4	4	3
19. Leon Haslam (GB) Honda	13	3	–	–	–	–	–	3	–	–	–	–	–	1	–	1	5
20. Chris Walker (GB) Honda	9	–	1	–	4	–	3	–	1	–	–	–	–	–	–	–	–
21. Yukio Kagayama (J) Suzuki	6	–	–	–	–	–	–	–	–	–	–	–	–	6	–	–	–
22. Johan Stigefelt (S) Sabre V4	6	–	–	–	–	–	–	–	–	–	1	3	2	–	–	–	–
23. Brendan Clarke (AUS) Honda	5	–	–	–	–	–	–	–	–	–	–	2	–	–	–	2	1
24. Barry Veneman (NL) Honda	4	–	–	–	2	–	–	–	–	–	–	1	1	–	–	–	–
25. Mark Willis (AUS) Pulse	3	–	–	–	3	–	–	–	–	–	–	–	–	–	–	–	–
26. Jay Vincent (GB) Pulse	3	–	–	–	–	–	–	–	3	–	–	–	–	–	–	–	–
27. Jarno Janssen (NL) Honda	1	–	–	–	1	–	–	–	–	–	–	–	–	–	–	–	–

Konstrukteurs-WM:

	Punkte	J	SA	E	F	I	CAT	NL	GB	D	CZ	POR	VAL	MOT	AUS	MAL	BR
1. Honda	367	25	25	25	16	25	25	20	25	11	25	25	20	25	25	25	25
2. Yamaha	295	20	13	20	25	16	20	25	20	25	13	16	13	13	20	16	20
3. Suzuki	153	9	9	9	10	10	11	10	8	7	8	10	25	8	7	8	4
4. Proton KR	65	5	5	3	6	4	7	7	4	2	–	9	7	–	6	—	–
5. Sabre V4	65	–	–	–	–	–	–	–	–	–	1	3	2	–	–	–	–
6. Pulse	36	–	–	–	–	3	–	–	–	–	–	–	–	–	–	–	–

Chronik der Motorrad-Weltmeisterschaft

Klasse 500 cm³

1949	Leslie Graham	AJS
1950	Umberto Masetti	Gilera
1951	Geoff Duke	Norton
1952	Umberto Mesette	Gilera
1953	Geoff Duke	Gilera
1954	Geoff Duke	Gilera
1955	Geoff Duke	Gilera
1956	John Surtees	MV Agusta
1957	Libero Liberati	Gilera
1958	John Surtees	MV Agusta
1959	John Surtees	MV Agusta
1960	John Surtees	MV Agusta
1961	Gary Hocking	MV Agusta
1962	Mike Hailwood	MV Agusta
1963	Mike Hailwood	MV Agusta
1964	Mike Hailwood	MV Agusta
1965	Mike Hailwood	MV Agusta
1966	Giacomo Agostini	MV Agusta
1967	Giacomo Agostini	MV Agusta
1968	Giacomo Agostini	MV Agusta
1969	Giacomo Agostini	MV Agusta
1970	Giacomo Agostini	MV Agusta
1971	Giacomo Agostini	MV Agusta
1972	Giacomo Agostini	MV Agusta
1973	Phil Read	MV Agusta
1974	Phil Read	MV Agusta
1975	Giacomo Agostini	Yamaha
1976	Barry Sheene	Suzuki
1977	Barry Sheene	Suzuki
1978	Kenny Roberts	Yamaha
1979	Kenny Roberts	Yamaha
1980	Kenny Roberts	Yamaha
1981	Marco Lucchinelli	Suzuki
1982	Franco Uncini	Suzuki
1983	Freddie Spencer	Honda
1984	Eddie Lawson	Yamaha
1985	Freddie Spencer	Honda
1986	Eddie Lawson	Yamaha
1987	Wayne Gradner	Honda
1988	Eddie Lawson	Honda
1989	Eddie Lawson	Yamaha
1990	Wayne Rainey	Yamaha
1991	Wayne Rainey	Yamaha
1992	Wayne Rainey	Yamaha
1993	Kevin Schwantz	Suzuki
1994	Michael Doohan	Honda
1995	Michael Doohan	Honda
1996	Michael Doohan	Honda
1997	Michael Doohan	Honda
1998	Michael Doohan	Honda
1999	Alex Crivillé	Honda
2000	Kenny Roberts jr.	Suzuki
2001	Valentino Rossi	Honda

Klasse 80 cm³

1984	Stefan Dörflinger	Zündapp
1985	Stefan Dörflinger	Zündapp
1986	Jorge Martinez	Derbi
1987	Jorge Martinez	Derbi
1988	Jorge Martinez	Derbi
1989	Manuel Herreros	Derbi

Supersport

1999	Stephane Chambon	Suzuki
2000	Jörg Teuchert	Yamaha
2001	Andrew Pitt	Kawasaki

Grand Prix-Kalender 2001

7.4.	Suzuka/J
21.4.	Welkom/SA
5.5.	Jerez/E
19.5.	Le Mans/F
2.6.	Mugello/I
16.6.	Barcelona/E
29.6.	Assen/NL
14.7.	Donington Park/GB
21.7.	Sachsenring/D
25.8.	Brno/CZ
8.9.	Estoril/POR
22.9.	Valencia/E
6.10.	Motegi/J
13.10.	Sepang/MAL
20.10.	Phillip Island/AUS
2.11.	Rio de Janeiro/BR

Klasse 250 cm³

1949	Bruno Ruffo	Moto Guzzi
1950	Dario Ambrosini	Benelli
1951	Bruno Ruffo	Moto Guzzi
1952	Enrico Lorenzetti	Moto Guzzi
1953	Werner Haas	NSU
1954	Werner Haas	NSU
1955	H.-P. Müller	NSU
1956	Carlo Ubbiali	MV Agusta
1957	Cecil Sandford	Mondial
1958	Tarquinio Provini	MV Agusta
1959	Carlo Ubbiali	MV Agusta
1960	Carlo Ubbiali	MV Agusta
1961	Mike Hailwood	Honda
1962	Jim Redmann	Honda
1963	Jim Redmann	Honda
1964	Phil Read	Yamaha
1965	Phil Read	Yamaha
1966	Mike Hailwood	Honda
1967	Mike Hailwood	Honda
1968	Phil Read	Yamaha
1969	Kel Carruthers	Benelli
1970	Rod Gould	Yamaha
1971	Phil Read	Yamaha
1972	Jarno Saarinen	Yamaha
1973	Dieter Braun	Yamaha
1974	Walter Villa	Harl.-Dav.
1975	Walter Villa	Harl.-Dav.
1976	Walter Villa	Harl.-Dav.
1977	Mario Lega	Morbidelli
1978	Kork Ballington	Kawasaki
1979	Kork Ballington	Kawasaki
1980	Anton Mang	Kawasaki
1981	Anton Mang	Kawasaki
1982	J.-L. Tournadre	Yamaha
1983	Carlos Lavado	Yamaha
1984	Christian Sarron	Yamaha
1985	Freddie Spencer	Honda
1986	Carlos Lavado	Yamaha
1987	Anton Mang	Honda
1988	Sito Pons	Honda
1989	Sito Pons	Honda
1990	John Kocinski	Yamaha
1991	Luca Cadalora	Honda
1992	Luca Cadalora	Honda
1993	Tetsuya Harada	Yamaha
1994	Massimiliano Biaggi	Aprilia
1995	Massimiliano Biaggi	Aprilia
1996	Massimiliano Biaggi	Aprilia
1997	Massimiliano Biaggi	Honda
1998	Loris Capirossi	Aprilia
1999	Valentino Rossi	Aprilia
2000	Olivier Jacque	Yamaha
2001	Daijiro Katoh	Honda

Klasse 125 cm³

1949	Nello Pagani	Mondial
1950	Bruno Ruffo	Mondial
1951	Carlo Ubbiali	Mondial
1952	Cecil Sandford	MV Agusta
1953	Werner Haas	NSU
1954	Ruppert Hollaus	NSU
1955	Carlo Ubbiali	MV Agusta
1956	Carlo Ubbiali	MV Agusta
1957	Tarquinio Provini	Mondial
1958	Carlo Ubbiali	MV Agusta
1959	Carlo Ubbiali	MV Agusta
1960	Carlo Ubbiali	MV Agusta
1961	Tom Phillis	Honda
1962	Luigi Taveri	Honda
1963	Hugh Anderson	Suzuki
1964	Luigi Taveri	Honda
1965	Hugh Anderson	Suzuki
1966	Luigi Taveri	Honda
1967	Bill Ivy	Yamaha
1968	Phil Read	Yamaha
1969	Dave Simmonds	Kawasaki
1970	Dieter Braun	Suzuki
1971	Angel Nieto	Derbi
1972	Angel Nieto	Derbi
1973	Kent Andersson	Yamaha
1974	Kent Andersson	Yamaha
1975	Pier-Paolo Pileri	Morbidelli
1976	Pier-Paolo Pileri	Morbidelli
1977	Pier-Paolo Pileri	Morbidelli
1978	Eugenio Lazzarini	MBA
1979	Angel Nieto	Minarelli
1980	Pier-Paolo Pileri	MBA
1981	Angel Nieto	Minarelli
1982	Angel Nieto	Garelli
1983	Angel Nieto	Garelli
1984	Angel Nieto	Garelli
1985	Fausto Gresini	Garelli
1986	Luca Cadalora	Garelli
1987	Fausto Gresini	Garelli
1988	Jorge Martinez	Derbi
1989	Alex Crivillé	JJ Cobas
1990	Loris Capirossi	Honda
1991	Loris Capirossi	Honda
1992	Alessandro Gramigni	Aprilia
1993	Dirk Raudies	Honda
1994	Kazuto Sakata	Aprilia
1995	Haruchika Aoki	Honda
1996	Haruchika Aoki	Honda
1997	Valentino Rossi	Aprilia
1998	Kazuto Sakata	Aprilia
1999	Emilio Alzamora	Honda
2000	Roberto Locatelli	Aprilia
2001	Manuel Poggiali	Gilera

Klasse 350 cm³

1949	Freddy Frith	Velocette
1950	Bob Forster	Velocette
1951	Geoff Duke	Norton
1952	Geoff Duke	Norton
1953	Fergus Anderson	Moto Guzzi
1954	Fergus Anderson	Moto Guzzi
1955	Bill Lomas	Moto Guzzi
1956	Bill Lomas	Moto Guzzi
1957	Keith Campbell	Moto Guzzi
1958	John Surtees	MV Agusta
1959	John Surtees	MV Agusta
1960	John Surtees	MV Agusta
1961	Gary Hocking	MV Agusta
1962	Jim Redmann	Honda
1963	Jim Redmann	Honda
1964	Jim Redmann	Honda
1965	Jim Redmann	Honda
1966	Mike Hailwood	Honda
1967	Mike Hailwood	Honda
1968	Giacomo Agostini	MV Agusta
1969	Giacomo Agostini	MV Agusta
1970	Giacomo Agostini	MV Agusta
1971	Giacomo Agostini	MV Agusta
1972	Giacomo Agostini	MV Agusta
1973	Giacomo Agostini	MV Agusta
1974	Giacomo Agostini	Yamaha
1975	Jonny Cecotto	Yamaha
1976	Walter Villa	Harl.-Dav.
1977	Takazumi Katayama	Yamaha
1978	Kork Ballington	Kawasaki
1979	Kork Ballington	Kawasaki
1980	Jon Ekerold	Yamaha
1981	Anton Mang	Kawasaki
1982	Anton Mang	Kawasaki

Langstrecke

1980	Marc Fontan/Hervé Moineau	Honda
1981	Raymond Roche/Jean Lafond	Kawasaki
1982	Jean-Claude Chemarin/Jacques Cornu	Kawasaki
1983	Hervé Moineau/Robert Hubin	Kawasaki
1984	Gerard Coudray/Patrick Igoa	Honda
1985	Gerard Coudray/Patrick Igoa	Honda
1986	Patrick Igoa	Honda
1987	Hervé Moineau/B. Le Bihan	Suzuki
1988	Hervé Moineau/Thierry Crine	Suzuki
1991	Alex Vieira	Kawasaki
1992	Terry Rymer/Carl Fogarty	Kawasaki
1993	Doug Toland	Kawasaki
1994	Adrian Morillas	Kawasaki
1995	Stephane Mertens/Jean-Marc Mattioli	Honda
1996	Brian Morrison	Kawasaki
1997	Peter Goddard/Doug Polen	Suzuki
1998	Christian Lavieille/Doug Polen	Honda
1999	Terry Rymer/Jehan de Orgeix	Suzuki
2000	Peter Linden/Warwick Nowland	Suzuki
2001	Team Suzuki France	Suzuki

Gespanne:

1949	Oliver/Jenkinson	Norton
1950	Oliver/Dobelli	Norton
1951	Oliver/Dobelli	Norton
1952	Smith/Clements	Norton
1953	Oliver/Dibben	Norton
1954	Noll/Cron	BMW
1955	Faust/Remmert	BMW
1956	Noll/Cron	BMW
1957	Hillebrand/Grundwald	BMW
1958	Schneider/Strauss	BMW
1959	Schneider/Strauss	BMW
1960	Fath/Wohlgemut	BMW
1961	Deubel/Hörner	BMW
1962	Deubel/Hörner	BMW
1963	Deubel/Hörner	BMW
1964	Deubel/Hörner	BMW
1965	Scheidegger/Robinson	BMW
1966	Scheidegger/Robinson	BMW
1967	Enders/Engelhardt	BMW
1968	Fath/Kalauch	URS
1969	Enders/Engelhardt	BMW
1970	Enders/Engelhardt/Kalauch	BMW
1971	Owesle/Rutterford	Münch URS
1972	Enders/Engelhardt	BMW
1973	Enders/Engelhardt	BMW
1974	Enders/Engelhardt	HBM
1975	Steinhausen/Huber	König
1976	Steinhausen/Huber	Busch/König
1977	O'Dell/Holland/Arthur	Yamaha
1978	Biland/Williams	BEO
1979	B2 A Biland/Williams	SCR
	B2 B Bolzer/Meierhans	LCR
1980	Taylor/Johansson	Fowler-Yamaha
1981	Biland/Waltisperg	LCR-Yamaha
1982	Schwärzel/Huber	Yamaha
1983	Biland/Waltisperg	LCR-Yamaha
1984	Streuer/Schnieders	LCR-Yamaha
1985	Streuer/Schnieders	LCR-Yamaha
1986	Streuer/Schnieders	LCR-Yamaha
1987	Webster/Hewitt	LCR-Krauser
1988	Webster/Hewitt	LCR-Krauser
1989	Webster/Hewitt	LCR-Krauser
1990	Michel/Birchall	LCR
1991	Webster/Simmons	LCR-Krauser
1992	Biland/Waltisperg	LCR-Krauser
1993	Biland/Waltisperg	LCR-Krauser
1994	Biland/Waltisperg	LCR-Krauser
1995	Dixon/Hetherington	Windle-ADM
1996	Dixon/Hetherington	Windle-ADM
1997	Webster/James	LCR-ADM

Klasse 50 cm³:

1962	Ernst Degner	Suzuki
1963	Hugh Anderson	Suzuki
1964	Hugh Anderson	Suzuki
1965	Ralph Bryans	Honda
1966	H.-G. Anscheidt	Suzuki
1967	H.-G. Anscheidt	Suzuki
1968	H.-G. Anscheidt	Suzuki
1969	Angel Nieto	Derbi
1970	Angel Nieto	Derbi
1971	Jan de Vries	Kreidler
1972	Angel Nieto	Derbi
1973	Jan de Vries	Kreidler
1974	Henk van Kessel	Kreidler
1975	Angel Nieto	Kreidler
1976	Angel Nieto	Bultaco
1977	Angel Nieto	Bultaco
1978	RicardoTormo	Bultaco
1979	Eugenio Lazzarini	Kreidler
1980	Eugenio Lazzarini	Iprem
1981	Ricardo Tormo	Bultaco
1982	Stefan Dörflinger	Kreidler
1983	Stefan Dörflinger	Kreidler

Klasse 750 cm³:

1977	Steve Baker	Yamaha
1978	Johnny Cecotto	Yamaha
1979	Patrick Pons	Yamaha

Superbikes:

1988	Fred Merkel	Honda
1989	Fred Merkel	Honda
1990	Raymond Roche	Ducati
1991	Doug Polen	Ducati
1992	Doug Polen	Ducati
1993	Scott Russell	Kawasaki
1994	Carl Fogarty	Ducati
1995	Carl Fogarty	Ducati
1996	Troy Corser	Ducati
1997	John Kocinski	Honda
1998	Carl Fogarty	Ducati
1999	Carl Fogarty	Ducati
2000	Colin Edwards	Honda
2001	Troy Bayliss	Ducati

DIE WELT IST EINE KURVE.
Nichts ist so berauschend wie die Fliehkraft im Scheitelpunkt einer Kurve. Nichts weckt die Sehnsucht nach Freiheit und Geschwindigkeit so sehr wie der Geruch des Asphalts an einem heißen Sommertag. Und nichts ist so aufregend wie der vibrierende Sound eines 2-Zylinders bei 6.500 Umdrehungen. Außer eines: das Blättern in den Seiten von MOTORRAD. Alle 14 Tage Faszination, die am Kiosk beginnt. Jetzt holen und selbst erleben.
MOTORRAD
WELTEXKLUSIV
YAMAHA
Das ist sie!
Suzuki GSX-R
HoehneHabannElser,